T0025485

CONTENTS

WORDSEARCH

With over
500 puzzles!

This edition published in 2022 by Arcturus Publishing Limited
26/27 Bickels Yard, 151–153 Bermondsey Street,
London SE1 3HA

AD008558NT

Printed in the UK

HOW TO SOLVE A
WORDSEARCH PUZZLE

Wordsearch puzzles can be great fun and solving them requires a keen eye for detail…!

Each puzzle consists of a grid of letters and a list of words, all of which are hidden somewhere in the grid. Your task is to ring each word as you find it, then tick it off the list, continuing until every word has been found.

Some of the letters in the grid are used more than once and the words can run in either a forwards or backwards direction; vertically, horizontally or diagonally, as shown in this example of a finished puzzle:

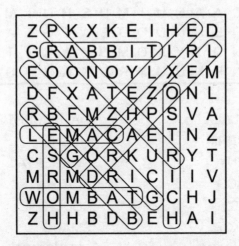

BADGER ✓   LEOPARD ✓

CAMEL ✓   OSTRICH ✓

GAZELLE ✓   PANTHER ✓

GIRAFFE ✓   RABBIT ✓

HORSE ✓   WOMBAT ✓

Dragons in Myth and Story

```
D Q I U A U U U T O T B X B Z
U E U G S B Y A T R E B R O N
E S R D O I X X A T F X M V F
N B R I M O R Q E T S C A H L
O S A U A S M G D N C L L A M
T V L P K R G I K A A S E G O
L B D X O A E L N L T M F A R
U H Z R F P E M A I H A I R O
C K G F A Y H P E Z A U C T K
S G G A D C A I F T A G E I L
W I L R A L O T S E W L N A A
A C A A N U I M U S H U T M F
W D E N N D O D B W E G T A X
E N D T Y K O M O Z A B I T K
L N R H U U Y R U K A H U Q H
```

APALALA	MALEFICENT
APOPHIS	MUSHU
DANNY	NORBERTA
DRACO	SCATHA
DULCY	SCULTONE
FALKOR	SMAUG
FARANTH	TEMERAIRE
GLAEDR	TIAMAT
GRISU	VHAGAR
HAKURYUU	WAWEL
IMOOGI	ZILANT
KATLA	ZOMOK

Booker Prizewinners

```
P P T A D L A R E G Z T I F O
M A R T E L M H D H Y B G D R
Z I E N C T I P P W A K G S U
T T B A T L S V R N H D X H G
T D R M W Y L E V I L O K R I
A E S L L I O I R E D K O D H
Y B R E G F L E T X H O B O S
B P E K A L K N G S C R Y I I
W H M R E R A N Z C O O M L H
E R I T A M I N A O D B Y M E
N E D B E D Q T K T R E P M N
Q K R D L Y W N A T U X S A T
K L O O H O E H U L M E M A B
W T G V O R U S H D I E R S I
R G S D D C I V S W K M E P E
```

AMIS	HULME
ATWOOD	ISHIGURO
BANVILLE	KELMAN
BARKER	LIVELY
BROOKNER	MANTEL
BYATT	MARTEL
CAREY	MURDOCH
DESAI	NEWBY
DOYLE	OKRI
FITZGERALD	ROY
GOLDING	RUSHDIE
GORDIMER	SCOTT

Greece

```
S G U J K Y S B W H A G J Z S
T N I G B N S O A N R A B U E
A K E S U E A R I P K I E N P
A K J H C F I G V A P Z A H I
C P A A T S E S S U S E H A D
A Q R L T A O S C I G M T T A
H H C O P H U S L E O R T B U
T C T A T O S O A D A S N O R
I L M A M C P S Y P O K L H U
E M I Y O O C S S X V L V I S
I K A R R C S O A E O E B S M
S G F C R E S N N P V T L O Q
G U A E U P L K A Z S I L U H
D R T S S A L O N I K A L Z Q
J E Y M V X H A D U H A T O P
```

ACROPOLIS   NAXOS
AEGEAN   ODYSSEUS
AEGINA   OLIVES
APOLLO   OUZO
ARISTOTLE   PIRAEUS
ATHENS   PLAKA
CORFU   RAKI
CRETE   SALONIKA
EPIDAURUS   SKIATHOS
ITHACA   SPARTA
KNOSSOS   THRACE
MOUSSAKA   ZEUS

4   Cats in the Wild

```
B P T S E R V A L E O P A R D
B L A C K F O O T E D N I R L
G C C E P T A C G N I H S I F
L H S L P A M P A S C A T B T
R I Y M L H A T E E H C O Z A
N N O T M N R T A C J R C A C
X C R N I A B R K J E A E S P
R K F M C G L T A A I M L A L
E O F C A I E J I G F U O N A
H D O A T E D R K U U P T D C
T K E T H M A R G A Y O H C A
N O G R U U C V P R F Z C A R
A D P A L L A S C A T F J T A
P J U N G L E C A T G D I I C
T A C E T A C N E D L O G R E
```

BLACK-FOOTED
CARACAL
CHEETAH
COUGAR
FISHING CAT
GEOFFROY'S CAT
GOLDEN CAT
JAGUAR
JUNGLE CAT
KAFFIR
KODKOD
LEOPARD

LION
LYNX
MARBLED
MARGAY
OCELOT
PALLAS CAT
PAMPAS CAT
PANTHER
PUMA
SAND CAT
SERVAL
TIGER

Star Trek Original

```
U M E L E O N R D G C D T H V
N N U R S E C H A P E L A D J
E N C A V M I S S I O N E D Q
M R O A M W A B L K U I E V L
O L A G P B X B S P O C K G Y
W Y S D N T A Z C A I D V M D
S E B U N I A S V U I O O R E
D N O X O A L I S G Y E X S L
D M N W A V M K N A O G W U G
U Q E T V R Z A G P D T A L A
M B S R U U O E F U I O H U E
F R D X L S S K D M H K R O B
D R M C C O Y N X N X U E B S
L S Q F A H N U L L E T R M S
T H A R N D A A N T A R E A N
```

AMANDA	MISSION
AMBASSADOR	MR SULU
ANTAREAN	MUDD'S WOMEN
BONES	NURSE CHAPEL
CAPTAIN PIKE	RENDEZVOUS
DECIUS	SPOCK
DR MCCOY	SS BEAGLE
DR NOEL	TELLUN
GOTHOS	THARN
KLINGON	UHURA
KODOS	VOYAGES
KORAX	VULCAN

Firmly Set

```
D E Z M N M Q K P F D Y F D R
I E M B E D D E D I G D F K Z
L T G C D S T U R D Y H I Q E
O U V L B E C V E D O W T X S
S L M L V D H X L V R G S U N
Q O B L I H I S B A D I G C E
V S U G B F C I I C F O V E D
T E I I B S E D X L G L U E D
H R J F O T M S E S B I C E N
G B A A N U E T L D K A R F T
I S M U D C N E F L I O T U I
T F M D E K T A N I H C J S O
O U E K D H E D I C I Z E E E
D O D F I M D Y N D E B F D O
E L B A E G N A H C N U C Q W
```

ANCHORED

BONDED

CEMENTED

DECIDED

DENSE

DOGGED

DRIVEN

EMBEDDED

ESTABLISHED

FAST

FIXED

FUSED

GLUED

INFLEXIBLE

JAMMED

RESOLUTE

RIGID

SOLID

STEADY

STIFF

STUCK

STURDY

TIGHT

UNCHANGEABLE

E Before I

```
N  I  E  L  N  I  E  K  S  I  W  D  N  G  A
I  B  M  F  C  R  N  Y  I  E  R  I  I  E  A
E  L  I  E  U  C  I  M  S  I  E  S  K  I  H
T  K  F  Z  E  I  E  P  P  R  O  T  E  I  N
S  I  I  E  I  I  V  S  E  P  C  J  M  O  D
H  E  I  I  G  M  I  H  R  S  H  E  I  K  H
S  I  L  T  H  L  T  E  I  E  C  Q  R  B  E
N  O  E  G  T  M  O  R  P  E  I  R  E  N  I
G  U  F  E  Y  A  M  R  S  M  K  N  H  G  C
I  R  F  I  B  T  T  A  E  S  O  K  T  I  E
E  B  I  S  T  H  I  W  L  L  I  P  I  E  N
R  E  E  T  G  E  E  E  S  B  E  E  E  N  I
W  I  J  I  K  I  L  I  L  T  E  I  N  O  E
L  R  E  S  S  E  R  I  E  H  I  C  G  S
F  H  H  E  I  T  B  D  E  I  W  I  T  F  R
```

ABSEIL	NIKKEI
ALBEIT	POMPEII
ATHEIST	PROTEIN
EIFFEL	REIGNS
EIGHTY	SEINE
GNEISS	SEISMIC
HEIGHT	SEIZURE
HEIRESS	SHEIKH
HEREIN	SKEIN
LEITMOTIV	STEIN
LORELEI	WEIRD
NEITHER	ZEITGEIST

HARD to Start

```
E K I F V R L C N I M E T I X
D T N D H L M C O B S S E I Q
E K N I E C O S S E A I R Q K
L N K S R V G U E F C O A O M
I O J N E D P H D O E Y W Y S
O C G R D P C N U S M M R Q G
B K N R C Z A R A B W O B C N
K S I D O Y T E B I T T E N I
O V R I R H L S A S G M M A L
E Y A K E P B O K L E D M N E
I W E L O R I C X W B R H R E
N A H T A Y U C C D H P J O F
J T F F W L E A T I M E S C L
W E O Z D E S S E R P M A K S
V R D F H J M H K E A N Y T I
```

AND FAST	KNOCKS
BITTEN	LUCK STORY
BOILED	NOSED
CASH	OF HEARING
CHEESE	PRESSED
CORE	ROCK
COURT	SELL
COVER	TIMES
DISK	TO PLEASE
DRINK	WARE
DRIVE	WATER
FEELINGS	WHEAT

MAIN Words

```
T E E R T S E V T U S M I C D
I S M X I F N B E X B D I E N
O R A R I Y T V E Z K R A C A
Y F R M X R R W H I T L L O L
N S F R E T A W S C P A L C R
V D E I R X N K E B U B G H U
V J S N C H C L K S R K X A O
L H N P I E E L E E D A Q N Y
J J C T R L R R A C W V C C F
D C T O T I O R N N T Z P E M
S R Y P U T N X X E O D A C E
E N A A S R S G X U I G E S U
W F E Y T E S C I Q E L A C C
E P U T T S R E D E E A Y I K
R E A T E N L N O S A E R O D
```

BRACE	OFFICE
CHANCE	REASON
CLAUSE	ROADS
COURSE	SEQUENCE
DECK	SEWER
DIAGONAL	SHEET
ELECTRIC	SPRING
ENTRANCE	STAY
FRAME	STORES
LAND	STREET
LINES	WATER
MAST	YARD

Tractors

```
Z M R Y T V H I E S A C Y B F
E O Y S A A L C V X R P S O J
T A E B B L F C V H Z E M A S
O T T C K T Q E K E U G J R A
R B S E U R U U C N R O F E D
Q E S T B A B V D I H V L G P
D L L R O L R E M N U U A N U
S A E I T D U M D O R U N E Y
U R N A A T E E M T L J D L T
O U D H Z M E I A D I Z I L O
I S C F O R R P N N M E N A Q
B H A C E R E I I E A R I H Z
G H J A U X S T T F N X U C O
R W V C V Q X E O O N E L Y N
I O R A B A N X U D E W U L F
```

AIRTEC

BELARUS

BUKH

CASE IH

CHALLENGER

CLAAS

DANHORSE

DEUTZ-FAHR

DEWULF

FENDT

GRIMME

HURLIMANN

JCB

JOHN DEERE

KUBOTA

LANDINI

MANITOU

MERLO

SAME

STEYR

TAFE

VALTRA

VERVAET

ZETOR

TEN at the End

```
S G G N N E T T A B A N N E T
E L E N E T T I K R E I U N Q
O U N E T T U S N T E N E E T
N T E T A L T E T E N T N E S
B E A T E N N I N E T N E L N
N N T Y N E M L R A N I T G E
E E E T E M I A F W E F H L T
T E T T I S T N M K D O G W H
H E I H T R N E T F O N I T G
G K N E G I W T N E A P A X I
I G N E W I B R I D N S R H R
L R O U N E T A E H W E T L F
N E T S U A O M U D J U S E I
E D M H E I G H T E N I L E N
N E T N E T R O H S S U N E T
```

AUSTEN	LENTEN
BATTEN	LISTEN
BEATEN	MARTEN
BITTEN	MITTEN
ENLIGHTEN	NEATEN
FASTEN	OFTEN
FATTEN	SHORTEN
FRIGHTEN	STRAIGHTEN
GLUTEN	TIGHTEN
HANDWRITTEN	UNDERWRITTEN
HEIGHTEN	WHEATEN
KITTEN	WHITEN

News

```
S K R L A W A N D O R D E R M
W E H O Z C Y V I F R Z B K G
O V I Q Y C R D R E H T A E W
R G J R Z A U M R A Y A J N E
L D O M O T L E Y P N E D G R
D K H S S T T O N G N A E S
R B B B S N S L Y M I R C W I
E T U Q E I I E E T E N H R S
T S Z S L T P C E V E Z U T Y
R G E C I U K L O I A P A R L
O R L C G N L C C M D R A O A
P W S O R U E S M A M M T P N
E Y F U B U O S T F M E A S A
R G C L T A O E S U P Y N U K
N S C O O P L S S H E A L T H
```

ANALYSIS	ROYALTY
BULLETIN	SCIENCE
BUSINESS	SCOOP
COMMENT	SOURCES
COVERAGE	SPORT
GLOBAL	STORIES
GOSSIP	STUDIO
HEALTH	SUMMARY
LAW AND ORDER	TRAVEL
POLITICS	UPDATE
PRESENTER	WEATHER
REPORTER	WORLD

Secret

```
T C E C I R E T O S E I D D Z
E L V N B O H C R L R S E E U
R O I R E T L U R E F N L S D
C S T Z E V C S H F V C A O E
E E R N B R H P O G L O E L R
S T U D Y I N D T A D H C C E
P E F P E M E S S E I H N S T
O D T L A L H S T D S U O I L
T I D S L R I C D H D S C D E
C E K A O F I E U J E H U N H
D E W U I R N T V E D H G U S
D Y D E T L A B S T R U S E B
S E D S H W O M U A A S E C E
D K E T A V I R P A U H C U Y
T R E Y C D E S I U G S I D H
```

ABSTRUSE	MASKED
CLASSIFIED	PRIVATE
CLOSETED	RESTRICTED
CONCEALED	SHELTERED
COVERT	SHIELDED
CRYPTIC	SHROUDED
DISGUISED	SHUT AWAY
ESOTERIC	TOP SECRET
FURTIVE	ULTERIOR
GUARDED	UNDISCLOSED
HIDDEN	VEILED
HUSH-HUSH	WALLED OFF

Hot Stuff

```
S M R W G Z E O I I F B X Y F
J E K F E N N H O T P L A T E
N D H V P I I N L I K Y A M W
L O O S O W G R F H S Q R M Z
H T R N A K N E P U O I Q E E
S X M I J C E H K S R E V E F
I R E L G B E E X L T N I F S
D V O L I N R L X A U O A E J
A J F I F N I L A O R J H C H
R E G R O F F D R C B C S D E
E G A G H S M E N E T Z J I D
S L O S B M D E R A P L Z H Y
R A C O F K V S M N R P W X M
O V H T R O P I C S O B E U N
H A O E L D D I R G Y X G P O
```

ASHES	HOT SPRING
BRANDING IRON	HOTPLATE
COALS	INFERNO
FEVER	KILN
FIRE ENGINE	LAVA
FLAME	MATCHES
FORGE	ONION
FURNACE	OVEN
GRIDDLE	PEPPER
GRILL	PYRE
HELL	STOVE
HORSERADISH	TROPICS

Weights and Measures

```
W B C L S N T S E H A I N O M
E K U R A N N O L L A G P H R
Y Y B S I K I L O G R A M E E
Y O Q A H S L N F O U J Y C H
S T H G I E W Y N N E P M T T
E C N K D O L F F W T I M A S
H N C F E D V O L T N O L R C
L E O Z N U N D A A H J H E R
P E A T P H E W M T J O D U U
S A F D S C O C A N G U N G P
F I R K I N A F I S T N U A L
H A E B M B P A H Y U C O E E
M K E E L X R E S A X E P L R
X L E E V G A V M R P P L L F
M I N I M D M P F D A V I T Y
```

BUSHEL	LEAGUE
CABLE	MINIM
CHAIN	OUNCE
DECIBEL	PECK
DRAM	PENNYWEIGHT
FATHOM	POUND
FIRKIN	SCRUPLE
GALLON	STONE
GRAIN	THERM
HECTARE	VOLT
HOGSHEAD	WATT
KILOGRAM	YARD

Dog Breeds

```
E A I E S I O L L E X U R B N
Z S K O G L T F Y Y D I N G O
Q H E I Z E L A D E R I A R U
H J E N A R N C Y C O R G I Z
Y R Q G I L O O D K D E L P T
H U S K Y K M B C B A U R D H
K F T N P A E F H S R M L S I
F F I T S A M P I C B I E E H
P A P I L L O N H L A A A I S
S O B M Y E X E U M L S J R P
P A O F E R R J A Y H N Z E D
E O L D O T S G H O E T C X A
X E H U L S F A U S I N P O A
K H N I K E M G A P X X S B X
M H O U L I H B S E W C P E B
```

AIREDALE

BASENJI

BORZOI

BOXER

BRIARD

BRUXELLOISE

CHIHUAHUA

CORGI

DINGO

ESTRELA

HUSKY

LABRADOR

LAIKA

LURCHER

MASTIFF

PAPILLON

PEKINESE

POODLE

SALUKI

SAMOYED

SEALYHAM

SHIH TZU

SHOUGH

SPITZ

Machines

```
G N I D N E V O T U R I N G A
H A A B G G G B F I O G L M H
Y E M I T N K D P P W N G H F
P Y V N I I I T M T I I G V L
D D G C L H C Y I O N W N O I
Y T N L D T T C L E G E I T T
W I I Y N A K L K F N S T I H
M N T H R E S H I N G D U N O
G L A G T R W E N O M R P G G
B F L B S B V A G I F I M H R
H J U T D A S S L B I L O A A
F G C W W L W L I K B L C I P
V R L Y O U I I V K I I T A H
M P A T V N U B N Z M N E L N
I T C Y G H W C K G W G G V C
```

BREATHING	ROWING
CALCULATING	SAWING
COMPUTING	SEWING
DRILLING	SLOT
ENIGMA	THRESHING
FLYING	TICKET
FRUIT	TIME
KILLING	TURING
LITHOGRAPH	VENDING
MILKING	VOTING
MILLING	WALKING
MINCING	WAVE

Three Es

```
A A E E S E T E I G H T E E N
Y T K T B M F E E K S N E T P
E E A E E E E E V R O K N E R
I K C E G L E R E B M E R E E
E N D D B E B G L D M V S N S
E E E N E E L E P H E T R S E
T E E E E X E D S R L R L E N
I D S R T H C E S E D E E M C
B N R E L M R E S E E S G B E
E E T V E F E S L T R E A L M
E T E E E Y N E N L B E T E E
A T E R R E P E D V E N E E R
S A O L S N G G E E R N E I E
R E T S E M E S O A R R T G E
A E E S A H E E U T Y E E H T
```

ATTENDEE	INTERNEE
BEETLE	LEGATEE
DEGREE	MELEE
EIGHTEEN	PERVERSE
ELDERBERRY	PRESENCE
ENSEMBLE	REDEEM
EXCELLENT	REFRESHMENT
FEEBLE	RESTLESSNESS
FEEDER	REVEREND
GEESE	SEEDCAKE
GENTEEL	SEMESTER
HEEL-BONE	VENEER

Pasta

```
B S F P G E I T I Z E P C D M
A A T I A C D A Z L A G I A Z
R J G O I F L L L A C M R P H
B L M P I A T E A U T Z C B E
I K V D D W T R O F I E P M L
N Z E N I U S I K A A M A I E
A O A R I L R U N H T M C N O
S M E C N O T I L I S T C I E
A L C I I W A K R L N V H L N
C I O F Z I N I I V I C E O G
R T U B E T T I N B R P R I A
P D E N N E P H I O S I I V S
I L L A G I D E T S E R C A A
L A N T E R N E O O Z R O R L
U P G A E I N O R A C A M X A
```

BARBINA	PACCHERI
CRESTE DI GALLI	PENNE
FIDEOS	PICI
FIORI	PILLUS
GIGLI	PIPE
LANTERNE	RAVIOLI
LASAGNE	RICCIUTELLE
MACARONI	ROTINI
MAFALDE	TORCHIO
MANDALA	TROFIE
MARZIANI	TUBETTI
ORZO	ZITI

The Chronicles of Narnia

```
Z U Z M B A U T R N R P N R I
W T K T H F F W T C J C V E E
E E S Y N I T S E D A R R I N
S R A J H T Y L Y B K M S D E
M U U S R F S L A M I N A L C
Q T N A L W H P Q R E G O O N
I G I M T A Y S A V E S I S I
A N O R U N N Z E M H N S X H
C O R S I T E P R A M L E T R
Y A F Q T A S C S E D I U G J
K B Q T I R N T R I Z W I S R
Q I Q N M R A M A N D U A B F
H T R I B D U O L C O U B R M
S A M T S I R H C R E H T A F
N S E L T T A B G V D L Z H V
```

ANIMALS	MRS PEVENSIE
ASLAN	NARNIA
BATTLES	RAMANDU
CENTAUR	RHINCE
CLOUDBIRTH	SHASTA
DARRIN	SHIFT
DESTINY	SOLDIER
DWARF	TELMAR
FATHER CHRISTMAS	TIRIAN
GENERAL	TISROC
GUIDE	TRAIN
MIRAZ	TUMNUS

Starting OUT

```
H G I E W T U O R T U O O G O
D T S A L T U O K W L O O N U
T D B O U T A S E E C U U I T
O N R O U T S T A R E T T D K
Y U E A O O U T B G E W B N T
N W T I O U X O F T U O A A U
D O J S T B T S O U T R S T O
L A I O H A T B N O T K K S O
O O E T U I P U U U N O E T U
S U O R A T N T O I R U T U T
T T T U P T G E U U L T Y O C
U L U F T S S U W O T D U E R
O E O R A P T T E O K W I O O
C T O U T C U U U S U D I N P
O U T C R Y E T O O S T V T G
```

OUT-BASKET	OUTPUT
OUTBOARD	OUTRANK
OUTBUILDING	OUTRUN
OUTCROP	OUTSHINE
OUTCRY	OUTSOLD
OUTFACE	OUTSPREAD
OUTFOX	OUTSTANDING
OUTGREW	OUTSTARE
OUTGUESS	OUTSTATION
OUTLAST	OUTWEIGH
OUTLET	OUTWIT
OUT-PATIENT	OUTWORK

Leaders

```
E H K T B X K G K R M I N H K
H E P R E M I E R A S P A I Z
K D M P X A N C H U R H Z W R
V I M A H D I A L I S S V G E
I U T Q N E R T N T H F R F D
D G H S G A A C Y E L O H H N
B Z R H J N E D I U T I C Y A
A H S A P M V K O A Q R F R M
R F H C R I H G T F A U O P M
R Y R O U K L C E R S Y E L O
E T I F L A I A T N A T U E C
S S Q Y E D D E C M E G A V N
I A J P R O T E C T O R H T W
A R M P A R T A S M O A A P E
K S M K Q I Q C N C K K A L X
```

CALIPH	PASHA
COMMANDER	PREMIER
DICTATOR	PRINCE
GENERAL	PROTECTOR
GUIDE	QUEEN
HEAD OF STATE	RULER
KAISER	SATRAP
MAHARAJAH	SHAH
MAHDI	SHEIKH
MAYOR	SULTAN
MIKADO	TETRARCH
MOGUL	TSAR

ABLE Endings

```
E M N E E E L B A P L U C T
L I N O L E L B A L L Y S E G
B N O T B B B B I C C J L U F
A S T E A P A A A U L B K A Q
R U I L U X B N R R A N S D E
E R C B Q L A A U U A H U O L
D M E A E P B B L A I P I R B
N O A N E L A A L O B E T A A
O U B O E L V S N E L L A B E
P N L I M M E A S U R A B L E
M T E T E L B A R A E W L E R
I A D S A L T E R A B L E N G
A B M E E S T I M A B L E S A
N L A U G H A B L E W U E Q G
X E E Q U I T A B L E A B L E
```

ADORABLE	LAUGHABLE
AGREEABLE	NOTICEABLE
ALTERABLE	PARABLE
CULPABLE	PASSABLE
CURABLE	PLIABLE
EQUABLE	QUESTIONABLE
EQUITABLE	SUITABLE
ESTIMABLE	SYLLABLE
FASHIONABLE	TAXABLE
IMMEASURABLE	UNABLE
IMPONDERABLE	VALUABLE
INSURMOUNTABLE	WEARABLE

Charleses

```
F O D B H B J S A S K E K Z T
A C R W F G R V E E N E R U P
I W Y A P E R V J I P L A N Q
G G B F T P I E D I R G L A S
N K O L X A N N B K A N C P H
T I A O U D O O J D R I N G E
P W W L D L R C T U N D I A E
A D T R B Y H Z H T D I L W N
R H W A A A E T Z M A E L B R
N L Y H S D R A H L C R O E E
E I E E E A E A R I U Y T E Y
L O L B C E R U R R E H B S H
L E A A R R L P B R C K C D S
L K M X O U Z E W I X R A S K
N I B D E Q N X R S E K L I W
```

BLONDIN	LINDBERGH
BOYER	MACARTHUR
BYRD	PARNELL
CHASE	PRICE
CLARK	RICHTER
DARWIN	SCHULZ
DINGLE	SHEEN
GOODYEAR	SHYER
HARROD	STRATTON
IVES	WALTERS
LAMB	WHEELER
LEBRUN	WILKES

Desserts

```
T S O U F F L E T E A D N U S
E J E Q Q J F Z I R B L O O Q
C O B B L E R U O P U O P W C
A V O L V A P Z P T E G M O T
Z C O M P O T E S M V C O B R
S U S I M A R I T O A K N Y E
Y X A P P L E P I E I E G I Q
N Z M I D S H M R E R U R Y M
L A O O K L X A S C P G T C B
R C L V U M T E T O N M E S S
A P I F R S Y R A V A L K A B
T E B R O S S C I P T U N D Q
F O D E I N W E G F L D U Y A
E L B M U R C C T F L D J K N
Z E I P D U M I I J Q E I U V
```

APPLE PIE	KULFI
BAKLAVA	MINCE PIE
BOMBE	MOUSSE
COBBLER	MUD PIE
COMPOTE	PAVLOVA
COOKIES	SORBET
CREAM PUFF	SOUFFLE
CRUMBLE	SUNDAE
ETON MESS	TAPIOCA
FLAN	TIRAMISU
ICE CREAM	TRIFLE
JUNKET	YOGURT

Titanic

```
Q F D O T X U A C I R E M A G
A U D R E N G I N E S L J S N
F L A R E S K S I G N A L O E
S L G R C O U Y A D Y A M S G
E Y U A T S B O I L E R S C A
Z G B X A E A B H F Y J T A Y
B I D L U A R I M L N E Y L O
N A O I A R L M L I E W S L V
G O X R R L Y R A O W E D N N
N A E C O B H T G S R L H E E
I A W L I R P A Z P T S P W D
K J O X A A B R U X O E Y Y I
N V B V C I S M I T H M R O A
I N R O C X P N Z Q Z M M R M
S W P I H S Z N A C A D X K C
```

AMERICA	NEW YORK
APRIL	OCEAN
BOILERS	PUMPS
BRIDGE	QUARTERMASTER
CABIN	SAILORS
CAPTAIN	SALOON
ENGINES	SHIP
FLARES	SIGNAL
JEWELS	SINKING
LUXURY	SMITH
MAIDEN VOYAGE	SOS CALL
MAYDAY	WHEELHOUSE

SILVER Words

```
S L L E B L V U W S L F K K D
E R I N A C A D R A D N A T S
M E V F W Y E D U Z G L U B M
S T N I T R A T E N N L U I N
D A N P E A S A I M B R N R O
Y C B V E S Y D J A F E G C O
E I S W O R D U H N S V E H P
P F N L S E C L B E K L L C S
O I E T W V R H D C L A R U H
L T A U Y I E N R K E S N B F
I R Q D G N D C A L G T F U T
S E N E A N L Q K A Y W A L M
H C M B I A O H N C Y U E L E
S E R A E N S T A E T W L E P
N E E R C S D P T E R S T T D
```

ANNIVERSARY	POLISH
BEECH	SALVER
BELLS	SCREEN
BIRCH	SOLDER
BULLET	SPOON
CERTIFICATE	STANDARD
MEDAL	STARS
MINES	SWORD
NECKLACE	TANKARD
NITRATE	TONGUE
PERCH	WEDDING
PLATE	WEED

Countries of Africa

```
A A G S E N E G R A L E S A A
N Y Y A C I R F A H T U O S D
A N Y R E A L T D O N H M S N
A E F Z E D Y A G T D O E G A
I K F N S O R O M O C N B N W
R N I E G O L E K G E G G A R
E U I W A L A M V G V O R Y G
G G V D R B A F A E L J B V O
L A A F J E P L Y A P U G H A
A H I Z S I G U C C R A T D I
D Z B R A Y B I L U E O C S S
N I M G E R K O N S S G U W I
A M A B H G N D U E M D Y V N
G U Z Q W O I P L T A E F P U
U U P L A N D N F N I O L Y T
```

ALGERIA	MALAWI
ANGOLA	MALI
BURUNDI	NIGER
CAPE VERDE	NIGERIA
COMOROS	RWANDA
DJIBOUTI	SENEGAL
EGYPT	SOUTH AFRICA
GABON	SUDAN
GUINEA	TOGO
KENYA	TUNISIA
LESOTHO	UGANDA
LIBYA	ZAMBIA

Sports Equipment

```
H L I S N S D D G U I I A N H
C N T O V Y R I P I H B D L O
B E T K K I Y E S Z U A N B Y
N A C C Z C V T T C R W Z P K
B E A Y N L O E S T U N D C O
U J G W L L U C S A U S U G T
A S A D Q C E G E L U P M Q E
E U S Q E U Q L E L D R U H K
L Y R K C W L W F U T X Q C S
D Z A L A A T R G S E T I U A
D N O F B T A X Q G L L U Z B
A O Y T T M E F V N B J G H E
P T O Y E T R E V I U Q J K S
U O T A S K E T N R T O R B G
F U Y A L D R A O B F R U S W
```

BASKET   PADDLE
BATON   POOL CUE
DARTS   PUCK
DISCUS   PUTTER
FOOTBALL   QUIVER
FRAME   RINGS
HURDLE   SCUBA
JACK   SCULL
LUGE   SHUTTLECOCK
NETS   SKATE
NIBLICK   SURFBOARD
OARS   WEDGE

Backing Groups

```
S R E Y O R T S E D B Q E Y I
S T E K C I R C T U D N M G C
S I I U D S G A N E X Q N E D
R H Y K S W P N I V M S L N S
E A J S A R Y I A D S O A Z H
S S O X O M E N P T E B C S A
U W R S E U D L O T T R A S D
O E D N R E T O I E V T S Y O
R N A S L E G L E A O Q E O W
L W N L D E M R A K W R E B S
E N A J S T T A A W U T H Y G
B S I V T S Q D E M S N S A N
E R R Z E G I J O R Q N N L I
R K E R O S M U H I D G A P W
Q I S T I M R E H A S X B D M
```

BANSHEES	OUTLAWS
BUNNYMEN	PIPS
COMETS	PLAYBOYS
CRICKETS	RAIDERS
DAKOTAS	REBEL ROUSERS
DESTROYERS	RUMOUR
DREAMERS	SHADOWS
E-STREET BAND	STOOGES
GANG	VANDELLAS
HERMITS	WAILERS
JORDANAIRES	WAVES
NEWS	WINGS

Rock and Pop Groups

```
K X P F T F G R W A J Q M M Q
B C R E W C U T S T K V Z D T
E E U R F G E J P H I S H Q O
E M S D I K S G V A U W X S M
G S O B O L S O L K U E H M T
E U R Q W A W P I X Y E V A O
E M J S X W H V M Q Y T R B M
S J N O W U O W N A F L R L C
R S N E W J G B O H R F I P L
E X M N A L L I G R A C S W U
L C K U J R R M M C F K E M B
I N X S R N I Z X G L H T H K
A K D E G F W S Y A J O O H T
W L L A F J S C I H T P U L Y
S S N J A N U T T O H S W T E
```

BEE GEES	PHISH
CLOUT	SAXON
CREW CUTS	SCARGILL
FALL	SKIDS
FREE	SMURFS
GUESS WHO	SWEET
HOLE	THE CRAMPS
HOT TUNA	TOM TOM CLUB
INXS	TOTO
LOS LOBOS	T'PAU
MR BIG	WAILERS
O'JAYS	WHAM

Orienteering

```
U F S U S I G N P O S T N N F
X K P S O E W A L K I N G I V
Z L A T A F E O X S Y P N N T
S A O R O P C R Y P U I I O P
S C B R O A M M T M S E R I C
E I E E T N B O A H L Z E T P
N S W E A O A P C C Z N E A L
T Y E J L R R Q R I I I T N C
I H L S K E I I O L U H N I O
F P T T A L C N E H F D E L N
O Z S D S A F E G I R W I C T
P R I J R C B T N S O S R E O
I N H P A S Y D Z R U O O D U
G I W N H V E L O R T N O C R
C O U N T R Y S I D E N F X S
```

ANORAK

BEARINGS

BEELINE

CIRCLE

COMPASS

CONTOURS

CONTROL

COUNTRYSIDE

DECLINATION

FINISH

FITNESS

FOREST

LOCATE

MAP-READING

ORIENTEERING

PATHFINDER

PHYSICAL

ROUTE

SCALE

SIGNPOST

SYMBOLS

TREES

WALKING

WHISTLE

Varieties of Grape

```
R E N R E K T A V W B T N P S
G A M B G Z M N W K F K O F H
L C T E R A N I E Y K D L C W
G J A U L B J M S G A O O A F
N Y B M C S E O R A E M C R E
K I S Y R A H D E X A R A I A
N E S P I N O T B L A N C G N
Y M Z A S I R H B J C S R N O
O Z W S B G A A C O P E Z A T
L O E A E E R M N D V M S N A
O O I N M I L I I A U I E O P
N S G W N W A L L T K L Y R P
G S E O D W H E A W P L V V A
I J L H E D P L D I E O A A R
P Y T H E O N A I F R N L M F
```

ACOLON	MAVRO
ALBARINO	OPTIMA
CARIGNAN	PELAVERGA
DOMINA	PIGNOLO
FIANOE	PINOT BLANC
FRANCONIA	REGENT
FRAPPATO	RUBIN
GAMAY	SEMILLON
ISABELLA	SEYVAL
KERNER	SYRAH
LIMNIO	TERAN
MALMSEY	ZWEIGELT

S Words

```
S D E T T E U O H L I S S B S
E U G V N F J X Y R A E T E K
T S N S P S S T G N E A S E I
T R O I T S E M I T E M O S S
L W I N S F S T J A F S M Z E
E S S H A P Y M B E X T N U A
R T Y S S T F A H S S R T S S
S S S D L R A X S O L E I N I
O E Y H S E L L I N G S W O D
S T R T U T R S S B T S F S E
U E Y B F F W P T E I S T T I
W E A S C I F I R O P O S E S
S W J N N S H L I W A G J T B
I S A G C B Y S N T E G Y S V
S S S U O E S S G N P Y S C S
```

SAFETY	SINUS
SANITY	SISTERLY
SEAMSTRESS	SOGGY
SEANCE	SOMETIMES
SEASIDE	SONATA
SELLING	SOPORIFIC
SETTLERS	STETSON
SHAFTS	STOAT
SHIFTY	STRING
SHIRT	SUMMER
SIFTER	SWEETEST
SILHOUETTED	SWINGS

Risky

```
V O L C A N O I T A R E P O R
G B Y W A S N I A H C U E B S
U K S O K Y D J O O G A N M D
N Q K C E A O L R D R B G M R
P U O U L Y V R L T A A X X O
O R W W R H O A H A S N O O W
W A A I H S T Q L L U R R H S
D V D S I I U A E A U Q S O X
E E K V E A R A P S N U S K T
R L E G K V K L T P B C J G X
F S A E X F I Y P M E A H A E
E K H R L U N N A O L E B E T
V Q M O R A X H K M O Y T C R
Q N O S I O P T A R S L F S O
F D R L I M A N U S T B H K V
```

ABYSS	RAT POISON
AMBUSH	ROCKS
AVALANCHE	RUSTY NAIL
CHAINSAW	SQUALL
CORROSIVES	STEEP PATH
EARTHQUAKE	SWORDS
FLOOD	TIDAL WAVE
GAS LEAK	TORNADO
GUNPOWDER	TSUNAMI
JOYRIDE	VOLCANO
KNIVES	VORTEX
OPERATION	WHIRLPOOL

WINE Words

```
D E R A S B G N G N S S A L G
S R A B V N I C F T R L A G L
L A I Y I K J E L U E E R E A
B N N K S E L L R R N A V A A
A L A D R G P L R C Y N F A K
M M U S D T R A P S Y N E C T
R C L B S I B R R R Z A A L Y
I A N F T E N C R G S R E T Y
E R D T R L R E I T R C R K G
S G E Y L E B P E F O A E F R
E K D E L U X W K G P U T L O
C V B O S U A T R A P G S O W
Y A O V L R D V E Y B L A V E
L C H E D C G D E C A N T E R
T N A H C R E M E L U D A R P
```

AND DINE	LODGE
BARREL	LOVER
BARS	MAKING
BERRY	MERCHANT
CELLAR	PARTY
COOLER	PRESS
DECANTER	RACK
FUNNEL	SKIN
GLASS	STEWARD
GRAPE	TASTER
GROWER	TAVERN
LABEL	VAULT

```
V E S R O H E C A R Q M U T L
C R E D I T C A R D Y H H J L
Y E G O L F C O U R S E S S A
T T D D G P O B O X R R R E B
A S Y A T Y R L M M Q A E L L
X I U P P R L A O G M D T A O
R G T Y I W U M C U X I P C O
E E I E E M E L Q G Q O A S P
T R C K C T C H E N N D H J D
U H K K E Y B O A R D I C H C
R S E R R T W Y X S U A C N R
N A T Y T G P A R L E L G A F
R C R F L I G H T D O G R B R
M A T H E M A T I C S X A Y M
G A T E C I R P K Q H Q E P E
```

CASH REGISTER	POOL BALL
CHAPTERS	PRICE TAG
CLOCK	RACEHORSE
CREDIT CARD	RACING CAR
FLIGHT	RADIO DIAL
GAUGE	RECEIPT
GOLF COURSE	RULER
KEYBOARD	SCALES
KEYPAD	TAX RETURN
MATHEMATICS	THERMOMETER
PAGES	TICKET
PO BOX	WATCH

London

```
N D N A L G N E F O K N A B I
F S B S E S U B D E R E I G B
E L E C O C K N E Y A B B A O
F E E N A L K R A P P G O U C
S W F S D O R R A H E I B O O
E E E A S T E N D S D B R X E
R J A S R O R C B J Y N O I N
P N T T K U A A P M H T B B A
E W E Z B M C A J I O A T E L
N O R Y D K L L L W R I S U K
T R T E C L R L E B A L C N C
I C N A M T A R I F E U Z D I
N C L A R E N C E H O U S E R
E B L L E P A H C E T I H W B
U L P L A N E T A R I U M A L
```

BANK OF ENGLAND	CUTTY SARK
BARBICAN	EAST END
BEEFEATER	HARRODS
BIG BEN	HYDE PARK
BLACK CABS	OXO TOWER
BRICK LANE	PALL MALL
CAMDEN	PARK LANE
CHELSEA	PLANETARIUM
CLARENCE HOUSE	RED BUSES
COCKNEY	SERPENTINE
CORNHILL	TYBURN
CROWN JEWELS	WHITECHAPEL

Valentine

```
W S E H S I W S R E W O L F S
P U C A L V S E H R I O A S G
O O S O K B M E O G E N E I M
C M E S T A N M S M U U D H K
U Y B T E E A S O O G Z Q S I
P N A R R N H R U E R K M L S
I O D A C Y D A F F O D I L S
D N D E S E T A L O C O H C E
P A R H E E B O U Q U E T P S
S W E E T N E S S U U G S A C
A E R A D W N E S E E G J S J
M B K Y L N C J T U U R F S L
R A D M I R E R F H N A B I S
D E A R E S T T I S R E V O L
A M I T S E A C G L E D M N F
```

ADMIRER	HUGS
ANONYMOUS	KISSES
BOUQUET	LOVERS
CHOCOLATES	PASSION
CUPID	POETRY
DAFFODILS	ROMANCE
DEAREST	ROMEO
DREAMER	ROSES
FLOWERS	SECRET
GIFTS	SWEETNESS
GUESS	TENDER
HEARTS	WISHES

On Fire

```
J R E D N I T U B U R N I N G
P A R A F F I N T A N K U Q D
O N R E F N I A B L A Z E L E
P H W X Q N O S R A X G S O T
Q J B P S T H H F C N S R G A
Y A N L K P A E P I A U O S E
V A M O K X O S L U A N K O H
G A C S K D M K F E T K D B T
F T O I Z T C G E T M I R L U
U H A V A A B B B R A A L H E
R M L E R W C R B V Z A B Y J
N A P C W C I C T I V I R B Q
A T W O O D I C E B G E K X Q
C C V K R D B R K R I P M Y O
E H E W U A G V L F Y N Z Q J
```

ABLAZE	HEATED
ARSON	INFERNO
ASHES	LIT UP
BRAZIER	LOGS
BURNING	MATCH
CANDLE	PARAFFIN
COAL	PEAT
COKE	POKER
CRACKLING	SOOT
EXPLOSIVE	TINDER
FIERY	WICK
FURNACE	WOOD

Hippies

```
R E W G N I N E P P A H I N G
T D R E Y A R P A A T N F O C
U M E B O Z M I M F O A D I D
O S L T E G S A R D U I A T V
L I A M T L R I U C T R U A F
L L X N E I E O K U P A M T L
I A E Y F N N E O R S T M I O
H R D S D R S K O V E E E D W
C E J L R N A T D T Y G L E E
O B Y A E E E N I N N E L M R
M I U C R S T D C E A V O F P
M L N F T C Q S Q I D H W E O
U I R I A H G N O L S Y A L W
N U N A T F A K T P C C E E E
E P A T C H O U L I E Q O B R
```

CHILL OUT
COMMUNE
FLOWER POWER
FREAK OUT
FRIENDLY
GROOVY
HAND-KNITTED
HAPPENING
INCENSE
KAFTAN
LIBERALISM
LONG HAIR

MEDITATION
MELLOW
PAISLEY
PATCHOULI
PEACE
POSTERS
PRAYER
PROTEST
RELAXED
SAN FRANCISCO
TIE-DYE
VEGETARIAN

Weather

```
J F V T N O R F M R A W E T R
L O W P R E S S U R E G C S A
H G Y C G Q Y F R O S H U B B
S G D B U S A L O E A M A M O
E Y J A Z H C D L N M R S M S
R A L F U U L W G A O M P Y I
F L Q M R U E E R M C W K K Z
Y W I A S U A Y E B X O S G C
X D I H I B R T C F S D L I T
L N L T L Y E W I N D Y E Y R
Y J G E U R T A O S R R E M A
Z S P E Z B U S G X E F T O H
T N E M E L C N I V T L M O C
T Y P H O O N B E M Y D A L W
C R L M R O T S U L T R Y G H
```

BAROMETER	LOW PRESSURE
CHANGEABLE	MISTY
CHART	RAINY
CLEAR	SEVERE
FOGGY	SLEET
FRESH	SQUALLY
GALES	STORM
GLOOMY	SULTRY
HUMID	SUMMARY
INCLEMENT	TYPHOON
ISOBAR	WARM FRONT
LOCALLY	WINDY

Photography

```
Y E T R Y S E Y H F O C U S F
I Y L L T A R S T I X E R O W
C O N O I T A C I F I N G A M
L O H I H L C T U R C G T I Y
A S M U F N E A O D I N N P A
R N S P G P I M U N I S S E L
S O S D O N E P G R E W P S F
I I E F A S I O P T P R O K N
R T C R I Y I S H W C L T L U
I I O R A S L T O S K E L F M
N N R E I L P I I P T D I I B
A I P D J N F I G O J O G L E
T F I E G U S O J H N M H T R
A E R Y W M O E B H T S T E W
O D I E N R E X I F R L S R V
```

COMPOSITION	MAGNIFICATION
DAYLIGHT	MODEL
DEFINITION	PINHOLE
FILTER	POSING
FIXER	PRINT
FLARE	PROCESS
FLASH	RED-EYE
F-NUMBER	RINSE
FOCUS	SEPIA
FOGGING	SHOTS
HOT SHOE	SPOTLIGHTS
INSET	TONER

British Monarchy First Names

```
T D I O J G C G F L D M L E I
R Z Y G H T E B A Z I L E I C
S A R A H H A R D C Z E L H A
W S J B E I T L H L E R A P T
A U C L H H B A L T O D Q O H
A G E G U P E A E E A U B S E
Z N D R H L A R N M I L I W R
U A N R E J E D M P H R I S I
Z V I E A H G N R A H O B C N
R M E B E W K A A D I I J A E
E T A N S A D X E E I L L H G
T F R R T E Z E M E R V L I Q
E Y M U Y A M L O K E C A I P
P F U H R B E A T R I C E D W
F E S A W E A O J E G R O E G
```

ALEXANDRA	HELEN
ALICE	HENRY
ANGUS	JAMES
ANNE	LOUIS
ARTHUR	MARY
BEATRICE	MICHAEL
CATHERINE	PETER
DAVID	PHILIP
EDWARD	SARAH
ELIZABETH	SOPHIE
GABRIELLA	WILLIAM
GEORGE	ZARA

Saving Money

```
Q P G P V E Z I S N W O D H S
S S K N I T T I N G N P Y R S
L T W F I G N I L G G A H A G
S P N A H K G X M E C D L N V
A R H U P O L Y R G C E I E E
F Y E L O S M A B Y S D L L K
J R A H V C H E W A N U C C D
S A T L C S S S C E N Y C Y A
R R Z V R U E I M O C K W C R
E B E A X W O A D I O D O E N
F I C G I O R V B E V K B R I
F L J N D K S T A Y I N I J N
O Y G V E O B U L K B U Y N G
F H U T P A L G N I P M A C G
D R E S S M A K I N G J F C V
```

BICYCLE	LODGERS
BULK-BUY	MARKET
CAMPING	MENDING
CAR SHARE	OFFERS
DARNING	PIGGY BANK
DISCOUNTS	RECYCLE
DOWNSIZE	SALES
DRESSMAKING	SEWING
HAGGLING	STAY IN
HOME COOKING	SWAPS
KNITTING	VOUCHERS
LIBRARY	WALKING

Islands of the Cyclades

```
K I N L O S A S S S A I G A S
I R I S O I R I O O I G S G S
I O D A L L B E R L N A O I Y
A R R K J O S A E I A X R O R
R P A T R R I O K M G B A S O
K R A A S H T A F U I A P E S
I X L N C A S M I I T S L F M
M G S A D K K U S S R A C S A
O S P R A E A O A E A E B T K
L V I N K G R M I A A R S A R
O N I F Y D O O M V E C I T Y
S A J A N R R I N E I A M H A
F X R A G O Y D N I N W A I T
D O N O U S S A A L S I D O B
S S S K O L O N I S I I K S R
```

AGIOS EFSTATHIOS	MILOS
AMORGOS	NAXOS
ANDROS	PACHIA
ASKANIA	PANDERONISI
DONOUSSA	PAROS
GLAROBI	RINEIA
GYAROS	SERIFOS
IRAKLIA	SIFNOS
KAMMENI	SYROS
KEROS	THIRASIA
KIMOLOS	TIGANI
MAKRYA	VIOKASTRO

H Words

```
H U T E R E T P O C I L E H Y
H A D D O C K O H E A R T H L
H C H I R D A L P O O H O U L
E H A T E F U L C O H F D M I
R C V I H E C E H H A D R P H
B S E P G X U H N E N H I S H
S D N A I R O H P U I B T A L
H E M C H T E O O D T H S P A
H O N B C Z R B E N A T H B T
H A F U O T E O L R E U H O I
A O I H O D U W R E M H E M P
O H O I I S D I G B D D N H S
W Y L H O T D S L R W I Y Y O
Y E H F O A N E D D I H E E H
H H Y E N A H H T P H H P H H
```

HADDOCK	HIDDEN
HARRIDAN	HIDEBOUND
HASTE	HIDEOUS
HATEFUL	HIGHER
HAVEN	HILLY
HEARTH	HOMAGE
HEIDELBERG	HOOPLA
HELICOPTER	HOSPITAL
HELIOTROPE	HUB-CAP
HELLO	HUMBLE
HEMP	HUMPS
HERBS	HYENA

King Henry VIII

```
Y R N E H O W A R D E G U F Q
R R Y N R R K E L N F R N G S
E T X A R T G C I X S Y P I B
M U R J A G G R N L C L A R K
N I Y U P Y E O S E V E L C V
A T S O O H V V Q C I O A C V
R R P A T C D I K E E N C N O
C E G A L O N D O N Q S E F B
L A C L T E G O O F P U S Q M
E S Z D N P N N T Y M X E N S
M O M O Y D A D Y P E A M E H
E N R Y E S L O W E M O R Q N
N H C U S N O N Q P L A M Y Y
T F K G U A E B H G D O H A M
D R A W D E S P O H S I B D N
```

BISHOPS
BOLEYN
CATHERINE
CLEMENT
CLEVES
CRANMER
DIVORCE
EDWARD
HAMPTON COURT
HENRY
HOWARD
JANE

KING
LONDON
MARY
NONSUCH
PALACES
PARR
POPE
QUEEN
THRONE
TREASON
WOLSEY
YEOMAN

T Words

```
T Z T E K V E C T R E A S A T
B A R D T T E T U C K E D C E
S P E I R R S T A B A S C O T
E O E E U E S T R X R W B E A
V T B D T S E T Z E I L N P V
L L E S H G N T R I A N G L E
E T E U F U N V N O I D G T R
S U R E U O E I T S U S L E N
M F G Y L L T R W R E B W E A
E T O T I F I T E O C I L E S
H E R S Z N I H K N R R T E T
T D N H I J G R C T R H N S N
E E M T S I P Y T A L U T K A
T S Y E C N A R E P M E T R E
Y A D O T N S T E A R E L E T
```

TABASCO
TAVERNA
TAXING
TEMPERANCE
TENNESSEE
TENNIS
TENSILE
THEMSELVES
THROWING
TODAY
TOPAZ
TREADLE

TREBLE
TRIANGLE
TRIFLE
TRINITY
TROUBLE
TRUTHFUL
TRYING
TSETSE
TUCKED
TUFTED
TURNER
TYPIST

Agitation

```
G G G N G N I T A E B X E M N
M N E T G N I D N E L B K W O
E J I L U Y T E I X N A W F I
M S Q R B R T O S S I N G L V
O R K G R U M T W B Q T G U W
V C A D N A O O S Q T U N S D
E R V L F I J R I A E R I T I
M U G B A K L N T L L N K E S
E S J S V U R F X U G I S R T
N A K W N E I L F N G N I O R
T D M R C H O S I U U G H L E
R E E N C Y H X N F R B W O S
V S O B N O I S N E T F T F S
T C T L U M U T V C S F Q K D
U P H E A V A L C W O R R Y W
```

ALARM	RUFFLING
ANXIETY	STRUGGLE
BEATING	TENSION
BLENDING	TOSSING
CONCERN	TROUBLE
CRUSADE	TUMULT
DISQUIET	TURMOIL
DISTRESS	TURNING
FLUSTER	UNREST
JARRING	UPHEAVAL
MIXING	WHISKING
MOVEMENT	WORRY

Homophones

```
L A D E M M Y M F E O Y U Y Z
K G R G A L A P I C N I R P D
J N A N R G L I N I V O W E J
P I T I S T A T I O N A R Y A
A T S T H W K E S P G E O H U
E I U H A P N V H R T E Y O T
L R M G L M S E A S F R C O N
P W R I L M C T U L E A S T W
I L C R J N E M N N T F U U O
C A Y A E R E D O E I R L W R
N I J S U D N I D N S E U A H
I T E K E G T V N L A E V O T
R R W D Q A H I G S E K R K C
P A P U T N S T E Q P Y T P F
F M M S C H K D R E T A E R G
```

CAUGHT
COURT

FINISH
FINNISH

GRATER
GREATER

LEASED
LEAST

MARSHALL
MARTIAL

MEDAL
MEDDLE

MUSTARD
MUSTERED

PRESENCE
PRESENTS

PRINCIPAL
PRINCIPLE

RIGHTING
WRITING

STATIONARY
STATIONERY

THRONE
THROWN

Gym Workout

```
E Y M U I S A N M Y G P G C I
G L H C N E B R F I T N E S S
A A E R O B I C S G R C F T P
S B S O T S F P P P N D A Q Q
S J H Y T W Z D M A H O R S E
A U O Y E A P H D G G J A R N
M G W K E N R S Q X S U O D S
A B E E K S E D C P N T P U J
G Q R A I T I R C A C S M M S
N Z J Q A G P C G U P J U B Y
I C F L A B H F R E P D D B E
G N I N I A R T T E T H P E L
G P W R L E S S S A X I A L L
O V S P I N N I N G W E C L U
J P Z T I F G N I P E E K S P
```

AEROBICS	LEOTARD
BENCH	MASSAGE
DANCE	MUDPACK
DUMBBELLS	PILATES
ENERGETIC	PULLEYS
EXERCISE	SAUNA
FITNESS	SHOWER
GYMNASIUM	SPINNING
HORSE	STEPS
INSTRUCTOR	TRAINING
JOGGING	WEIGHTS
KEEPING FIT	YOGA

Eat Up

```
S E D N B M T N J E L B B O G
T J H Y I O E S K O R A V H I
U L R K F K L P A A Y E N O O
F P C U A B C T I E E G T P E
F I R P R T R U D F F N S U M
P H A V E A B I T E N I E P U
G S S E W C J T J E V B J M S
T N E N A D K L S D S O Z E N
N F A P A R T A K E Y K U G O
P L A W W E A Y T U G D N R C
E Z A R G U A R T T C I V O A
W O L L A W S L B H H P D G R
C L T O E L B B I N E M L C E
V K A Y G B S W Z T W O M U N
G E N I D C T S E G N I A X G
```

BINGE	GORGE
BOLT	GRAZE
CHEW	GULP
CONSUME	HAVE A BITE
DEVOUR	INGEST
DIGEST	NIBBLE
DINE	PARTAKE
FARE	PECK AT
FEAST	PICK
FEED	STUFF
GNAW	SWALLOW
GOBBLE	TUCK IN

HOUSE Words

```
D L O H Q A H M V K T T D Z T
Y D E H P A C V B A U C U T F
R C A L L G F Y O U J N O R A
G N I K A E R B U G I Z R A R
W B A U B N V F B T N L P I C
M O T Q V T W O S A O W D L K
E I R J Q R U I M V E H I E F
E V T K P N T X M A G U A R R
X E I F D T Q Y Q B R A M H X
V G B T E I Y L U J U T M H K
H B Z R C U E S N Y S G I H N
E T O Y S E F B N N C M F N F
B O L U K L T B O A M O U S E
M F D K M A T E S K K P U N C
W T S E R R A M D T S E L U R
```

AGENT	MAID
ARREST	MARTIN
BOAT	MATES
BOUND	MOUSE
BREAKING	PROUD
BUILDER	ROOM
CALL	RULES
CRAFT	SITTER
DETECTIVE	SNAKE
FLY	SURGEON
HOLD	TRAILER
LEEK	WORK

Lord of the Rings

```
K H P V N Q F E L R O N D C Q
X V T B D Y P P F Z B X W L Q
A H S R W K W Q N C B E V B Q
R S G A A B Q O N R O G A R A
W I D K R E N M E V R I H U C
E G L W F U E A C A O L B B B
N F Z M K R M L H D M D E U C
M T Y J I E S A D O I O R T L
S V W A Q G L T N D R R G T O
R M D B M Y E F R T I P I E B
R O D R O M M O R I A M L R E
C O U W R E T O R E D A N B L
V R N C R Y L L N U N E E U I
U C R R L L E D N E V I R R A
K S Y N W I Z A R D J F U R P
```

ARAGORN	MERIADOC
ARWEN	MERRY
BERGIL	MIDDLE EARTH
BOROMIR	MORDOR
BUTTERBUR	MORIA
DWARF	ORCS
ELF	RIVENDELL
ELROND	ROHAN
EOWYN	SARUMAN
GILDOR	STRIDER
GIMLI	TROLL
LOBELIA	WIZARD

Words Containing RUM

```
A R G N I L B M U R U M M U R
F B U Z M T S B E L B M U R C
B P M M M U A U R U M R R U M
R R Q U L U R N P R U M T J C
O C E P R D R D T M U R C M O
S E C A R D M T M R U O E U L
T N D E D C E A C U U R L R O
R T F O R C G C T E H M P D S
U R O U L E R R O R P M P E T
M U M Q L D B U U R U S Y L R
N M R A U C R R M M U M E T U
Y E O U W O R U U B P M P T M
M R M N M V R U M M S I D E R
U U W U G V W U M S E W L K T
R U M K R T E P M U R C C Y P
```

BREADCRUMBS	KETTLEDRUM
CENTRUM	PLECTRUM
CEREBRUM	QUORUM
COLOSTRUM	ROSTRUM
CRUMBLE	RUMBA
CRUMMY	RUMBLING
CRUMPET	RUMEN
DECORUM	RUMMAGE
DOLDRUMS	RUMPUS
FULCRUM	SPECTRUM
GRUMPILY	TANTRUM
HUMDRUM	TRUMPET

Shades of Red

```
V D S Z F V E N I R A Z I L A
E N I M R A C D H T U S C A N
V E R M I L I O N Z P H E U R
I V T E L R A C S V E N U B A
R E D W O O D J E R I T R U Y
U A R N J S K N R G M U D R R
F G A O U I E Y N I D R H N R
O O B O I T N E C D B K H D E
U Q A R I O E N Y E U E O M B
S I N A S R U T M P R Y S K P
O P N M I N I O Y F G I C Y S
L D I F O T R L Q B U O S M A
J R C O I H M A G E N T A E R
C P W A C N O O D G D E A C G
F I N D I A N E O A Y G E L G
```

ALIZARINE	MAGENTA
AUBURN	MAROON
BURGUNDY	RASPBERRY
CARMINE	REDWOOD
CERISE	RUDDY
CHERRY	RUFOUS
CHROME	SCARLET
CINNABAR	TITIAN
CONGO	TURKEY
CRIMSON	TUSCAN
FIRE ENGINE	VENETIAN
INDIAN	VERMILION

Game of Thrones

```
G H H S E R G N H W U O G H K
J P F O W L Y B R I M J W A B
T C D G O M A T A K T C L Y R
P E W A E G Q V Y A E Y W R I
Y S E R E M Y A E R B A W A E
L O I L B N V J S H I R H I N
L A J N F S E E E T T O A I N
T N G Y N L I R B O P T N N E
O A Q E E A A F Y D O R N E N
M Z L A A R T Y S S V M F O E
M V G I S H G S O E L S K L R
E P J A S N R T S R M C B F O
N T Q L K A A Y S X I I F V O
C A T E L Y N S E R K M A G S
T H S D N A L M R O T S W J E
```

ARYA	RHAEGAL
BRAN	RICKON
BRIENNE	ROOSE
CATELYN	ROYAL FLEET
CERSEI	SANSA
DAENERYS	STANNIS
DORNE	STORMLANDS
DOTHRAKI	TALISA
ESSOS	THE VALE
GREYJOY	TOMMEN
JAIME	TYRION
NYMERIA	TYWIN

Military Aircraft

```
T M O E T A C L L E H V M X S
E N N E K I N I G H T H A W K
J V G X N E J A V E L I N V R
O N V N X A R O T C I V H A E
T H E I A M C X I G C I T M D
A U V K V A L I A N T E L P U
R N U Z A Y A A R C N T A I A
T T B J Z R E N O R D M E R R
S E T M D E D R O V U M T E A
X R T A G U S H M O U H S N M
P K U A Z A F E K D D L Q K Z
T D R B I T O R N A D O C K V
N I M R O D T R P V K H O A G
M M A H L A N C A S T E R V N
W S D D S T A B X O F B O K U
```

CORSAIR	NIGHTHAWK
DRAKEN	NIMROD
DRONE	STEALTH
FOXBAT	STRATOJET
HELLCAT	STUKA
HORNET	TORNADO
HUNTER	VALIANT
HURRICANE	VAMPIRE
JAVELIN	VICTOR
LANCASTER	VIXEN
MARAUDER	VOODOO
MIRAGE	VULCAN

At the Beach

```
M A R I A L M E O I D S L O H
A B M E C S L S P E D O E R S
E F E U K W N L A J S P E I I
R C P C S P P O A A E D E A F
C V O I M E C E R B S J G H Y
E R O N C Z M A D K H R S C L
C I L L S N P E U A E C L K L
I R S E V H I C N L P L A C E
S U N T A N R C E T L S D E J
S F A S O O N I S K S O N D B
E W L S Y W P W M E E Z A O O
D A A A G F E S U P T Y S Z A
I D R V G A K L F F I L C G T
T P M F E S E Y J E K N Z L S
S Z J I H S D E A N W D G J S
```

AMUSEMENTS	PICNIC
BEACHBALL	POOLS
BOATS	ROCKS
CLIFF	SANDALS
DECK CHAIR	SHRIMPING
DUNES	SNORKEL
FLAGS	SPADE
ICE CREAM	SPRAY
INLET	SUNTAN
JELLYFISH	TIDES
KITE	TOWEL
PARASOL	WAVES

61

Muscles

```
Q S Q S T A P E D I U S A P S
R S R Q U A D R I C E P S L U
Z O W O K I C D C A R D I A C
E T S R T P N H E Y E P S T A
D Y C U O A E E F L C E P Y I
G S E F R T N C L D T R E S L
S R A S C T A I T P U O C M I
U I W O T O E N P O S N I A V
I S G R S M D I U R E R D D
R O H L I P I P T C S A T M S
O R H S U W I N L K C L L P O
T I S D O T O J G E B U E I K
R U M A S S E T E R X C B G S
A S C A L E N U S T I U J Q N
S U E L O S D U S B K R S K Z
```

BICEPS	PLATYSMA
BUCCINATOR	PSOAS
CARDIAC	QUADRICEPS
COMPLEXUS	RECTUS
DELTOID	RISORIUS
DETRUSOR	SARTORIUS
EYE-STRING	SCALENUS
GLUTEUS	SOLEUS
ILIACUS	SPLENIUS
MASSETER	STAPEDIUS
PECTORALIS	SUPINATOR
PERONEAL	TRICEPS

Chess

```
C R F R E T S A M D N A R G T
H U R S S E H R E G T K I S H
A Y T T D N O C T T O R E J G
N L K R U O O E A R O T Z D I
A O V A K Y M C C T I E H L N
W P S T X P K H T H T H A W K
B E G E O P N E W P F R E I S
O Z U G E O H E W H P M N A T
X A L Y I C D S E V O M F Z N
U D F G N I K B N U A V N L E
P J T A N F Y W O R Q U P V N
N G I S E R A A K A T A Q T O
P F O U T P O S T S R W H V P
I L H O E M A G E L D D I M P
E D A K C O L B Y K O V A N O
```

ATTACK	MIDDLEGAME
BLOCKADE	MOVES
BOARD	OPPONENT
BOX UP	OUTPOST
BYKOVA	PAWN
DECOY	QUEEN
FIANCHETTO	RESIGN
GRANDMASTER	ROOK
KING	RUY LOPEZ
KNIGHT	STRATEGY
KORCHNOI	TEMPO
KRAMNIK	WHITE

Words Derived from German

```
Z T I L G S M I O N E D R A G
C E N H T K B J W A L T Z K Q
W D E R P L C U I A D P E F W
M Y A C C R P A G K O L R A P
E F E T T S O E S R O A S T G
E A H R T S R T Z K N K A E R
R I E O E G I I E K C X T T E
S L R H P N T E F I U U Z L B
C M E B M H N U G D N P R A E
H E D D E U R A A R S B X B C
A U N R O T E W P V E C Y O I
U A U A E Y K S I S Q T A C A
M A L R E R Z H L V X G L L P
X T P L N Y S E M I N A R O E
I Z T R A U Q E R A S E C Z P
```

COBALT	PROTEIN
ERSATZ	QUARTZ
FRANKFURTER	ROAST
GARDEN	RUCKSACK
GLITZ	SCALE
ICEBERG	SEMINAR
LAGER	SPANNER
MEERSCHAUM	STORM
MUESLI	STRAFE
NOODLE	WALTZ
PLUNDER	YODEL
POLTERGEIST	ZITHER

Good-looking

```
X H S I L Y T S R E W S D T Q
C F O J L S T L V Q D A N D Y
T U S E L U U I T E R T A U Q
F D V U N E T O N R I G R T A
S O X N O C M I E H A X G Y P
L H I Y A R F O M G F M T J P
B N A R E B O P S H R T S H E
G Q T P M R Y M X D E O O K T
T T P Y E B U C A R N T G T I
A A O O O L U V P L O A F N S
D Q J N R T Y F M G G C H A I
O Z N N E P Y L E M O C B I U
X Y E L E G A N T X K C A D Q
M D O B G N I H S A D D J A X
S A R L H C E M O S N I W R E
```

ATTRACTIVE	GORGEOUS
BONNY	GRAND
COMELY	HANDSOME
CUTE	LOVELY
DANDY	PHOTOGENIC
DAPPER	PRETTY
DASHING	RADIANT
ELEGANT	SHAPELY
EXQUISITE	SMART
FAIR	STUNNING
FINE	STYLISH
GLAMOROUS	WINSOME

Fun at the Fair

```
C T S A M U S E M E N T S W B
O U D K Q U D Z D U N A Q A H
C O W R I I N A H C S W K L S
O B O E L X N M H O W I C T I
N A R S S R U A T R O H C Z F
U D C R O U M A I U S P J E D
T N C C O B O F K T F H L R L
S U P L U B L H R N D T R A O
T O W R G E G A D H O T D O G
P R G N R I D E S E Z I R P A
F E O A A E V Z F W T A E I Q
R L N M A E R C E C I N N O B
L G E V O L F O L E N N U T S
E X C I T E M E N T X G G A Y
F Y R P I H S E T A R I P S H
```

AMUSEMENTS	MAZE
COCONUTS	MUSIC
CROWDS	PIRATE SHIP
DARTS	POPCORN
EXCITEMENT	PRIZES
GOLDFISH	RIDES
HAMBURGER	RIFLE RANGE
HAUNTED HOUSE	ROUNDABOUT
HOOPLA	SLIDE
HOT DOG	SWINGS
ICE CREAM	TUNNEL OF LOVE
LONGBOAT	WALTZER

Building

```
U D C X U U E S E E G F C W G
L E T O E N N H V X P I E R O
F E S Q O A X O Q K P L O K R
I X S T L V C K B T R L D F C
O R S P M L G I V P O A H V C
G N I Z A L G B Q Y O W F Y R
J C R O E L Z O Y O D A B T T
T A O M B N B D I Z U B D I Q
M O O R H T A B I T O R X L V
S D O A R C A D E L A E S E L
D O F L I P Y U D Y B P E G O
F J X L R K S O S T X M G D P
Y G Z E Q O T K F A O N A G S
E D E C O R A T E H N D D Z G
J M L N S T G D R X D S O E C
```

ALCOVE	HOME
APSE	LOBBY
ARCADE	MOAT
BATHROOM	PATIO
BEAM	PIER
CELLAR	PLANS
DADO	ROAD
DECORATE	ROOF
DOME	STONE
DOOR	TILE
EXIT	WALL
GLAZING	YARD

Creatures

```
E L T R U T B E N A R W H A L
A S R F U S U N O M O E T B K
K E O W E O B M I H S U O P N
K R Y O R O T A L U Z T L F I
Q A F A M M M O O X L Z S R M
K H I M P A O L T L J N E R A
R B K R A V D R A A J P C D T
E P L I M O L M U D P S L U N
G R Z Y O L A E T O Y I B E A
C N W W N E H A H E M M R W H
C C A X A X O S K F C R N M P
I C E T K T S N P L E F U L E
J B J R S A O V M T S L A K L
I L L D R M T W T T E E T H E
E G T G S L G O L C U A B E Z
```

AARDVARK	MOOSE
ELEPHANT	MULE
FLEA	NARWHAL
GNAT	OTTER
GRASSHOPPER	OWL
HARE	SLOTH
IBEX	STOAT
LION	TAPIR
LLAMA	TURTLE
LYNX	VOLE
MINK	WOODLOUSE
MONKEY	YAK

Sushi

```
S R T H B K A Z R W V X C N E
D E V I H P I K U R A N I I V
P S S O P Q O E Z C D O C H N
I K C A V O C A D O A M X C D
T H K M M B T S M R A L C R R
O G S P C E Z A E C D A A U I
B P U U M I S G K U I S R A J
I F P B Z I N E Z X U R R E O
K U O S N I R Y E T Q I O S M
O U T L G E R H U D S C T Y A
G F C L L E H A S F S E S N H
E E O O I U J F N A O U U C S
D V F R A E L K C I P T R T O
L I A T W O L L E Y K A X R Q
E D F W K C C K Q I B A S A W
```

AVOCADO

CARROTS

CRAB

GINGER

HOCHO

IKURA

INARIZUSHI

KAPPA

MACKEREL

OCTOPUS

PICKLE

RICE

ROLLS

SALMON

SEA URCHIN

SESAME SEEDS

SHAMOJI

SHRIMP

SQUID

TOBIKO

TOFU

TUNA

WASABI

YELLOWTAIL

69 Islands of the Pacific

A	E	W	O	H	D	R	O	L	A	M	I	U	A	B
L	E	G	O	V	R	F	I	G	I	H	P	T	S	I
P	A	A	T	O	B	B	U	E	L	U	E	L	I	T
M	H	S	S	D	F	C	E	E	A	N	Y	V	H
T	R	O	C	T	N	I	K	U	M	A	R	O	R	O
A	A	N	K	O	E	M	J	A	U	B	H	R	A	R
T	U	H	L	K	A	R	L	O	R	A	Y	E	J	A
A	A	J	M	U	A	D	B	B	U	N	N	T	Y	I
U	L	P	G	I	E	I	H	H	R	A	W	N	O	A
H	A	B	A	N	D	X	D	Y	O	B	Z	U	K	T
A	P	I	I	P	L	W	Q	O	A	X	A	H	N	E
T	T	K	W	R	O	L	A	O	D	S	L	I	F	A
P	Z	I	G	I	Z	A	A	Y	S	R	L	I	A	N
D	F	N	I	L	A	H	K	A	S	F	J	P	O	V
J	A	I	N	K	U	R	N	A	W	I	A	T	F	H

BANABA	MIDWAY
BIKINI	MURUROA
EASTER	NASSAU
FIJI	NIKUMARORO
FLINT	OAHU
GUAM	PALAU
HOKKAIDO	PENRHYN
HUNTER	RAIATEA
JARVIS	SAKHALIN
KAOPAPA	TAHUATA
LORD HOWE	TAIWAN
MALDEN	VOSTOK

SELF Words

```
D E S S E F N O C V P W N M D
P P D L S N D D G N E O C D R
P L W E D E C U D N I T T T E
S E O Q S N L L F T K I N N T
I H B A J O B X A V X E E E R
S L R R D M P V V S C C D M A
Y A E P T I R M P V E E I E T
L V S K J E N I I R O D V V S
A O I R S T H G U A T E E L N
N R A E R S X T K A A N Y O Z
A P R V R E R R Y X M I L V A
R P P O L O K E R A W A X N P
E A W B T O W E F Z Q L D I I
R U L I N G V R E D O W H E T
G K K D L X X E T S V W C U Y
```

ANALYSIS	LOADING
APPROVAL	LOVE
AWARE	MADE
CONFESSED	PITY
DECEIT	PRAISE
DENIAL	PRESERVATION
EVIDENT	RULING
HELP	SEEKER
IMPOSED	STARTER
INDUCED	TAUGHT
INVOLVEMENT	TORTURE
LESS	WORSHIP

Schooldays

```
I  D  D  D  A  R  Y  M  A  Y  B  E  L  L  F
T  R  O  P  S  D  A  X  G  X  J  S  H  J  V
P  E  T  N  E  X  M  Y  Z  S  S  G  A  S  C
U  N  T  S  E  R  S  W  O  A  N  N  Y  D  G
P  R  K  T  O  Y  C  S  P  I  I  G  B  I  N
I  U  T  F  A  C  H  B  T  T  B  C  L  K  W
L  B  I  S  U  N  O  U  O  A  Q  N  A  D  Q
Q  N  S  S  D  A  O  R  V  E  F  D  C  G  Q
U  E  K  F  K  M  L  L  Q  R  S  F  K  J  K
A  S  O  S  H  R  H  Y  A  U  D  E  B  K  Z
E  N  O  A  S  E  A  N  S  T  G  R  O  X  X
V  U  B  E  X  G  L  M  R  C  I  F  A  Y  B
N  B  T  C  O  L  L  E  G  E  K  N  R  M  X
Y  O  R  O  T  A  L  U  C  L  A  C  D  T  A
N  Y  S  V  Y  L  O  X  C  P  Z  C  Q  Q  M
```

BELL	KIDS
BLACKBOARD	LATIN
BOOKS	LECTURE
BUNSEN BURNER	MARKS
CALCULATOR	NOTES
COLLEGE	OUTING
DESK	PASS
DRAMA	PUPIL
ESSAY	SCHOOL HALL
EXAM	SPORT
GERMAN	STAFF
JANITOR	UNIFORM

Education

```
Y W T R Y N U E D K N K S Q G
Q C K N E L S T S E T G L N R
R L A U B P I E V T T N I Q E
J L Q R R V D B N L N N U K T
Y A A S E O T E R I R A O U S
L H K E I T D H A A L M C T A
B T M R Q U I T E N R H L J M
M A J Y T A P L E O A Y A T O
E E U S L A R V D N R N S E L
S R G W C M S E C R I Y C X P
S G D E D M P E H T E B O T I
A T N L L P L U O C C C U B D
Y O U W S L Y R P H A T T O P
F C T D O V O Z I I O E D O F
F C Z R Y K M C M R L J T K R
```

ASSEMBLY	MASTER
CAPTAIN	NURSERY
CHANCELLOR	PUPIL
COLLEGE	RECTOR
DEAN	SCOUT
DIPLOMA	STUDENT
GREAT HALL	STUDY
JANITOR	TEACHER
LEARNING	TESTS
LIBRARY	TEXTBOOK
LINES	THEORY
LITERACY	TUTOR

Board Games

```
F G T Y R A N O I T C I P P Y
R Y W B C E O Z F T W X A H L
U R I U D A V D E R I T L B O
O R S K C V M E U R O X S C P
F O T I S N D O R L U Y I W O
T S E M S U O Q L S W N G D N
C W R M S E K I H P I F L L O
E H U U O U I O S O I V P L M
N J E R N C G T L S T D Z A E
N P J S R I I O I B E E D F L
O P U M S I O R R C A S L N K
C M E X I C A U K O T P B W R
B H U U A S H S Q I K S W O I
P I H S E L T T A B S U O D W
I L D Z S M O D G N I K R L Q
```

BATTLESHIP	MEXICA
BLOKUS	MONOPOLY
CHESS	OBSESSION
CIRKIS	PATOLLI
CONNECT FOUR	PICTIONARY
DIPLOMACY	QWIRKLE
DIXIT	REVERSI
DOWNFALL	RUMMIKUB
HOTEL	SORRY!
KINGDOMS	SUGOROKU
LOST CITIES	TSURO
LUDO	TWISTER

Gases

```
K I P E I F J M Q M R M H L M
N U R B C M E N E L Y H T E U
O F C H L O R I N E Z R D K I
D A E N E G S O H P E I R B L
A Q R P O C A N F H X Y L X E
R N E G Y X O F T O P T H I H
R A N S O C J E I T R A T M A
B I C E A N J D O N L O R E C
B N D E G G N N I O E V L T E
U O V T T O L T N J N S C H W
T M Z O B Y R A D J A H N A C
A M F R Z O L D O D P Y O N N
N A A A G O V E Y C O K N E O
E C K E T E N E N H R T E N E
Q X N Y Y Q D E F E P G X A N
```

ACETYLENE	HYDROGEN
AMMONIA	KETENE
ARGON	KRYPTON
BUTANE	METHANE
CARBON DIOXIDE	NEON
CHLORINE	NITROGEN
CHLOROFORM	OXYGEN
COAL GAS	OZONE
ETHER	PHOSGENE
ETHYLENE	PROPANE
HALON	RADON
HELIUM	XENON

Counties of Texas

```
P H H E N I B A S L Y O M K W
D C P D Y K P I M O O F A S D
R E D R I V E R B C P V L H A
W E L L E V R E M O S N I A R
P A L U B B O C K G A Q M N Y
V L L K H B E R A S H Z S C G
W S D K N O S M A I L L I W B
A E G B E I Y O A K U M A U V
R U I R W R W L A S A L L E S
E Q V W R M E R F R X D O E T
D S G E O Z L G C O B W N A B
N O T P U B Q H N V A O A L E
A B A W I E E O U A J R P C X
B N K M J R X G Y Y R L D B A
C K L M O T L E Y C B O T D R
```

ARCHER	ORANGE
BANDERA	PANOLA
BEXAR	RAINS
BOSQUE	RED RIVER
BOWIE	SABINE
FOARD	SOMERVELL
JONES	TERRY
LA SALLE	UPTON
LOVING	WALKER
LUBBOCK	WILLIAMSON
MILAM	WINKLER
MOTLEY	YOAKUM

LINE Ends

```
E X P U T D T R E T A W A F S
S U H L G R W I B O Z O D A E
A K E O K S S M D S B N E J I
N A A B R O K E N E T S A E P
D L R F E E S E M B R O S J T
L M T A W S E H T O L C R H Y
D G A U O A Z I P Y O S G Y B
B M U L P I C K E T G I R J H
M K Z T O F G R N P L E O P A
I L T B V A V K G F G L S U L
L E H G R U B N E D N I H N F
O N M K O R E A E L H F D C W
Z H A H A R D L A H X A C H A
F L I G T N N O L T F I D Y
K T N O R F D N W E L V O R B
```

BROKEN	HINDENBURG
CLOTHES	LAND
CREDIT	LEAD
DATE	LEDGER
FAULT	MAIN
FLIGHT	PICKET
FRONT	PLUMB
GOAL	POWER
HAIR	PUNCH
HALFWAY	SNOW
HARD	STORY
HEART	WATER

Islands of Britain

```
P A D E S N I T R A M T S S Z
G E L G J B Q W R K T K P T V
Y E S N R E U G M Y R Z A K M
B X D Y A N U E P V D A I I S
U X H D M I R N L Q O M S L H
K E G F S S V R N I V D Q D O
R C M H E S G A Y A S F M A S
D E A A Y E N F F D R M V J L
Y E E Y A N I S A U N R O U R
E E C R A G L I D S R U A R O
N Q S C I A Y D N K O Z L A E
K I I R S T A N A O C S E R T
R F L J E S H I S M A K G Y O
O V Q F Y J E L V E N Y E G J
K C O R S S A B I R A E T M C
```

ARRAN	MERSEA
BASS ROCK	ORKNEY
BRYHER	RAMSEY
CANNA	SANDA
FURZEY	SARK
GUERNSEY	SKOMER
HAYLING	SKYE
JERSEY	ST AGNES
JURA	ST KILDA
LINDISFARNE	ST MARTIN'S
LISMORE	TIREE
LUNDY	TRESCO

Famous Australians

```
N O S K C A J U N S H X I R M
O W K Y M R K S R E U S E N O
R G Q F E Z U F U I L K A F O
I G E E T N E R N V C C J C H
N I R W Y N O S W A L A V E R
O G S C O W A N P D A X G B R
S Y S G N R N H T S Q Y B Q E
R M E E N E C O P K I D M A N
E C A N I I A G E I F L Y N N
T A F L A R N A G C L L B Y O
T T I R T M H N Y C R O S E B
A D Y Y A I K P E L B A Q U Q
P D A B E S H C M J L T E W I
I Z O S P Z E W A U T E I P E
H O L L O W S R G J H A K U G
```

BONNER	JACKSON
CASH	JENNINGS
COWAN	KELLY
CROWE	KIDMAN
DAVIES	LAVER
FLYNN	LAWSON
FRASER	MABO
GREER	OLIPHANT
HOGAN	PACKER
HOLLOWS	PATTERSON
HUMPHRIES	PEARCE
JACKMAN	WHITLAM

Capital Cities of the Americas

```
P C W A S H I N G T O N D C P
R N O I C N U S A N A S R A B
U Y E Y A A O M T U A U R U O
N T C T A T I K A N J A E E G
L I N I N L R L J T M N N Y N
L C I C A A Q O I A O N A O I
N A R A V K S H R S E G T S M
S L P M A E T I A Y A T O S O
A A U A H E B I A R A R H B D
N M A N Z O R C Y W G D B C O
T E T A Q E Q S A C A R A C T
I T R P S A U G A N A M S E N
A A O A Y T I C O C I X E M A
G U P M O N T E V I D E O R S
O G A A N W O T E G R O E G L
```

ASUNCION	MEXICO CITY
BOGOTA	MONTEVIDEO
BRASILIA	OTTAWA
BUENOS AIRES	PANAMA CITY
CARACAS	PARAMARIBO
CAYENNE	PORT-AU-PRINCE
GEORGETOWN	QUITO
GUATEMALA CITY	SAN JOSE
HAVANA	SAN JUAN
LA PAZ	SANTIAGO
LIMA	SANTO DOMINGO
MANAGUA	WASHINGTON DC

R Words

```
R E F R I G E R A T O R E R R
H R R D O P N L R L A B R P Y
U F T E S S U R A Z L Y R L T
R M E P T J A S O C O S L H W
R T V R O S E R A D I A N C E
G W I U R R A E Y R R D D G R
N N R B I O S M C R R A A E R
I E I F E W T U G N V V T R A
M R L L N R R A D N A S O W F
Y E Z Y E S A R T R I M B R F
H A J A R E H R D O E R O T I
R X P R D Y R I R Q R R N R S
T E R B T T R E W A R D E D H
R I G H T E O U S L T S E V A
R T M O V R O U G H L Y H U R
```

RADIANCE	RHYMING
RADICAL	RHYTHM
RAFFISH	RIFLE
RAJAH	RIGHTEOUS
RALLY	RINGMASTER
RAREBIT	RIVET
RAVAGE	ROISTER
RAZOR	ROMANCE
REAPER	ROSARY
REELING	ROTATOR
REFRIGERATOR	ROUGHLY
REWARDED	RUSSET

Mr Men

```
G R E E N S T C E F R E P O N
W A S D K D W Y S M U L C T F
Q E G I A W I C L E V E R A G
D U N I A R B R E T T A C S M
A N I W R O N G I O R L E E U
Y I S E U Q R C P V K Z S L D
M U Z N T U K S H E E S L B D
A H C T M L Y S A E Y N G M L
E E A P E T U C N M Z R L U E
R V Y P U K P S H Y E J F R I
D U U R P R P Z F E R R M G Y
Y J V I G Y I C D P E R F A S
A Y P A Y V T Y F E R K O E I
D E L E S S Y M H V J G Y W O
G N O R T S J C F E E K U H N
```

BOUNCE	NOISY
CHEEKY	PERFECT
CHEERFUL	QUIET
CLEVER	SCATTERBRAIN
CLUMSY	SKINNY
DAYDREAM	SNEEZE
GREEDY	STRONG
GRUMBLE	TICKLE
GRUMPY	TOPSY-TURVY
HAPPY	UPPITY
MESSY	WORRY
MUDDLE	WRONG

Cruising

```
P Z C S Y N P R K E P W M S Q
U O W E A A O B C S K C E D D
E C S V N E R I I S X D Y L G
G Z T A M G T N S I X A R G D
A G E W Z E H I A N O O D E R
Y C W S C A O B E G W N N X A
O A A U E V L A S E K A L C O
V P R P O N E C H R V E A U B
N T D Q U O I T S I L R T R R
O A K B C R D G G I I A I S A
B I Y U A N S A N B A D P I T
U N U H U L T E B E O I S O S
I B C O H O T E R Y H N O N E
P R R X R O A I S S J V H S R
B A L C O N Y V C N W K F G L
```

AEGEAN	NILE
BALCONY	OCEAN
BALTIC	PORTHOLE
BON VOYAGE	PURSER
CABIN	QUOITS
CAPTAIN	ROUND THE WORLD
CARIBBEAN	SEASICK
DECKS	SHIP
ENGINES	SINGER
EXCURSIONS	STARBOARD
HOSPITAL	STEWARD
NAVIGATOR	WAVES

Ski Resorts

```
S O L D E N I E D E R A U J Z
C H A M P O L U C N O P K M E
D F O I E G D K Z R A O V L L
U L M A S T A N T O N R A I L
B D F T U P U I S N Y T B V A
C P O H R A S H G Y H R L I M
H N S U S E M P L U F S U G Z
A N N K I I A L I S N U E N I
M A O V B R R L L O R N W O L
O H W D K O E U W E U D O O L
N O B C W N H R A L J A O F E
I J I H R J I I I R D N D K R
X T R E G D I R N E K C E R B
Y S D L G K F C Q J S E V I V
V H H E Q E R E I V A L C Q T
```

BLUEWOOD

BOHINJ

BRAND

BRECKENRIDGE

CHAMONIX

CHAMPOLUC

CLAVIERE

ELLMAU

FULPMES

KAPRUN

KUHTAI

LA THUILE

LIVIGNO

NIEDERAU

ORTISEI

PARK CITY

RAURIS

SNOW RIDGE

SNOWBIRD

SOLDEN

ST ANTON

ST JOHANN

SUNDANCE

ZELL AM ZILLER

Repair

```
R Y B E C H G T H G I R T U P
E S D A R G E C T Y P G I R O
D S L E U O O H L Q U P M E G
R E I B M R T U O R H A P C E
E F E V R E A S E K C T R O I
S D R E E H R D E A U C O N D
S C C U R R R M R O H V D E
K T O E V O R I E B T U E I D
L M V O N E N A B N Q P D T A
A O D I C E T L C G O E E I R
E O T T H H E C E N S V J O G
H U I S P M A V E R S F A N P
P F E T A R O C E D E R F T U
Y R E J U V E N A T E N Y N E
F T S U J D A R E P O I N T T
```

ADJUST	RECTIFY
COBBLE	REDECORATE
CORRECT	REDRESS
DEBUG	REJUVENATE
FRESHEN	REMEDY
HEAL	RENOVATE
IMPROVE	REPOINT
OVERHAUL	RESTORE
PATCH UP	REVAMP
PUT IN ORDER	REVISE
PUT RIGHT	TOUCH UP
RECONDITION	UPGRADE

Archery

```
C L P B J A R R O W R E S T Y
D K R R G H T M C M E R S F Z
B A J E S O O L U K J Y W A Y
B V R T H U F I U W I H L Q R
A U T N H T H G Q Q I S A M E
S U G O O C A D S P W D S B C
B C G V A T C E E S P N Y E A
V I S E E O C N F G R U R W R
H B N R B L D H B O P O H I B
U A R S Y E D A H I B R C F N
V P H T D A C N L W T W L R N
G Z H R R K J E A Q S I O U R
R P W U I K R A M H G F U I Q
W I C N F A E I O H Y U T B U
L X G G T P E T T I C O A T G
```

ARROW REST	KISSER
BACKING	LOOSE
BARB	MARK
BRACER	NOTCH
BUTTS	OVERSTRUNG
CHRYSAL	PETTICOAT
CLOUT	PILE
DRIFT	ROUND
FEATHER	SHOT
FLIGHT	VANE
HANDLE	WHIP ENDED
HORNS	YEW

BIG Start

```
Y R T O G I B B I G S T I C K
B I G M O N E Y M B S B T D B
A I S U O M A G I B E I O Y E
H H E S I O N G I B N G O E S
B N T T W F E G B R I A F D E
J I G R J Y H I V E S S G E E
B I G L E A G U E P U S I T H
B N K D I B I O B P B G B R C
I I R R A B G I I I G I I A G
B B G O I D G I G D I W G E I
I I D G H E D L B G B G H H B
G A T N A G Q Y U I I I A G E
B O M R I M I A C B G B N I G
P Y E B I G E B K B A T D B I
K D B I G B I G S H O T S E B
```

BIG BERTHA	BIG NOISE
BIG BUCKS	BIG SHOTS
BIG BUSINESS	BIG STICK
BIG CHEESE	BIG TIME
BIG DADDY	BIG TOP
BIG DIPPER	BIGAMOUS
BIG GAME	BIG-EARED
BIG HAIR	BIG-EYED
BIG HAND	BIGFOOT
BIG HORN	BIG-HEARTED
BIG LEAGUE	BIGOTRY
BIG MONEY	BIGWIGS

Bays

```
N N W N W U S A J H A E T V D
C A E G E G U G H L V S Y L A
D E R K W E W H L W W P F G B
Y E W R O O R E C O P A N O A
K H E S A R W G C R E G T I N
F C R M D G B B A R N E G A T
K A L R E I A J F A N B O H R
A L H P G A E N H O A Q G A Y
M A G Z K N M P S R U P E R T
I P Z R B A P S A E N I T A S
N A G I D R A C J E T H N R A
U M E L I B O M W U A T O I P
M A N I L A G A L W A Y M T M
H R F I N E R C K R A L R A A
W I H N G K I E S E M A J N T
```

APALACHEE	JAMES
ASSONET	MANILA
BANTRY	MOBILE
BARACOA	MONTEGO
BARNEGAT	NARRAGANSETT
BROKEN	NEWARK
CARDIGAN	PEGWELL
COPANO	PHANG NGA
GALWAY	RARITAN
GEORGIAN	RUPERT
GREEN	TAMPA
HAWKE	UNIMAK

Vitamins and Minerals

```
N C A L C I F E R O L Y A Q E
N I A P O I G D C R U C I N C
N I V E V J T H I A M I N E O
E A C A S C O R B I C A C I D
N R P A L L P N I T O I B F Z
I C W R I F N F A N P Y D M M
D O G N E N O I D A N E M U U
O P E T E L A V R P T L U N I
I P H U A H G R O U E S I E S
S E D C A L C I U M E J S D E
R R I B O F L A V I N N S B N
I N F N I M A L A B O C A Y G
W R D I C A C I L O F T T L A
B I O F L A V O N O I D O O M
M A G N I M R E D A S N P M H
```

ADERMIN	FOLIC ACID
ANEURIN	IODINE
ASCORBIC ACID	IRON
BIOFLAVONOID	MAGNESIUM
BIOTIN	MENADIONE
CALCIFEROL	MOLYBDENUM
CALCIUM	NIACIN
CHOLINE	OVOFLAVIN
CITRIN	POTASSIUM
COBALAMIN	RIBOFLAVIN
COPPER	THIAMINE
FOLACIN	ZINC

Coffee

```
K B Q R T H H H S I K R U T B
P H K I G U N D S M O O T H M
N M M O C H A E K N O E J M U
A U Y N O B T C W A W Y T A F
P L R U R T F A T D I L O N G
C A S A O T S F L N T D H T J
Z E Z N D A B F Y L A L N E R
J I Q Y F C S E K Y I T R I M
L A X Q E G Q I A N D M S V F
X H V Y A K G N I N R O M N S
T Z R A D O W A N A S H B L I
D S L A T T E T L E Y R Q P C
R E T E T A G E S S E N C E M
A J C R E M A D J W W R E L R
J N O I T C A R T X E E G K W
```

BEANS	INSTANT
BODY	JAR
BRAZIL	JAVA
BREW	KENYA
CREMA	LATTE
DECAFFEINATED	MILL
ESSENCE	MOCHA
EXTRACTION	MORNING
GREEN	NOIR
HOUSE	SMOOTH
ICED	TURKISH
INDIA	VIETNAM

Escape

```
B W T F L Y T H E N E S T P T
N F U F C I R C U M V E N T G
F F O N M E G S E T O B O I A
S O K I T I L I A T H G I H G
C E A R I N B B U C Z Y F E Z
A K E U R D S R U N A W A Y T
T A R T E C N T W W S B F S P
T M B F O T A A A L A J U P E
E G E N A N S T I I U A T W T
R C D I D A E P L M H Y A R S
T Q L R E G A O P X H C K U E
N Q U J C W U S E Y S Z E N D
Y N E A A T H E G D O D O O I
P R E Y M I S N E A K O F F S
D I S A P P E A R S T A F F R
```

ABSCOND	HIGHTAIL IT
BAIL OUT	JUMP SHIP
BREAK OUT	MAKE OFF
CIRCUMVENT	RETREAT
CUT AND RUN	RUN AWAY
DECAMP	RUN OFF
DEFECT	SCATTER
DISAPPEAR	SIDESTEP
DODGE	SLIP AWAY
EXHAUST	SNEAK OFF
FLY THE NEST	TAKE OFF
GET AWAY	TURN TAIL

Alice in Wonderland

```
C H E T A C E R I H S E H C R
A R T E A P A R T Y R M H O O
Q L O F M R E P P E P T C E M
U K I Q U K N L D U S A T U A
E E M C U S N K I U T E D F G
E R A Y E E I I R E F E S T N
N A D E W N T L R W L Y I R I
O H H P G Z A P R D M G G E K
F H A E I W I D E I E E G D E
H C T N E L H E U R D R B Q T
E R T S L D W A L C Y D R U I
A A E A R T U I N P H O L E H
R M R E M G L P H I S E B E W
T F A R E Y H O R E D E S N S
S M A R Y A N N S A V E D S K
```

ALICE	MARY ANN
CATERPILLAR	PEPPER
CHESHIRE CAT	QUEEN OF HEARTS
CROQUET	RED KING
DINAH	RED QUEEN
DREAM	RIDDLES
DRINK ME	ROSES
DUCHESS	TEA PARTY
EAT ME	TIGER-LILY
GRYPHON	TWEEDLEDUM
MAD HATTER	WALRUS
MARCH HARE	WHITE KING

N Words

```
N T H S E Y F N E N E S T E D
J U S S N S N E L U D O N N N
N L N E K I R S U X E N I A H
M A B N C O N U U N N C M T N
N R Z T E I T O N E K E N O N
A U A A T R N Z T E D I S O U
N T A E R S Y H D O N T I L T
E A C N N E E D L E R T B A M
N N M N L R T C B I A I P N E
U E N I L W N H L G N A O R G
N N E A N A B A I P O M B U G
C B N E N G C V A R T O N T S
E D R E T T A N F M A D B C M
S E S S E N S U O V R E N O U
N A X O N I P P E R Y C E N N
```

NAMING	NICKED
NATTER	NICTATE
NATURAL	NINTH
NAVIGATION	NIPPER
NAZARETH	NOCTURNAL
NEATNESS	NODULE
NEEDLE	NOSTRIL
NERVOUSNESS	NOTARY
NESTED	NOTORIOUS
NETHERLANDS	NUNNERY
NEXUS	NURSE
NICEST	NUTMEG

Miserable

```
T S A C N W O D E D S S F I N
F O R L O R N C E D S D E I K
Y P P A H N U T R E E Y D H D
C J Q U S I C E L H V E U E S
W E I P Y E A Y C W S W P P L
G L B S J R O T G S E R M O Q
L B R E Y J E D E M E U W D Y
U A D T I R E R O S D S E R M
F I M Z W S T U S E P H R D O
R T I S O S R E H I S O A H O
A I P L I N D T R U S U A W L
E P A D F D N I R P V O I L G
T T I U E I T C I T E H T A P
E I L V D E S P E R A T E O K
U R B P D W E N O G E B E O W
```

CRUSHED

DEJECTED

DEPRESSED

DESOLATE

DESPERATE

DISMAL

DISTRESSED

DOWNCAST

DREARY

FED UP

FORLORN

GLOOMY

IN THE DUMPS

JOYLESS

LOW-SPIRITED

MOURNFUL

PATHETIC

PITIABLE

SORRY

TEARFUL

UNHAPPY

UPSET

WOEBEGONE

WRETCHED

Double Trouble

```
S M O P M O P R E S T E S T U
J S U V S U V F S U N S U N O
Z O I Q T O M T O M U D M U D
P S P Y A H O P H O P B Q N B
O O M P Y H S L E Y A E Y A X
A Y T G S A A U U O D R D P E
T U O T N G K L H B H E S O Q
A T O Y J A K U E H N R O H R
M H Z O B G L R U B S B G C U
A B K D U E I Y A A O U H P M
T O I O I B N D G O P I H O R
A N D D E S E T B N C A Z H U
M B K R H N I F U H A L P C M
G O I W C U V E I T E L I R T
S N D W I S W I S L U N Y K U
```

AYE-AYE	HUSH-HUSH
BADEN-BADEN	LULU
BERIBERI	MATAMATA
BONBON	MURMUR
BOO-BOO	PAPA
CHI-CHI	POMPOM
CHOP-CHOP	SO-SO
DIK-DIK	TOM-TOM
DODO	TSETSE
DUMDUM	TUTU
GAGA	YLANG-YLANG
HOTSHOTS	YO-YO

Ancient Egypt

```
U S D E A R T A P O E L C S S
R I T O L N L W Z H N S S E H
E B B H U I A D U E U S E U I
M U D B O L N C F R H M S T E
R N I L E C Q R O U A V E A R
A A H Y G Y B H E U L H M T O
N E S S P H I N X V L O A S G
T I R I A M A S K S I A R Z L
S S R A R W A L U W D R A N Y
E N S T K I A P K E S A W N P
I W Q C M A S R D A A H A R H
R I T U A L B O U I R P H C S
P P M Q Z R I S U B A N G K L
P M P I T B A H S U A L A C O
Y L E G S I D B C A P E S K T
```

ABU RAWASH	NARMER
ABUSIR	NUBIAN
ANUBIS	OSIRIS
BAKARE	PHARAOH
CLEOPATRA	PRIEST
HAWARA	RAMESES
HIEROGLYPHS	RITUAL
HORUS	RIVER NILE
ILLAHUN	SCARAB
KARNAK	SPHINX
MASKS	STATUES
MUMMY	USHABTI

Bad People

```
G R E L A E D G U R D K V W S
U N D R A T S A D C O N M A N
H C A F E N C E B I K B C B A
T I H U H S V M A Q O Y B T F
L C Z F E I H T N A O S E E E
F N W V L F E G D R R K M W R
M K H L E N J W I S C R U R A
G Y A L R C A P T O R O L B Y
A I O E S E Q G P N A G D E M
N N A E V A N K P I E U O Z J
G C D E K N C N Y S C E O M L
S U H I V I H H I T F N H E V
T U C E P W O X O S B U L L Y
E A G U A H A R Z U J T D V G
R R K N X T T T E F I L W O L
```

ABDUCTOR	GANGSTER
ARSONIST	HOODLUM
BANDIT	KNAVE
BULLY	LIAR
CAPTOR	LOW LIFE
CHEAT	PICKPOCKET
CON MAN	ROBBER
CROOK	ROGUE
DASTARD	SINNER
DRUG DEALER	THIEF
FELON	THUG
FENCE	VILLAIN

Breakfast

```
P Q N W O R B H S A H X S S Z
W O S G G E D E L I O B E V Y
Y A A E S E O T A M O T G Z I
F T F C K A T V E M E Z A L G
M M P F H A N O R A O S S M T
Y E E O L E C M E H T E U S I
O A M X T E D N C N U N A Z U
G L A M X O S E A M F O S Y R
U H C W V N F S G P T C N A F
R T J J I S S T Z G L A G A E
T O Y F A I S L E G A B R B P
L N F E O S C Z L A G G R N A
J U H R N E E F F O C E D Z R
M A C B C O R N F L A K E S G
S N A E B G H D T D L W B C A
```

BACON	HONEY
BAGELS	MUESLI
BEANS	MUFFINS
BOILED EGG	OATMEAL
BREAD	PANCAKES
CEREALS	POACHED EGG
COFFEE	POT OF TEA
CORNFLAKES	SAUSAGES
CROISSANTS	TOAST
GRAPEFRUIT	TOMATOES
HAM	WAFFLES
HASH BROWN	YOGURT

Things That Are Measured

```
F L U I D I T Y E T Y N Z B D
T I C E M O E E A P A Q S R D
E B P Y R S E E L A U U P E T
F T E Q N C B H S A D E E A E
H V U A D T T M N Q C P P D C
L E P M R D A T U V S S D T N
A X Z A I S I R R T I E F H A
E N E W B T A E G A N N O T T
P H G H Y C R N E S D E I R S
W O T L Q U A L I T Y I M B I
A E W G E R T T U S W S U O D
D M I E N R Y E C R O F X S M
I B D G R E K H E R A U O H C
S E R M H N L F W A L W N B C
C F G O Y T I V I T C A E D V
```

ACTIVITY	MOMENTUM
ANGLE	POWER
BREADTH	QUALITY
CURRENT	QUANTITY
DENSITY	RADIUS
DEPTH	SCALE
DISTANCE	SOUND
EXPANSE	SPEED
FLUIDITY	TONNAGE
FORCE	TORQUE
HEARTBEAT	WEIGHT
LENGTH	WIDTH

Y Words

```
D E L W A Y E H S I B B O Y Y
Y A Y L I S A R D G G Y S E A
E T A Y S M E Y E G Y O G I C
Y A S H M A K N T E Y U S Y K
K T V A L S O G U Y N E I L I
Y P R Y E K P Y Y E R V E F N
L E A U U Y I E R P Y D E B G
U K L Y G P Y I Y A O L Y Y Y
S Y Y L Z O H O C Y F N A U I
Y A G Y O S Y H N F Y W K N P
U B A H K W T Q A D C U E O P
C R A R C S I Y F E E M C F E
G Y O N M R D N Z D E R G C E
U Y E A R L I N G Y B T E N A
Y B N P E R I Y I K N R R A Y
```

YACHTSMAN	YGGDRASIL
YACKING	YIPPEE
YAFFLE	YOBBISH
YAHOO	YODEL
YAKS	YOGIC
YARG	YOGURT
YASHMAK	YONDER
YAWLED	YORKSHIRE
YEARLING	YPRES
YEAST	YUCCA
YELLOWING	YUGOSLAV
YEMENI	YUKON

Things That Can Be Driven

```
I K E Z A M M F C J A X G X N
Y C D R E R I S E D E B C O E
D U K W E D G E N A R A I M L
Q R U F D M X Q I A R T S N C
N T O P R I N T E R I T X I I
U R O T C A R T I B R L P B H
M S D U O L C A M A E O S U E
W B N B A R G A I N I R K S V
S O E P J E K N L N S H E E P
Z P N T E E V I T O M O C O L
W F J S N G K B I V X O J D H
A J P G H A N A F G A E I U H
F O I P D F N A T C C N N B D
A N E L T T A C H S X S R L G
E I X A D H Z H A C F M D W W
```

AMBITION	OXEN
BARGAIN	POINT
CARRIAGE	PRINTER
CATTLE	REFORM
CHANGE	SHEEP
CLOUDS	SNOW
COACH	STAKE
DESIRE	TRACTOR
ENGINE	TRAIN
LOCOMOTIVE	TRUCK
NAILS	VEHICLE
OMNIBUS	WEDGE

Camping

```
S T E K N A L B E S K K E R S
A W S T A K E S E H E S E P E
I P W T H M P G C Z T T A O A
S G O K E V O T S W S M F L R
L C L N G N I E P A C S E I F
C U L A H P Y J S T M U N E O
A T A O N A D L O E J S R P A
M L M N M T S D F R E U L S R
P E H C E Y E V S C T L F G T
F R S E D M M R T A I A H N S
I Y R S E R A S N R H E P I D
R M A O K F E R G R M S O N L
E E M N P I R M F I C B L W E
T T R E K E T T L E D A E A I
U S A R L S S Z B R E S S B F
```

AWNING
BLANKETS
CAMPFIRE
CUTLERY
ESCAPE
FIELDS
FLASK
FLY NET
FRAME
GRILL
INSECTS
KETTLE

LANTERN
MAPS
MARSHMALLOWS
MESS KIT
NATURE
PITCH
POLES
ROPES
STAKES
STOVE
STREAM
WATER CARRIER

Words Containing LIP

```
F I S P X H C O V E R S L I P
L I P R E A D E R N V A D B O
I I G U E O W P I L S N O N D
P R Y P X P I L E R A H H S R
F C E L I E P S K P F B S L A
L L I L O L L I P O P C P I O
O P I R L B R S L I R C I P B
P S G P C I M E C S L B L S P
H T X F C L P U D Y M U S T I
G P E I D H I T N N F Y T R L
P U I L I S A P I C U I G E C
U P A L L B Q R A C L W I A J
G G I I A S B H T R A I N M J
P P Y P O C U A P A T L P N D
S L I P N O O S E C L I P S E
```

CALIPH	LIP-READER
CIRCLIP	LOLLIPOP
CLIPART	NONSLIP
CLIPBOARD	OXLIP
COVER SLIP	PHILIP
ECLIPSE	SLIP NOOSE
ELLIPTICAL	SLIPPERS
FILLIP	SLIPSHOD
FLIP CHART	SLIPSTREAM
FLIP-FLOP	TULIPS
GYMSLIP	UNCLIP
HARELIP	UNDERLIP

Stormy Weather

```
B  L  I  Z  H  Z  T  G  C  Y  D  D  I  O  S
E  T  Y  P  H  O  O  N  Z  R  U  E  N  Y  T
H  G  U  O  R  D  D  E  E  R  C  S  P  L  L
F  S  W  U  E  M  E  A  K  R  B  G  L  L  I
R  E  H  L  M  R  D  C  N  W  R  L  J  A  G
L  Z  U  I  B  M  L  S  R  R  M  O  X  U  H
Z  G  S  G  L  O  O  M  Y  M  O  S  T  Q  T
E  T  U  R  U  U  H  B  M  M  P  T  F  S  N
Y  E  Y  D  N  I  W  Y  L  O  L  H  J  S  I
J  L  Y  Y  W  O  L  B  R  U  Q  A  H  H  N
Y  Z  E  J  S  A  Y  D  G  U  S  T  Y  O  G
V  Z  Y  R  E  D  N  U  H  T  M  T  Z  W  O
A  I  B  C  L  I  G  N  I  G  A  R  E  E  L
E  R  D  D  A  R  K  N  E  S  S  Z  R  R  G
H  D  M  R  G  T  S  A  C  R  E  V  O  S  Y
```

BLOWY	MISTY
BLUSTERY	OVERCAST
BREEZY	RAGING
CLOUDY	RAINDROPS
DARKNESS	ROUGH
DELUGE	SHOWERS
DRIZZLE	SQUALLY
GALES	THUNDERY
GLOOMY	TORNADO
GUSTY	TORRENT
HEAVY	TYPHOON
LIGHTNING	WINDY

Things That Can Be Lost

```
J E U H R E D B E H M C E Y V
C P R U C J T M O M E N T U M
J O D I M U D S A N O I R C C
O H O E T T O R H O C N H I A
P V U C R G B T Z I P T E U N
P Q N A H L A X T T F E W Y O
O R E R E F L S E C E R Y L I
R H O S T W A B J E X E V G T
T P W P P L N C V N B S T J C
U E B G E W C I E N T T H H E
N C P M A R E G K O C R H I L
I A O A P V T I Y C A P A N E
T P D V H J J Y G A W G X C A
Y S O U L S T E B H O E O A K
I Z E K X L K G F D T I J F C
```

BALANCE	MONEY
BETS	OPPORTUNITY
CONNECTION	PROPERTY
DOG	RACE
ELASTICITY	SHAPE
ELECTION	SOULS
FACE	SPACE
HEART	TEETH
HOPE	TOUCH
INTEREST	TRACK
MARBLES	VOICE
MOMENTUM	WEIGHT

Baseball Terms

```
I  C  E  L  P  I  R  T  A  E  G  R  E  U  O
T  U  O  G  U  D  G  I  H  F  V  L  E  Y  C
R  R  M  A  L  S  D  N  A  R  G  O  E  G  R
B  V  P  W  Y  O  E  B  I  N  O  B  L  F  T
H  E  U  I  P  F  A  K  I  N  A  W  B  G  O
J  B  E  T  I  S  Q  S  I  T  N  I  U  N  H
S  A  G  D  E  T  Z  D  B  R  W  I  O  Y  S
N  L  N  B  D  A  W  O  L  L  T  U  D  T  N
E  L  A  V  J  G  Y  C  B  E  E  S  E  Z  O
P  L  H  P  E  O  Z  A  Y  D  I  A  R  S  O
L  E  C  Y  R  U  T  F  E  U  L  F  E  J  M
L  R  P  P  O  T  S  T  R  O  H  S  N  M  Q
U  Z  N  P  E  F  A  I  R  B  A  L  L  I  A
B  B  K  R  E  L  J  F  L  B  D  V  L  D  O
C  L  M  E  S  R  E  T  A  L  P  E  U  F  K
```

BASEBALL	INFIELD
BASES	INNING
BATBOY	MOONSHOT
BATTER	PEPPER
BULLPEN	PLATE
CHANGE UP	SHORTSTOP
CURVE BALL	SINGLE
DOUBLE	STEAL
DUGOUT	STRIKE
FAIR BALL	TAG OUT
GLOVE	THROW
GRAND SLAM	TRIPLE

Currencies of the World

```
M D I D Y A N G C T F L T I Y
L E D R U O G Y A N R A P N A
P U P T O P R N V X A E Z E U
H O X L E V A R A W N R Y G B
I R U S Q M U X C A C D O N G
L E O N E F A E F W P E R A G
O H G W D C N L P A I G R L W
S L J N Q T V X O B D T W I J
H M U R T L U G N T X K R L A
I R U D G G T I W E I S X V R
L R A R F Q M E T I C A L R A
L I V T I N G U J F Z T A A L
I B Q U E T Z A L L O N Q N L
N D H R P D N A R E I I N A O
G A Z N A W K I J D R U P E D
```

BIRR
CENT
DINAR
DOLLAR
DONG
FRANC
GOURDE
INTI
KWANZA
LEONE
LEV
LILANGENI

MALOTI
MANAT
METICAL
NGULTRUM
PA'ANGA
PESO
POUND
QUETZAL
RAND
REAL
RENMINBI
SHILLING

Show Jumping

```
A N E R A A T S F E N C E S G
Z Y E B L G W N E R K C O L C
B H L V R A S R E S A K M P Y
P P Y W E I S T L V R I R U V
R O T B N R L U L R E O L I H
E R S A N I W A F U S D H S C
X T U R I D X B C E A C V S U
O T Q R W E N G T I R F T A O
E Q J I F R R T J E T A Y N T
R C P E J A E M Y J B R I C A
A A N R S Y F Q D L K Y E E S
U T M S C O M P E T I T I V E
Q T R Z U I P L X Z H E D G E
S K L U A B P T B T V X L N V
R U X R T I M I L E M I T S I
```

ARENA	RAILS
BARRIER	REFUSAL
BAULK	RIDER
CLOCK	ROSETTE
COMPETITIVE	SQUARE OXER
EVENT	STABLE
FAULTS	STYLE
FENCES	TIME LIMIT
GRASS	TOUCH
HEDGE	TROPHY
HORSES	VERTICAL
PUISSANCE	WINNER

Mysterious

```
A T S E K D E M Y S T E R Y R
T E N N N V D E D E L I E V
V H M E A I A C W A V T T F E
O A G C C H T G R E E S Y Y E
I E R B S I R S S E I R E S R
L A P J S L T O E N E R L U U
E G R E E H T E I D G P D O C
D M R F C E S S R J N C Y I S
M Y S A R U L U C S A A D R B
I S O I E H L A H Y R N L U O
R T C N T L I I U H T G S C Y
A I B S I R C D A S S Y C K V
C C V A V L K N D R U U N B O
L M D B E F H P U E L N H E I
E C I T P Y R C G T N D U L G
```

ARCANE

CLANDESTINE

CREEPY

CRYPTIC

CURIOUS

ESOTERIC

HIDDEN

HUSH-HUSH

LEGEND

MIRACLE

MYSTERY

MYSTIC

OBSCURE

OCCULT

PECULIAR

RETICENT

SECRETIVE

SHADY

SINISTER

STRANGE

UNCLEAR

UNUSUAL

VEILED

WEIRD

Late

```
E N O E U D R E V O H R T O D
A E A W O B Y H L I G E F E T
B L O N B U P L S E N N S Q P
T L C S T V T T E C A G R H
S A D H E I O G H N E K E D B
Y F E F U R Q T O C E V S Q X
D E T Z I W N U E I I C I Y K
R R R C A N E D A O N R E W T
A S A A Z G I N U T P G B R S
T T P F H O B S O L E T E E A
X W E T Q A V F H G F D H M P
F H D E L A Y E D E Y F I R Y
I I L R E T T A L T D B N O B
L L D F B R T C N U F E D F M
K E E T U N I M T S A L U Q F
```

AFTER	FORMER
ANTIQUATED	HISTORIC
BEHIND	LAST-MINUTE
BYGONE	LATTER
BYPAST	OBSOLETE
DECEASED	OUTGOING
DEFUNCT	OVERDUE
DELAYED	PREVIOUS
DEPARTED	RECENTLY
ERSTWHILE	SLOW
FALLEN	TARDY
FINISHED	THEN

Popes

```
P D C B S U N I L L E C R A M
E A T M K M Y A E G E R E S T
I M N A A K M U L L U S Z U N
A A E R M U S F U L I B N N E
N S C T S L U C E U S Y E I M
A U O I A E I E H B R H V G E
S S N N D U L T S O P I O Y L
T J N T S Y E U G E C E H H C
A U I A I E N E T T U O T F M
S L L N M I R S O G Y K A E A
I I B T R G O R E U J B G L R
U U G E O E C N P Z I A A V I
S S V R H R E D N A X E L A N
S E W U A M O S N A M N S G U
S V E S B E M S E R G I U S S
```

AGATHO	INNOCENT
ALEXANDER	JULIUS
ANASTASIUS	LUCIUS
ANTERUS	MARCELLINUS
CLEMENT	MARCUS
CORNELIUS	MARINUS
DAMASUS	MARTIN
EUGENE	PETER
FABIAN	SERGIUS
GREGORY	SEVERINUS
HORMISDAS	STEPHEN
HYGINUS	VICTOR

Happy

```
J Y A T Y W I E M X H D E M H
Y K H N R J C M E Q E E H X D
N C W U I U A O R T J E T V I
N U W P D M D A R D P R I E N
U L O B N E A A Y H E F L X H
S B Y E T L E T G Y R E B U I
L P H A C H M I E Y K R L L G
U B L T T I H P Y D Y A E T H
F E W H G G R C L V J C S A S
E V G D N L C O O E X K S N P
E I A I U J V L H N A P E T I
L L Y F U H O K L P T S D H R
G L Y L I V E L Y M U E E C I
F O J O V I A L L Y B E N D T
J L U F S S I L B Y C X W T S
```

ANIMATED

BLESSED

BLISSFUL

BLITHE

CAREFREE

CONTENT

ELATED

EUPHORIC

EXULTANT

FLYING HIGH

GLAD

GLEEFUL

IN HIGH SPIRITS

JOLLY

JOVIAL

JOYFUL

LIGHTHEARTED

LIVELY

LUCKY

MERRY

PERKY

PLEASED

SUNNY

UPBEAT

Motorcycle Manufacturers

```
W A I L I R P A Q A B E A O D
K A N Z E N G Z V P I U N I I
H C R E M U O I G K E Y R G T
R S A G S A G R A Y E F A G A
J Q U T R A R W T L J W V A C
A A A Z C I A L D O K N Q I U
W I O H U S E I K Y N M S P D
A T U W A K R G S H I U U I U
D N T K Y M I O M L O A H O L
I E I R S N A A T B H N H W L
V C E C I T R Y Y O S H D H E
I O V X N U Y Y L S M T B A U
S N E U S O M S S O H S S O B
O N L H I Y L P F X S W V W E
V I O A R F F O H D N I W T A
```

AGUSTA	KAWASAKI
APRILIA	LONCIN
BOSS HOSS	MARUSHO
BUELL	MERCH
CAGIVA	NORTON
DUCATI	PIAGGIO
GAS GAS	RIDLEY
HONDA	SUZUKI
HUSQVARNA	TRIUMPH
INNOCENTI	TVS MOTORS
JAWA DIVISOV	WINDHOFF
KANZEN	YAMAHA

```
Y C S E E R F S S E R T S T T
L L S F I L A R U T A N E U I
E A E P D R E Y E B E J T N O
R I L J I T H G I L P V F C T
U V N E H E K R T Y N I H O G
S I I A L O C N E O H I V M N
I R A D B E E E T V L R E P I
E T P N E G M H O D O E B L H
L E U D D X A E S F R K A I T
C B S C I R A P N F C U L C O
A E H I D E L L E T D A D A N
S R O S M A C R E A A O K T W
U U V A Y P A O R R I R T E S
A S E B O C L G L E R B Y D D
L Z R P A G M E L B O R P O N
```

BASIC

CALM

CAREFREE

CASUAL

CHILD'S PLAY

ELEMENTARY

GENTLE

GRADUAL

LEISURELY

LIGHT

NATURAL

NO PROBLEM

NOT HARD

NOTHING TO IT

PAINLESS

PIECE OF CAKE

PUSHOVER

RELAXED

SIMPLE

STRESS FREE

SURE BET

TRIVIAL

UNCOMPLICATED

WALKOVER

Warships

```
A N R W E U T A R E T Y C K F
I D E E E V Z W N G E H S R N
N L A L G P P O H R I A P R P
A O J V S I N I E C U R O J R
Z D I Z E O T T A Z H U H A I
I T P P N N N G E E Q P A R N
S N E S M O O G O P B T G K Z
R R T M M A P K J H E A E R E
P O Y R P J H T C Y L S N O U
A T L E E E B C D R F N H Y G
T K C Y N P S P K A A I C A E
R J V E A D I T I A S M U L N
I Y F E Y T O D R G T I S L K
O E K K L O F R O N I T A I A
T E L O O P R E V I L Z P W B
```

ARK ROYAL	NIMITZ
BELFAST	NORFOLK
BISMARCK	PATRIOT
CHAMPION	PRINZ EUGEN
CHICAGO	QUORN
INTREPID	RODNEY
IOWA	SATPURA
KIROV	TAYLOR
LIVERPOOL	TEMPEST
MONTEREY	TIGER
NELSON	ZEPHYR
NEVADA	ZHUHAI

Found

```
D L T A T C E L K T P A R L D
E B N I S R N K I R U E O A P
N F A N R C A F E N T C J U D
I J L C E B E C F D E M S N E
M D P U C D E R E N S D L C T
R B E R O I N V T D R O U H C
E N U R V B E U G A C U A P E
T U L E E I S I O A I P L U T
E N D D R V K E T R P N C E E
D S O T E K O E R E G Z E W D
E E E T D H D C N V J C T D L
D R H E I W D E S S E N T I W
P U E M A C D A H I C D E H F
V C H A N C E D I O D J E S E
R E G A I N E D D L O H T O G
```

ASCERTAINED

CAME UP

CHANCED

DETECTED

DETERMINED

DISCOVERED

GOT HOLD

GROUND

HAPPENED

INCURRED

LAUNCH

LINED UP

LOCATED

NOTICED

OBSERVED

PLANT

RECEIVED

RECOVERED

REGAINED

RETRIEVED

RULED

SET UP

TRACED

WITNESSED

Fundraising

```
R A S E M X U L I G O R E T J
U J P C R G Q R N C A S B N G
N L O N F A N I S C U V Q U E
N B N E Q B L I E A F C F H D
I O S L A I D N C A I A R E Q
N O O I E N I D S N C S A R S
G K R S I G O H C E A M F U L
B S B W H O I I P H I D F S O
A A K T G O P A T Q A A L A T
Z L W L N N I V K C E R E E T
A E H S E N I Q R H U A I R E
A Z H L T M E K O A R A K T R
R O Y I S I N G I N G A C F Y
W Z N K Q S I N O H T A R A M
R G N I V I D Y K S T C W P U
```

ABSEILING	KARAOKE
AUCTION	LOTTERY
BAZAAR	MARATHON
BINGO	PICNIC
BOOK SALE	RACE NIGHT
CHARITY	RAFFLE
DANCING	RUNNING
DISCO	SILENCE
FACE PAINTING	SINGING
FASHION SHOW	SKYDIVING
GOOD CAUSE	SPONSOR
HIKING	TREASURE HUNT

Art Media

```
L Y T T U P J G N I D L I G T
A G P O A C R Y L I C V C C G
O R E F C F E I L E R R A A R
C A I I J E C F S S A R G R A
R D D N A N R W O Y E N O T P
A A J V E T Z A O P F C U O H
H T E T R C O N M O V C A O I
C I S S I A U E W I D M C N C
O O N A O R T V J O C P H Z L
Z N S I E T L X O K R S E E H
B O L X O S I W X T Y C T S P
M S N T P B N U P I I S G I S
B U A D Y A E Z U W A N J Z S
M O N T A G E E F P L O G S R
K I T A B H C T E K S A N E Y
```

ABSTRACT	MONTAGE
ACRYLIC	MOSAIC
BATIK	OILS
CARTOON	OUTLINE
CERAMICS	PASTEL
CHARCOAL	PUTTY
CRAYON	RELIEF
DAUB	SKETCH
GILDING	STENCIL
GOUACHE	TEMPERA
GRADATION	TINGE
GRAPHIC	WOODCUT

Brave

```
V D E X E L B A T I M O D N I
H D C H U T Z P A H K Q Z V T
A E D L O B W T A D B L K N M
T T J P Z D O U G H T Y E M E
R N E T U B D S L G E D L Z T
A U T N L A H E R O I C G S T
W A U A C Q M I E F I R S V L
L D L I D L T U N N Y E T Y E
A N O L Y T N O T P L U C K Y
T U S A Y A C R B R N D F E N
S L E V F G E O A O A H E E E
B Q R R P P A E P G M Z I H Z
F A A H I R F M L K U H S C A
V I Y D R A H E E N V V T W R
D A R I G N I R A D J B Y R B
```

AUDACIOUS	HARDY
BOLD	HEROIC
BRAZEN	INDOMITABLE
CHEEKY	INTREPID
CHUTZPAH	MANLY
CONFIDENT	METTLE
DARING	PLUCKY
DOUGHTY	RESOLUTE
FEARLESS	STALWART
FEISTY	UNAFRAID
GAME	UNDAUNTED
GRITTY	VALIANT

Playing Cards

```
Y  S  K  I  E  L  W  Z  K  K  T  T  E  C  P
G  G  E  W  P  T  A  G  O  C  I  H  V  T  Z
E  E  L  V  I  J  M  Y  K  H  A  A  R  M  O
T  C  Q  U  E  E  N  S  O  W  Y  J  D  E  G
A  I  V  F  X  N  T  W  P  R  H  F  A  N  E
R  E  N  Y  O  N  B  U  A  A  F  I  I  I  F
T  G  S  U  I  T  S  S  K  U  D  L  S  U  R
S  A  J  O  K  E  R  Y  L  J  L  E  Z  T  B
U  B  P  P  M  E  E  B  A  A  K  I  S  I  R
P  B  H  M  V  K  C  J  C  A  P  Y  S  E  G
O  I  N  D  C  S  U  S  E  N  T  C  L  Y  H
D  R  A  O  B  G  E  P  H  T  K  A  Z  N  V
A  C  T  U  D  Z  D  V  I  J  E  C  T  C  Y
X  S  L  Z  D  U  C  K  G  D  S  O  E  D  E
G  C  D  S  T  R  A  E  H  Z  N  T  N  D  I
```

ACE HIGH	KITTY
ADVERSARY	PEGBOARD
BLUFF	POINTS
CALLING	QUEEN
CLUBS	ROYAL
CRIBBAGE	SEVEN
DEALER	SPADES
DECK	STOCK
DEUCE	STRATEGY
HEARTS	SUITS
JACK	THREE
JOKER	WHIST

Motoring

```
R I W C G H N I J Z H E G C I
O W M G S U O N F Q Q K S O U
R B R A K E C N K D Q O P R V
R O R X T T A K B I U H E N R
I C A M E F E S W E Y C E E O
M W W D A A B I H S W U D R T
N Y X Q S H A X I E I E O W U
O R G X K S P O T L I G H T B
I E R L E K Z C E S D P D U I
S T R V G N W V L S O R A S R
R T L P F A S U I U I R R L T
E A V W B R R G N V T O F E S
V B K X Q C N A E Q T C Y E I
I Q P E S A E R G O U U H H D
D C M A L J O E M E I E U W S
```

BATTERY	DRIVER
BEACON	GARAGE
BRAKE	GREASE
CHOKE	MIRROR
CLUTCH	MOTOR
CORNER	ROADS
CRANKSHAFT	SIGNAL
CRASH	SPEEDO
DEFROST	SPOTLIGHT
DIESEL	VALVES
DISTRIBUTOR	WHEELS
DIVERSION	WHITE LINE

Starting BACK

```
B A C K O F F Y K C A D R G P
B A C K P E D A L B N E O B O
B A C K F N D W V A B T O A T
B A S T E B S A H C A I D C S
A A C K P K A K J K C B K K K
B B C K B Q C C J J K K C B C
W A S K C A B A K L U C A E A
B C B B B H C B B P P A B N B
A K A A U O A K G O O B C C K
C W C C I W A T L E T R K H P
K O K K T N O R F O T K C A B
S O A O K C A A D L G B C H K
E D C U C F L B A C K S L A P
A S H T O O T K C A B R D C B
T R E B B A T S K C A B G Q K
```

BACK AWAY

BACK DOOR

BACK OFF

BACK OUT

BACK PORCH

BACK TO FRONT

BACK TOOTH

BACKACHE

BACKBENCH

BACKBITE

BACKBOARD

BACKCHAT

BACK-END

BACKHAND

BACKLOG

BACK-PEDAL

BACKSAW

BACKSEAT

BACKSLAP

BACKSTABBER

BACKSTOP

BACK-TO-BACK

BACK-UP

BACKWOODS

Rivers of Europe

```
S A E R I N P I V E A N G R O
M V I K D A Y G R E A T A T N
Z E D H S I N R E V E S D A S
D G U L C E H M E S W A M Z U
L R E S R C R L E N N E I V G
W K A V E S E G E U N S S D A
A D I V E K U R B E H B N E T
R O K I A R E E A A I I P M R
N A N A A T Y S N M E S E N L
O E V H V A G N E P E U A S L
W F S A R H O N E M E D W A E
W C E V G N O R S A A I W I Y
O B R U A U H W K R P H S A A
N E Z E M O A P R W Y H T U Y
A Y S R E D K D O R G N A S N
```

DANUBE	RHONE
DAUGAVA	SANGRO
DNIEPER	SEGURA
DRAVA	SEINE
MARECCHIA	SEVERN
MEDWAY	SHANNON
MEUSE	TAGUS
MEZEN	THAMES
NEMAN	VELEKA
NERETVA	VIENNE
NERVION	WARNOW
PASLEKA	WESER

Dogs' Names

```
H E S U T E L P D B E A O C S
S K M M K R Y D D U B D L U S
C A A I O B O L I V E R P O Y
R J P S P D U C W W I X E J L
A S I A C A W S K G X A D A W
P E O Y E L H S T Y I M D V N
P R B Z J K A T I E D Y N S R
Y R E T I D R K N E R O R E R
Y M I P S U M Y N A T O T S A
Y K K L O D B W I S M N R O E
D E C C E O H R N M U A A S W
C Y S U W Y C I U H Y M S D O
F G P A L L W Q I J B R E O H
S U E Z C W P W Y H F O A R T
Y E R U D I N A R P M A C S M
```

BUDDY	MAX
BUSTER	NERO
CAESAR	OLIVER
CASEY	RILEY
COOPER	ROCKY
DIXIE	ROSIE
HUNTER	SAMANTHA
JAKE	SCAMP
KATIE	SCRAPPY
LADY	SPIKE
LOLA	WINSTON
LUCKY	ZEUS

Musicals

```
C A S B E V C S A V I O J D T
W U I M M O M H E Z F I O D O
L R S M M V T S H M C C A E L
R O T P M N A U Y I T R V K E
I C A G N E Y F N O J Y E C M
G N S U R L A A R E P B N I A
Y F W G V I T D T I N A U W C
N N P O R I O Y P G H B E E T
N I Y L T L T P R U Y Y Q S E
U D A M I E I O G O Y P S L M
F D E T M N H I P H L E S W I
Y A T S H O U T V H H I Y Y T
A L B F I G T M N C A N V A G
E A A M O H A L K O B T H E A
B R I G H T E Y E S S L E E R
```

ALADDIN	MY FAIR LADY
AVENUE Q	OKLAHOMA!
BRIGHT EYES	OLIVER!
CAGNEY	ON THE TOWN
CAMELOT	PIPPIN
CHESS	RAGTIME
COMPANY	SHOUT!
CRY BABY	SISTAS
DOCTOR DOLITTLE	TITANIC
FUNNY GIRL	TOMMY
GREASE	TOP HAT
GYPSY	WICKED

Peas and Beans

```
I H C N E R F E W Y N H K W E
T E I I M J U R B E A E W Z V
T A F L A F L A E U T L O Z K
O N M G M A E R Q O T I L G B
L T U M A A G E N H Q T L N N
R L N A D L I K R F V N E I S
O O E I E D A L L E E E Y R D
B C C Q P P R G O E N L D T M
M U R A S A N K V S G N S S Y
Y S U G G R G O Y E A U U N P
R T C U K I D N E Y H F M R L
A E S L U P F L A G E O L E T
P H T O C I R A H O I R A H M
E D N C H I C K P E A P Z Y V
T O Z S L A E P T I L P S A D
```

ALFALFA	LENTIL
BORLOTTI	LOCUST
BUTTER	PIGEON PEA
CHICKPEA	PINTO
EDAMAME	PULSE
FASOLIA	RUNNER
FLAGEOLET	SPLIT PEA
FRENCH	STRING
GREEN	SUGAR
HARICOT	TEPARY
KIDNEY	TONKA
LEGUME	YELLOW

Buildings

```
E N O I S N A M B J O O L G I
K C E S K A S Y I Y M Y O Z A
C C A C L K U S W U R O U L R
A R A L O G G B E O K E T R U
S T I H A Z C S T R H K K E T
T V E G S P U A W L T V L A L
L E G K A M V M S S Z R O R B
E T G F R R O A H I V K O N C
J C K N E A A Q M T N T H F H
T R D S A R M G M E O O C Z U
O E B E O R D R E W N Z S Z R
A O M K P I G A E C L I N I C
N B U P U O K R I P O N C V H
I Z P G L Z T C G R U F K S J
K S W W Y E K A R O Y S R S Z
```

BAKERY	KIOSK
CASINO	MANSION
CASTLE	MOTEL
CHURCH	MUSEUM
CINEMA	OBSERVATORY
CLINIC	PALACE
DAIRY	SCHOOL
DEPOT	SHACK
FORTRESS	SUPERMARKET
GARAGE	TEMPLE
GRANGE	TOWER
IGLOO	VILLA

Stop

```
E W B C H O Q R A E W T S K F
N R U O J O S G L V V P Q T E
T B H V H A W W Q L S U S Q T
L D R O Q I J U U O A R C I E
A K I I D U M Q A S R S R R L
H N U D N M I P H S V I A X P
O A B R O G A T E I Z D T E M
I T J D M K T M W D I H C T O
C L E R L Y T O R C E Y H A C
P G Z V Q U H M A H O I R P I
U Y E F O E S T P N C R S R A
D Y O R T S E D U D E T O I N
N H A S T O H D P S A N I T N
I E C D W L W W T L S T D X U
W A E T O C C U L J E Z I E L
```

ABROGATE	HALT
ANNUL	IMPEDE
ARREST	QUASH
BRING TO AN END	QUIT
CEASE	SCRATCH
CLOSE	SOJOURN
COMPLETE	STALL
DESTROY	VETO
DISRUPT	VOID
DISSOLVE	WEAR OUT
ERADICATE	WIND UP
EXTIRPATE	WRAP UP

G Words

```
G G Y G M G H D I G L G B U G
A A N R B S G D N K A R G R E
L L G A A G G H O R E R A L G
L L G N E N R G M L G L A N D
I S G C N X A E M K E G G S G
R T K B I B N R A E S O C U T
O O W R R T D U G J E D O O G
G N G T E G C C R W E H G I A
E E G L C G D G L N G E V R W
U R F W Y G B E N T L A R A I
L S S O L G Y I T A G D F G G
G J B Y G F R G A N T F G E Y
H Z P A U G D R W H U S W R R
G H U N T B G C Q G X R N G O
U R U G U E S S W O R K G H G
```

GALLSTONE	GNASH
GAMMON	GNATS
GARMENT	GODHEAD
GECKO	GORILLA
GEESE	GRANARY
GLAND	GRAND
GLARE	GREGARIOUS
GLOSS	GRINNED
GLUE	GRUNTED
GLYCERINE	GUESSWORK
GLYPH	GUFFAW
GNARL	GURU

Emergency Treatment

```
E Q B S R O S S I C S B E E Q
L O T R G B V M W G T Z F Y X
D S N E R C G H N T E H I E T
E E E O F N O I N E L P N P S
E V M V S I L E Y I B T K A R
N L T V O S I E U A A S N T E
E A N D H L D F N C T T E C P
D S I J L R G D Y I I S P H P
R N O O O U A X O S E E S E I
E Z M P C G B S E R Q D Z O L
S E S Y E S P P U T T U O M C
S L L I P L T T Y O A T Y C L
I U T K I I U A N G G L J Q I
N J R N C S L I P B A L M E A
G C T T I N C T U R E X P U N
```

ANTISEPTIC	NEEDLE
BANDAGE	OINTMENT
CODEINE	PENKNIFE
DRESSING	PILLS
EMOLLIENT	SALVE
EYE DROPS	SCISSORS
EYE PATCH	SLING
GAUZE	SPLINT
IODINE	SUTURES
LATEX GLOVES	TABLETS
LIP BALM	TINCTURE
NAIL CLIPPERS	TONIC

Cats' Names

```
O S D U F S Y T S I M T R T K
C S C H L O E R A C S O I A S
E J A D A I S Y B B K G S H R
I A L M L J L O M Y E H R G E
H C O L A F N R I R C R A N K
P K A O E N J A S P E R E F C
O C J U O B T K R A E S H E I
S X A F U I R H V I S C I I N
E I L S K B H E A B L S X C S
D L T J A A M A K N E A Y A C
R E V I L O B E Z N A N O R H
R F L O W S S E C N I R P G B
M E U R E T S E H C H T E V I
Y S E E R S R E K S I H W I R
B A I O M I O I U U D E M T E
```

BAILEY	OREO
BUSTER	OSCAR
CALLIE	PRINCESS
CHESTER	SAMANTHA
CHLOE	SASSY
DAISY	SHEBA
FELIX	SIMBA
GRACIE	SNICKERS
JACK	SOPHIE
JASPER	TIGER
MISTY	TINKERBELL
OLIVER	WHISKERS

Words Ending FISH

```
H S I F W O L B F I S H S H H
H F I S H S I F L L E H S S C
H S I F W E J G U M S I I R I
S R I F I S H M A I F F A S F
I H P F R S P K F R L Y H H D
F L S W W F H R A E F S S C H
X H D I I O E O S I I I U H S
O S S S F V C U S F F T S A I
B I H I L F N H W G T I I H F
O F F I F F O A O L F L F S L
A T S Z I N R D E D F F I I E
F A I S I C O F N I K I S F G
I B H S I O I I S A E S H T N
S I H F E S L H L F T H Q A A
H S I F H B L U E F I S H C F
```

ANGELFISH	GARFISH
BATFISH	JEWFISH
BLINDFISH	LIONFISH
BLOWFISH	LUMPFISH
BLUEFISH	OAFISH
BOX-FISH	OARFISH
CATFISH	SAILFISH
COWFISH	SELFISH
CRAWFISH	SHELLFISH
CRAYFISH	SILVERFISH
CUTTLEFISH	STANDOFFISH
DOGFISH	SUNFISH

Easter

```
F X H V L W N H V S U S E J C
L T O C I Q Q R S V C H I C K
O E R E R B Y A D I L O H V N
W K T I P U C O Y C F F V D I
E S O E A K H P A R A D E U Y
R A C X N L F C Y J K V L C A
S B R R E N R I P Z D V I K D
E T A L O C O H C Y G H D L N
B M A L W S P B P T D H O I U
G T T J G S S Y G B E E F N S
N T P G T O M B B A E D F G Z
A Z E E T N T U V L X E A P J
R I B B O N N E F U I X D T W
Q X U Q U N N M L A P T I Y N
K U B Z Y Y L I L E Z N S I M
```

APRIL	FLOWERS
BASKET	HEAVEN
BONNET	HOLIDAY
BUNNY	JESUS
CHICK	LAMB
CHOCOLATE	LILY
CHURCH	PALM
CROSS	PARADE
DAFFODIL	RIBBON
DUCKLING	SUNDAY
EGGS	TOMB
FISH	TRIAL

Wrong

```
U S F M A D A B Y R E V O S S
N N E M E Y S P E C I O U S W
J A I F U T T R R P H P N G L
U S G O R A R L H T L S S J U
S F N R T O E O U C M E O H F
T E E G N D N E P A O U U A N
D N D E U Y E T H X F D N Y I
H R O D F N E C H E D O D W S
I U A A E W T S E N O H S I D
S M L W I L V I E I T A S R R
T S M C O M U T M U T E I E M
E W K O D T E S K E N F A E S
O E N D R R N H O C L D U V V
D N N E P A O U B R L Y Z L B
B A G F L N L S O B Y O H V H
```

AMISS	PHONY
DECEITFUL	PRETEND
DELUSORY	PSEUDO
DISHONEST	SINFUL
ERRONEOUS	SO VERY BAD
FALSE	SPECIOUS
FAULTY	UNJUST
FEIGNED	UNSOUND
FORGED	UNTIMELY
HAYWIRE	UNTOWARD
IMMORAL	UNTRUE
INEXACT	WICKED

Recyclable

```
J C X S S A L G C J A S Z L
U G A R D E N W A S T E C H Z
N S G E U F H R C F L L Y G P
K Q I P E R T U A T O W P N S
M H V A E O E C T T S C S E C
A Z G P N O A O H G O Y L I B
I G P S Y R B I A E O C T J M
L O U W P F N B B T Y S Y I J
C S K E H G R P P C A A Z W N
S Y T N T E X T I L E S V O C
C S J E P S B B P V S U R A R
I Y U A E Z H S P E K I N F K
M M P B D L Z O X R M S T E O
O A S R A J Z O E A N I H C X
C W O T I M B E R S K C I R B
```

BICYCLES	GLASS
BOTTLES	IRON
BOXES	JARS
BRICKS	JUNK MAIL
CANS	NEWSPAPERS
CARPETS	PAPER BAGS
CARTONS	PLASTIC
CHINA	SHOES
CLOTHING	STEEL
COMICS	TEXTILES
COPPER	TIMBER
GARDEN WASTE	TOYS

Places That Start and End the Same

```
R M Q S E L L E H C Y E S T R
E G W A S R A W L H T J I E A
T J D O L O H V C C E B U T C
S F A L A B A M A A E R A E C
E F M S K L R E I T I F K N R
H Y L O G B T L U A G B S T A
C L L E W O L X S R K W A E I
O W R L D M R T D H O B L R N
R I N G U Q A L O V J P A P A
A C O D G N U H A P A C E R B
M K A I A Y I E K N O N V I L
W L R N R O M U G R D R P S A
U O B H G N E O Y G A O T E E
T W U Z N O L V P Z C M T O U
K R P J B A C Q I G K U R S K
```

ACCRA	LOWELL
ALABAMA	MARKHAM
ALASKA	OHIO
ALBANIA	OPORTO
ALGERIA	ORLANDO
ANGOLA	OSLO
ARABIA	ROCHESTER
ASTANA	RUHR
COGNAC	SEYCHELLES
ENTERPRISE	TIBET
EUROPE	WARSAW
KURSK	WICKLOW

US Vice Presidents

```
M H E V N O S N E V E T S O X
O S R E E H N H F G A T X I A
R U O S T C O V T D A F W B J
T B M Y W J W N A T O G I Z M
O T L D Y J H M I R U D L Y N
N E L B W E S A D X E F S D G
R X I T Q H N K P N O N O A C
G I F R E P D E C H F N N O N
M U V R E A O X H I G C O Q T
E Q M N T N R M W C R L K L R
P A C O R R R I E U I D A T A
N E A L U G C A N D P A N E B
T Q G B M N B E G T X W Q E O
M L J I A I C E A F Q E X J H
E R O G N K N L L A H S R A M
```

ADAMS	HENDRICKS
AGNEW	HOBART
BIDEN	KING
BURR	MARSHALL
BUSH	MORTON
CHENEY	NIXON
COOLIDGE	PENCE
DAWES	SHERMAN
FILLMORE	STEVENSON
FORD	TRUMAN
GARNER	TYLER
GORE	WILSON

Meaty

```
R E G R U B F E E B T H E J I
I T M E D A L A J W N C S O N
S B E E F T E A L I P T U I D
S T H T C T J W O Y I I O N H
O S O E A M K L R D F L R T H
L H T K Z F R R V K R F G S S
E B P S R I G L O E Z C D P A
S O O I S L Y S D P G U D N L
T P T R G L C N T O T L V I U
R U T B G E E A D E Z L A R O
E S O K M T O T T U L U A R G
H E N G V Q O N E I Q B N S N
S I G G A H N A P P B I I G R
A V U V Z R N O S I N E V G J
R O E D A E R B T E E W S D T
```

BEEF TEA	PIGEON PIE
BEEFBURGER	QUAIL
BRISKET	RABBIT
FILLET	RAGOUT
FLITCH	RASHER
GIBLETS	RISSOLE
GOULASH	SALT PORK
GROUSE	SIRLOIN
HAGGIS	SWEETBREAD
HOT DOG	TENDERLOIN
HOTPOT	TONGUE
JOINTS	VENISON

Sweets and Candies

```
S Y P J S R E F A W D U O E B
J M E S E N U L A R P L D C Y
E P A C T U J E F E D E B I D
D L W E O I J O T F E M R M N
S N L P R C F K V S U A I R A
H S C I P C O M I E J R T A C
E M H H T E P N O U G A T G F
R U E S O S A E U C I C L U O
B G W T M C A R A T A I E S N
E E I O A N O P D N I F M X D
T N N F R C S L E R U C M W A
Z I G F G H Y H A D O T E K N
A W G E P C R A G T O P B Q T
F W U E P Y U E N K E Y M A N
I W M M N A P I Z R A M Z I R
```

ANISEED	NOUGAT
BRITTLE	PASTILLE
CANDY	PEANUT BAR
CARAMEL	PEAR DROP
CHEWING GUM	PRALUNES
CHOCOLATE	SHERBET
COCONUT ICE	SUGAR MICE
COMFITS	SYRUP
CREAMS	TOFFEE
FONDANT	TRUFFLE
FUDGE	WAFERS
MARZIPAN	WINE GUMS

People in Uniform

```
F L P C D R E I D L O S S O M
I V I Y L D S E L U O Y S B Z
N U W C G M N G S U R G E O N
R F N U B T U J E H R T R J R
E Q I U I A O F M E S R T R U
F D L S R C N Q N I Z E I E Q
E Y T D K S D A N F R L A P O
R S S E F R E O M E O T W E R
E W Y S I L I T F R S U Y E O
E D O V C T R I O E O B R K L
U L E W P E W V I L X O Y O I
S R O E T D I R S L I N D O A
H K C I I R P M I I N P H Z S
E E A M W C A P T A I N Z N O
R W L D R E O D N R E T R O P
```

BUTLER	PILOT
CAPTAIN	PORTER
CLEANER	PRIEST
DENTIST	RECEPTIONIST
DOORMAN	REFEREE
DRIVER	SAILOR
GUARD	SOLDIER
GUIDE	SURGEON
JOCKEY	USHER
MIDWIFE	WAITER
NANNY	WAITRESS
NURSE	ZOOKEEPER

Pets

```
O N Q H S I F L A C I P O R T
C A N A R Y I C T R P K N S V
L P N W G Z C I M P Z Z C N P
E H L I A E B B N C Y W S U C
I E U R P B G H A M S T E R D
T S D T A A E E S P Z O H Z A
A O N R I K R K R T Z U B O Q
K O T D Z P E R A B D H T B N
C G N O G I P A E N I U G M Y
O W M A R M O S E T S L O T P
C H U I A T H O R S E U E O P
B G O R F K O K U C S R K R U
P S O T O S P I D E R H I R P
H P J A L L I D S E T S H A Z
L N K I T T E N F E E N D P T
```

CANARY	LIZARD
COCKATIEL	MARMOSET
DUCK	MOUSE
FERRET	PARROT
FROG	PUPPY
GERBIL	PYTHON
GOAT	RABBIT
GOOSE	SNAKE
GUINEA PIG	SPIDER
HAMSTER	TERRAPIN
HORSE	TORTOISE
KITTEN	TROPICAL FISH

In the Shed

```
S F E S E O H H C T U D E K R
R R B T J I A W R N E B O E H
N E I R O N V O W D U M D E I
S L R I H S W E I C A D Y L J
A L D N Q E O C K L A E E C D
W I F G L C I E L L C E A Y O
H K O O T T E R S T A S C O
O D O M S I T U R C H Y N I F
R E D E H C X O B L O O T B T
S E P H C I H W H Q G R V L N
E W B S N D K O A A E I V E A
C L D B A E T I P S M T Y O L
S A I V I C E R T P W M Y U P
E N I W T D K L U P E O E P A
B I C I I A E S F M F R B R I
```

BICYCLE	OILCAN
BIRD FOOD	PESTICIDE
BOW SAW	PLANT FOOD
BUCKET	SACKS
CHOPPER	SAWHORSE
CREOSOTE	SHOVEL
DIBBER	STRING
DUTCH HOE	TOOLBOX
HAMMER	TRESTLE
INSECTICIDE	TROWEL
LADDER	TWINE
MALLET	WEEDKILLER

Theatrical

```
T K U J Y L C C Z L Q E R C K
L T C U R F L O X X D E U S D
Y B H E N M G B D A G T E I R
P E W G D P G R F A O B R X H
R L R W I P N E N U I G R I P
R G O Z E L Z A T L I N E S X
E Y H T Z O M K D L H O U S E
S U C O F E B A V A Y W E U L
S K N D G M L W E C H T Z S W
E S A A U E A A J B O V G B M
R Z T S A C M Y E N D O N A W
D S L R H J P P G Q R T U V H
R I W T O W B E G I N N E R S
N N J A D B Y S S W N U V I B
Q C T N Q V E D R A O B U A L
```

AD-LIB	FADE
ANCHOR	FOCUS
BEAMLIGHT	GRID
BEGINNERS	GRIP
BOARD	HOUSE
BREAKAWAY	LAMP
CALL	LINES
CAST	MUSLIN
CUT-OUT	NOTES
DECK	PLOT
DRESSER	STAGE MANAGER
END ON	STROBE

QUICK Words

```
P W E L K S T S G Q E G W B T
S S E N C N E Q B O Y A M S S
G N I K N I H T T U R S S U R
L T B H Q Q O I T D C K T C T
K L O A D E R L E I H K E C V
G P O K K L I H U P N S S E E
P X T B Y R T D R N D G S S U
G K J H E N E E F A C D A S D
K N S T O M J R X R Y H C I J
Y I U Z I R Z E G B E A M O R
F R S T E P N P Y N L E L N E
N D A N V S O M P E I B Z M S
I L N C T P O E X F D R I E C
N S D K D E T T I W D L I I X
E L G Y Q F D E T H G I S F R
```

ASSETS	ON THE DRAW
BEAM	RETURN
BUCK	SAND
DRINK	SETTING
EYED	SIGHTED
FIRING	STEP
FREEZE	SUCCESSION
KNIT	TEMPERED
LIME	THINKING
LOADER	THORN
LUNCH	TIME
NESS	WITTED

Architecture

```
M U H Q S Z E H S I M E L F L
B A R O Q U E U E S K I C E Y
F Z C V S G N P E P O L B Z H
G L P F E I G T L N O R P G N
E E Q L H R N J I I O T O E L
M L Q C A A T C S C E G E M I
Y R E L L A G T I Q Y R I M O
Z I L T T Y E C V R C R N V F
S I A V W R L V C S O Z L E E
P O K D O V A U L T E D A U R
G K F G W L L T Y N U B I X T
I C L F D D U Y O B V Q N F W
C E Z E I R F T G R E C I A N
U J E N O T S Y E K U O F J Q
R X G H R R B X Y G O S D Y B
```

ATLANTES	KEYSTONE
BAROQUE	LIERNE
CLOISTER	METOPE
CORBEL	OGIVE
DORIC	PILLAR
ECHINUS	SCREEN
FINIAL	SOCLE
FLEMISH	SOFFIT
FRIEZE	TORUS
GALLERY	TREFOIL
GRECIAN	VAULTED
IONIC	VOLUTE

Hobbies and Pastimes

```
G N I K A M S S E R D Q J U P
S O Y E N G T A S W O J U D O
A I R G T N R P G E I W J A I
J R B N I I A G E O H C I O H
H S C I Q K D N H V Y Z T N W
I T Y H U I J I G S A W S K G
E A L S E H C I C H G K U N Y
D M L I S R R K K R A W I B T
L P A N G J Y S N T O T S A E
C S B R N N P L I H T C N S S
E I E A C A I N T A H T H K E
A X S V E A G V T G N I W E S
H G A U L R M P I O H A M T T
I R B F M L C B N D S Y I R V
O R I G A M I H G H G R A Y U
```

ANTIQUES	KNITTING
ARCHERY	MACRAME
BASEBALL	MUSIC
BASKETRY	ORIGAMI
CROCHET	ROWING
DARTS	SEWING
DIVING	SKATING
DRESSMAKING	SKIING
HIKING	STAMPS
JIGSAWS	TATTING
JUDO	VARNISHING
JU-JITSU	YOGA

Stitches

```
U N D E R J P G J V K S B W I
J H G V A L I X A C I L Y C R
S C R O L L L Y O L A Z T Y E
H U U B U F S L L N Q Z T S T
W G J C G G R E K L A D D E R
F E A T H E R E A B A B Y Y A
X S U Z V T T U D F L R A F G
H U Y O G J N G N S A I O C P
R R T W N I W N S N O N N C K
G N O L A T Z O I W I A B D B
E S F A W E M Y U A A N T N A
L W A G T N X P U K H E G F S
B H R T R T T H C T A C V U Q
A I O E I G T E I W N N Y B U
C P F N O N Z A G Y N E R Z E
```

BACK	LADDER
BASQUE	LONG
BLANKET	MOSS
BLIND	OVERLOCK
CABLE	RUNNING
CATCH	SATIN
CHAIN	SCROLL
CORAL	SLIP
FAN	TENT
FEATHER	TRELLIS
FERN	WHIP
GARTER	ZIGZAG

Christmas

```
Y X W S G O D U P R S Z Z F Y
R L R D Y E Y R R E M E R C R
R N E Y R O L G H B A U N H R
E H E K Z A T S H U D C Z R E
H L H C I S I E N O H Q E I B
S A C K E W K I L G L S N S N
Q C I M K H X P G E K Y H T A
A I A N U G H E S O O G T M R
R G C S I H Z C M O X N A A C
P B Y I P O T N L O O K E S A
Y E I L N A X I R Q E C R E M
C D K R L G R M C B P C W V S
T F E A C O L E U N A M M E A
Y I S S L U J D B G E B R C B
S S A M T H G I N D I M E J E
```

BABE	JOLLY
CASPAR	MERRY
CHEER	MIDNIGHT MASS
CHRISTMAS EVE	MINCE PIES
CRANBERRY	NOEL
CRIB	PEACE
EMMANUEL	RUDOLPH
GAMES	SACK
GLORY	SHERRY
GOOSE	TOYS
HOLY	WISHES
ICING	WREATH

Space Vehicles

```
O R M M N V K O T S O V J X U
L E A B E R A T S L E T S I V
L N G N K I N U L N E E R O E
O I E Y R E K E D A L G Y A A
P R L X O R A E B E R A S E T
A A L E F R A V N W G L P U L
P M A Z I V I E X E E I Y S A
I S N E O R V O R I Z L M U N
O Q L U E T V S N T A E T R T
N A R G E O I G K S F O S V I
E R N F S H C O I Y Y U D E S
E A P K W O H E N O L G T Y N
R U H J S A Y A R H T O X O M
H O R A I B M U L O C T N R F
D G N I K I V E Z E T W O F N
```

APOLLO

ARIEL

ATLANTIS

COLUMBIA

ENDEAVOUR

GALILEO

GIOTTO

LUNIK

MAGELLAN

MARINER

ORION

PIONEER

RANGER

SALYUT

SELENE

SKYLON

SOYUZ

SURVEYOR

TELSTAR

VENERA

VIKING

VOSKHOD

VOSTOK

VOYAGER

Straits

```
S K O B M O L X A N I I F D H
C A R X A D N U S F A A L C S
O L D C C L Z K I Y C N R V O
E N M A G E L L A N U E I Z R
S Z O C V A F V K G K M E A N
U U D M P I T A I W A N A I H
O G K O N N S N D P I I K A O
R T L A V A M V O U G H E K N
E D A N R E K Q Q R C B B S G
P O T C A A R R O O A T M C U
A X R A S K A E T S A M O C E
L W L N N C G A S R R K L A D
A N I S S E M N T T Q T O B O
Y F Z O N L X A A T T D K O D
Y U W P U O R X M B V Y H T C
```

BANGKA	KARA
BASS	KERCH
CABOT	LA PEROUSE
CANSO	LOMBOK
CARQUINEZ	MAGELLAN
COOK	MATOCHKIN
DAVIS	MENAI
DOVER	MESSINA
GEORGIA	PALK
HAINAN	SUNDA
HONGUEDO	TAIWAN
KANMON	TARTAR

Power Rangers

```
L E E N B O N O T S A L L I W
E R I C M Y E R S O N C L B E
N C O R C U S N D Q N E R N S
O N V J P O N Z Z Q O I C O T
R P E S E O L K Y C D O E R E
A C R H Z N A E O G U G T E G
K Y E Y C T S R E N L I J G N
C S T S M I B C T V D O A G O
H E S A T E A D O E A R T A D
A G N K T R R K U T O N R D R
D X I T S E O S R K T C S C O
L O F O G Z I T R O E S O R Z
E K N O R H K I R A F O R D S
E A N G E L G R O V E T M A O
N L E R I S O N W O B N A E L
```

ANGEL GROVE	KARONE
BRIDGE CARSON	KAT MANX
CESTRO	KIRA FORD
CHAD LEE	KORAGG
COLE EVANS	LEANBOW
CORCUS	LEO CORBETT
COUNT DREGON	ROSE ORTIZ
DAGGERON	TIDEUS
ERIC MYERS	TYZONN
FINSTER	UDONNA
JEN SCOTTS	WILL ASTON
KAI CHEN	ZORDON

British Statesmen

```
Y L N A L E E E D A V I E G N
C A M E R O N F N B E R S W E
D H U E W A L P O L E K O I K
H E N U E O P T M I N R O L R
I A B G H G T O M C B F G S A
I T R A B A R K A H C G V O L
N H H H L R M O H H E G C N C
I R H O I D C S E L A Z E A E
V C I S R J W R C G M R G H U
E R O A O N S I V A D N M G S
B N C R L K B M N E H Y C A M
G T T O B B A E N A S A O L N
R E S A X Y J H R H C A B L E
E S T R E A N T L R H A F A L
E E L T T A R T N A Y D Y C Y
```

ABBOTT	CORBYN
ATTLEE	DAVIS
BALDWIN	HAGUE
BEVIN	HAMMOND
BLAIR	HARMAN
BROWN	HEATH
CABLE	LLOYD GEORGE
CALLAGHAN	MORRISON
CAMERON	OWEN
CHAKRABARTI	THORNBERRY
CLARKE	WALPOLE
CLEGG	WILSON

Explorers

```
Y S T A S O B R A B W K C M O
U E R H W E I O U M I I L F N
C K R U G W R R N E A O R T O
A L L D F B T A B P N G S I S
Y I K S O O M C V C L E A M S
B W P O N L W G K A R A Y D N
S N S N I I F E N E T Z N A A
E N O T S G N I V I L Q N D F
R Q Y R A Y Y E K D R S G N E
O R K K G N E F Z V E E E O T
M U O S V A L B A N E L B A S
G M Z P S T Y E J S C O T T U
R A L E I G H E Y E R D A H L
I P O K S U F A W C E T T I Q
R R V E D P S A H P J J A C Y
```

ALBANEL	LONCKE
BARBOSA	MORESBY
BERING	NANSEN
BONPLAND	NORGAY
BURTON	RALEIGH
DA GAMA	SCOTT
EVEREST	SPEKE
FAWCETT	STANLEY
HEYERDAHL	STEFANSSON
HUDSON	TAVARES
KOZLOV	TILMAN
LIVINGSTONE	WILKES

Cold

```
A G H S G A Y L L I H C P D R
R O Y Q N M I S L U S H S D E
C O N G N O L R Z A F L V I T
T S O C S M W U E R I S E L A
I E T M E W B F I B H C S E S
C B S U H S I G L I I Z A G T
I U E E N A I Y V A Y S N L R
A M B V L D E E G Y K W A J G
F P V V V C R N W I W E I B X
R S H L I C I A M I S Y L L P
O E M Y E Z N C N E B P I E E
S H R L E D C T I S N P T A N
T D A E A R R M S O E I P K F
Y T R I K Y B C O O L N E S S
A F R E L O P H T U O S R J L
```

ARCTIC
BLEAK
CHILLY
COOLNESS
DRY ICE
FREEZING
FRIGID
FROSTY
GELID
GLACIAL
GOOSEBUMPS
HAIL

ICICLE
NIPPY
REPTILIAN
SHIVER
SIBERIA
SLEET
SLUSH
SNOWFLAKE
SOUTH POLE
STONY
TUNDRA
WINTRY

X Words

```
X E N I X P W Y X Y L E N E S
A G X A R H T R A N E X K B I
C X Y L I S Y A R X O E X M S
X S L X Y L A R I A O N E O O
E U O X H X X G S I X N E Q H
N C G I X R M E A L S X A X T
O I R P L A F E R I S A M X N
L N A H S J X X L X E O F A A
I E P O R X E Y X Y E D M E X
T X H I N N Y U R E X S X X X
H X Y D I A C S J I O B E A A
D X V A L X L I T L S B R N V
K R L K I W Z Y Y U E I O X I
A P O C O L Y X X C S F X L E
D X E U R X A N T H O M A R R
```

XANTHOMA	XIPHOID
XANTHOSIS	XMAS
XAVIER	X-RAY
XEBEC	XYLAN
XENARTHRA	XYLARIA
XENIAL	XYLEM
XENICUS	XYLENE
XENOLITH	XYLOCOPA
XENON	XYLOGRAPHY
XEROX	XYLOSMA
XERXES	XYRIS
XHOSA	XYSTUS

Quick

```
W H S P E L L M E L L T I B R
J S B A N O R S O T N O R P O
E I S T J H P N H Y F D D Q U
T R T P S P O N T A N E O U S
H E P M P I T I I O R L D Z Y
I V U O J D C E C M E P N Z T
C E R R I O Y E E T B T Y H C
U F B P L T S A K L N L I C E
R S A E S T W K W E F A E I R
S R V A I H Y N G I E R I R I
O E H L T D S R Y P P I Z O D
R N P E R F U N C T O R Y E C
Y S W T L A K I N S T A N T A
O T S E R P N E D D U S F E W
G S U O T I P I C E R P M M W
```

ABRUPT

CURSORY

DEFT

DIRECT

FEVERISH

FLEET

HASTY

INSTANT

METEORIC

NIMBLE

PELL-MELL

PERFUNCTORY

PRECIPITOUS

PRESTO

PROMPT

PRONTO

RAPID

SHARP

SPLIT-SECOND

SPONTANEOUS

SUDDEN

URGENT

VELOCITY

ZIPPY

People Who Serve

```
B E E K H O U S E K E E R E R
V N S O C K P W A I T R E S S
L A E O H H M O T U A J P D C
M M D C C O A E R T H L O F H
R R G G O U L M S T E O H V E
E O Y R P A S I B H E G B N F
P O G A V R R T E E Y R O R R
E D I P D A Y M O E R T J E E
E R A Y B I O L N D R M H T V
K G N N S H B E R O I S A A I
E C O N C I E R G E U A T I R
S D R A W E T S P E D Y N N D
U A L N N A M T O O F R K E E
O W J K Y R E L T U B T O R T
H T N A V R E S E Y D E T A G
```

AU PAIR   HOME HELP
BARISTA   HOUSEKEEPER
BUTLER   NANNY
CHAMBERMAID   ORDERLY
CHEF   PAGE
CONCIERGE   PORTER
COOK   RETAINER
CUSTODIAN   SERVANT
DOORMAN   STEWARD
DRIVER   USHER
FOOTMAN   VALET
GROOM   WAITRESS

Words Containing AND

```
D N A L N I F E A G R A D N A
A D N A P D G E N E M N N S S
F M H A N D A I D O A L C D A
S H A N D Y D N D L B A B N N
F G N N F N A N G L N R A A D
B Z D A A W A N U D Z C N L T
D M L M N R E I I G A U D S O
N I E I H D A N A N A N I I D
A D R E D O A R D B A N T V N
L L A J G V L L D L A M D C A
D A N W I A E L O N S N I A Y
O N D A N O D P A D A A D D W
O D A D N A W N A N D R N O G
W S N D N A L L A B D A R D N
M A N D E N E C K B A N D E Y
```

ABANDON
BANDAGE
BANDIT
CANDLE
DEMANDING
ENGLAND
ERRAND
FINLAND
GARLAND
HANDLER
HANDY
HOLLAND

ISLANDS
MIDLANDS
NECKBAND
PANDA
POLAND
RANDOM
SANDY
SCANDINAVIA
UGANDA
WANDER
WOODLAND
WYANDOT

Computing

```
S C G K B K D R A O B Y E K Z
N V P A P C U S Y P M S D W B
O F U L N O I T A V O N N I T
I D R I V E R O M H D P H N I
T E S U O M V R K U E I I W N
C H W F I A E A U N M O S E T
E A R J D I Z G L U P H T K E
N S U E E L S E Y R J S P V R
N T S S A L C W E K C A R T N
O D T A N D K W O A N T T H E
C R E Z O D O C P D J P L L T
H L E X I P L E J T N E E I E
E D D S I C G W S P O I O R U
Y L G B U F O O A P D R W C L
N A J O R T H E E T O M E R P
```

BAUD	MOUSE
CLASS	NETSCAPE
CONNECTIONS	PERL
DISK	PIXEL
DRIVER	POWERPOINT
EMAIL	REMOTE
FIXED	STORAGE
HOST	THREAD
INNOVATION	TRACK
INTERNET	TROJAN
KEYBOARD	USER
MODEM	WINDOWS

Indian Towns and Cities

```
U B M J B G D H P A R W C S F
Y I T N I T A V A R M A E U H
V L B X H C R O Z M M I D R I
F A A D A T S V S I V A K A H
T S C R N B X A H K B C A T L
J P Z U A T M O L A O P U N E
A U Y P H D K A G E M C V Q D
I R F N X T O N R U K M H A I
P A N A J I A D A A A R T I S
U O N K D R O G A L P A U L P
R K V A U P L D L V K I V O U
F L M A G E A O R L C A L C R
Y A P L B P K T O A J R K A U
N L O O N R U K N H H G Z G T
T S N O U J G R R A L A T Y H
```

AGRA	KOHIMA
AMRAVATI	KOLKATA
AURANGABAD	KOLLAM
BELGAUM	KURNOOL
BILASPUR	NAGPUR
DAMAN	PANAJI
DELHI	PATNA
DISPUR	PUNE
HARDOI	ROURKELA
JAIPUR	SURAT
KANPUR	TALIPARAMBA
KOCHI	VADODARA

Flowery Girls' Names

```
C E R A D E T I R E U G R A M
V L A V E N D E R S E N N A L
T C O I Z J U N I S T R A M M
E E K V N P R U F O R M O S K
O S L E E N L E R R O S O M E
R N O O H R I V E V I L O Y A
L S H R I M Y Z I L H A N R I
E F E S M V W L L O Q U A T L
Y S N A P I Y Y E E L A D L O
N E D O L A R S U C R A I E N
O V H L I A H P N F I U V L G
Y J O C M A I L H A D C A C A
R W W A H Y A C I N T H D L M
B E N I M S A J V Y Y P P O P
K Y C O L U M B I N E C L E N
```

AMARYLLIS	MARGUERITE
BRYONY	MYRTLE
CICELY	OLIVE
CLOVER	PANSY
COLUMBINE	POPPY
DAHLIA	PRIMROSE
DAVIDA	SORREL
HYACINTH	TANSY
JASMINE	VIOLA
LAUREL	VIOLET
LAVENDER	WILLOW
MAGNOLIA	ZINNIA

Climbing

```
I  E  B  W  R  E  N  I  B  A  R  A  K  I  B
C  L  T  R  E  E  N  I  A  T  N  U  O  M  I
T  C  N  S  S  T  A  Y  E  G  T  P  S  N  N
N  A  E  O  O  H  E  L  R  H  M  A  C  R  C
E  N  C  M  B  R  E  E  E  A  E  L  K  Z  L
C  N  S  R  U  V  L  R  C  D  I  I  S  O  A
S  I  A  S  A  P  F  E  P  N  G  L  G  G  C
E  P  S  T  P  N  S  U  E  A  L  E  N  H  I
D  I  I  A  E  A  N  C  R  I  D  I  S  C  T
F  O  R  R  B  S  I  Y  H  Q  L  H  N  P  R
N  G  A  S  P  V  M  T  T  I  M  M  U  S  E
S  L  E  I  E  S  O  S  E  X  A  E  C  I  V
G  E  K  R  K  O  E  S  S  A  V  E  R  C  B
S  E  C  O  F  V  B  T  O  E  H  O  L  D  S
S  N  O  P  M  A  R  C  R  O  C  S  V  C  C
```

ABSEILING	HEIGHT
ASCENT	ICE AXES
BASE CAMP	INCLINE
CRAMPONS	KARABINER
CRANNY	LEDGES
CREVASSE	MOUNTAINEER
CREVICE	PINNACLE
DESCENT	SHERPA
ELEVATION	SPIKES
FISSURE	SUMMIT
FOOTHILLS	TOEHOLDS
GRAPPLE	VERTICAL

Things That Can Be Spread

```
M S U F G C D P K S R Y Z G Y
K O W V A I O W E P A U J T L
X Y D E D N E Y G R E N A C P
T B B S N A Q Z A J F F R A R
I T L I I P F H S G S E I V P
B N A R I W M O S E A N I I W
E Q I C E E U R E M T R H A K
S M K H H R I S M L U W R R F
A L U Y A P G E E S J I G D I
E S A Q P T G R H W B N E A N
S M T L I Q J A T H F G R M G
I S E E D S E D F N O S M G E
D S O S J T L I U Q S N S L R
F N R O A I S S T L O V E Q S
I O U P T E E H S S R E A Y P
```

CAVIAR	PANIC
CREAM	PATE
DISEASE	PICKLE
FEAR	QUILT
FINGERS	RIPPLES
GERMS	SEEDS
HONEY	SHEET
HORSERADISH	TAHINI
LOVE	THE MESSAGE
MAYHEM	VIRUS
NEWS	WINGS
PAINT	WISDOM

Norse Deities

```
B O M H V E E B A X A O F G C
R D N I R P F C U B H I T I D
L A E T K W O T A N T S E E Z
L R V E K S G E R S E M I V Y
A T J L N J O R D E R O P L I
D O D E L L I N G R H C P L U
M N S A N D R A U D I G A U C
I S V A A A P A O H B G G E
E J N K Q N K R P N S U W E A
H B S X N S A C W N A H G F S
L E O A O T I O I E F G Y J E
M U N I S K D G Y R I M Y O M
U K K O P E L I Y R F R A N R
A N A F N A T Y F N F R E Y A
E Q E H P K T P R N U R O J N
```

DELLINGR	NJORUN
DONNER	OSTARA
FREYA	RINDR
FRICKA	SANDRAUDIGA
FRIGG	SIGYN
GEFJON	SKADI
GERSEMI	SNOTRA
GULLVEIG	TANFANA
HEIMDALLR	TAPIO
HRETHA	UKKO
NANNA	WODEN
NJORD	WOTAN

Words Ending FUL

```
L L U F N I A D S I D P J V L
U L U F E Y E E T U N E F U L
F L S T D E R E G R E T F U L
B O U N T I F U L H I N S M V
F Y L F F I L L U F I T I P G
U Y U A S U H U G S F T F U L
L L L T D S L L F U W W I G T
L U F U A L E Y L D R L V A C
T U F W F E E R U A E F M I A
L A F T F Y Y F T F E E A N R
W U C U I Q A H U S U A N F E
L X L T B F F L T L L R F U F
A C F D F U B E P W L F U L U
L U F O L U H E L P F U L C L
L U F X Y P L U F C I L F U L
```

AWFUL	LADLEFUL
BOUNTIFUL	LUSTFUL
CAREFUL	MANFUL
DISDAINFUL	NEEDFUL
EYEFUL	PITIFUL
FEARFUL	PLAYFUL
FISTFUL	REGRETFUL
FITFUL	SINFUL
GAINFUL	STRESSFUL
GLEEFUL	TACTFUL
GUILEFUL	TUNEFUL
HELPFUL	WRATHFUL

Horse Breeds

```
U A G R A L A G N A M K S F A
H K B F N A I R E V O N A H R
F R I E S I A N K P R Y F O A
S P P A L O M I N O Y R L L B
E U J G A O S E N N E D R A I
N R U M Y W R S O N E U T T A
E T I L U L N P C N T M H V N
G S E H O S R H B M A O E I L
N B S S O T U V A I I S A K
I A I A O R R A H O O Y S N D
N N X M O G X T N M I S A K I
O K X T Q G U A N G X I L K W
R E T J U T L A N D A O I U O
G E B A L E A R I C C T A D Q
R L U S I T A N O W N Q N J E
```

ARABIAN	LATVIAN
ARDENNES	LOSINO
BALEARIC	LUSITANO
EXMOOR PONY	MANGALARGA
FRENCH TROTTER	MISAKI
FRIESIAN	MIYAKO
GRONINGEN	MOYLE
GUANGXI	MUSTANG
HANOVERIAN	OLDENBURG
IOMUD	PALOMINO
JUTLAND	SHIRE
KNABSTRUP	THESSALIAN

Collectibles

```
B D N S M A X Z S M J K T F Z
V U S A E S W O R D S B V R X
W D P L W S V I J S R O U E S
S S B E O V A Y B G Q O Y T K
M S B X X T V V S A R S C W E
I R U N W V S C H L D I S E Y
N A T Z Q K I I S F S G M P R
I E T S C M S T P E U O E E I
A B E O O Z C N T M T Y V S N
T Y R C Y E Z A A H S L O D G
U D F X S S L S S F I L B T S
R D L N S P O O N S H Q L K R
E E I A N S Q T M G L D F O L
S T E S M R A H C Y K C U L D
L K S A B W L H J T U Q R U M
```

BADGES
BUTTERFLIES
COMICS
DOLLS
FANS
FLAGS
INSECTS
KEY RINGS
LUCKY CHARMS
MAPS
MINIATURES
MOTHS

MUGS
PEWTER
PISTOLS
PLATES
RECORDS
ROCKS
SILVER
SPOONS
SWORDS
TEDDY BEARS
TOYS
VASES

E Words

```
E R V E E E V I T C E F F E E
L E E N O E M B L E M A T I C
E D G I N E S S E D U C E D D
M N Y L R E G A E S I E W J E
E E E H C N E T A C I D A R E
R G M X I N E A E L D E R L T
G N Z B I R B D E D N E M E A
E E B U R T S E D E N A E E T
N E Q O E O S W R E R E L K S
C E R U R R C G E E O I D E E
Y E R N U E E A R I D H E T O
L O N A H T E L T E G U C S U
L O V E I S O E O I B H T E T
A H E C B A C M N T O E T E Y
E C V X K E M E T A J N I H E
```

EAGERLY
EASTER
EBBING
ECHOED
EDGINESS
EDUCED
EERIEST
EFFECTIVE
EIGHTH
ELDER
ELKS
EMBLEMATIC

EMBROCATION
EMENDED
EMERGENCY
ENERGETIC
ENGENDER
EQUINE
ERADICATE
ERROR
ESTATE
ETHANOL
ETUDE
EXITS

Heteronyms

```
W T C G N I D N I W E L E E E
O H T V K T D D Z S P C S T X
U K J P E B C E N U B O U V C
N M S E B G A E G T E B S C U
D Y E S O L C R F G I J P O S
R E B E L N A E E R A Y E N E
D C T H I P T D T F E R C T G
E N S U C O V T C S U P T R I
P A S D N L A B B E B S T A H
O R M O F I G Y V V C S E C Y
M T F N H S M J Q I R E A T O
G N D M K H T W D L T S R O W
R E C O R D Z A E H C U X S Q
A E S U O H E D V M Z B F X K
S M S H B L I V I N V A L I D
```

ABUSE	MOPED
ATTRIBUTE	PERFECT
CLOSE	POLISH
CONTRACT	RAGGED
ENTRANCE	REBEL
EXCUSE	RECORD
HOUSE	REFUSE
INCENSE	ROW
INVALID	SUSPECT
LEAD	TEAR
LIVE	WINDING
MINUTE	WOUND

Soccer Match

```
M E M I T F L A H D P E R A D
W D E R A E T L H C T E E Y G
N D E S R E Y A L P N K H T N
E A L A T S L C C R B E O L I
M O O R G N I S S E R D B A S
S G E C Y D J E I N E B I N S
E S L A O G I V M N T H R E A
N L S D N U O R G A G E D P P
I L K C G F V E E B D I A D L
L T A C A N A S Z C S E N M O
G C P C A R I E A U T N E G S
H J U I I T V R S D W O R C I
S D N A T S D E O I D I R V N
S L M A S C O T S C E O N S G
F E O I O V H E S Y S A U I N
```

BANNER

BENCH

CROWDS

DIRECTORS

DRESSING ROOM

GOALS

GROUNDS

HALF-TIME

LINESMEN

LOSING

MASCOTS

PASSING

PENALTY

PITCH

PLAYERS

RED CARD

RESERVE

SCARVES

SCORING

SIDES

SINGING

STANDS

TACKLE

TEAMS

Olympic Venues

```
K S F T M L A E R T N O M Y X
C K E U L A P I K N I S L E H
U O E U O W T I A M I L U N O
R V O P H X S N P A R I S D A
B E S R K Q I K A B T L S Y N
S J T E C N U Q U L M O S S I
N A M W O Z O Z C R T N K N T
N R O T T T L D N X E A T Y R
I A R N S H T H N H H A N R O
R S I A Q X S E T O F I R R C
K Y T I C E K A L T L A S O V
P F Z X Y F M A D R E T S M A
T G M E B A R C E L O N A E F
H C I N U M S B O R O P P A S
W B D G R E N O B L E Z V O L
```

AMSTERDAM	MUNICH
ANTWERP	PARIS
ATHENS	ROME
ATLANTA	SALT LAKE CITY
BARCELONA	SAPPORO
BERLIN	SARAJEVO
CORTINA	SEOUL
GRENOBLE	ST LOUIS
HELSINKI	ST MORITZ
INNSBRUCK	STOCKHOLM
LONDON	SYDNEY
MONTREAL	TOKYO

Boats

```
R E G G I R T U O Y G H Q E Z
V G R D H O W Z O A O S Z S B
M U E O A W R B Q C N J P A E
I T T T L I K F M H D F U B Q
E Y F I J N T C V T O C N N V
G A I R E G A P A K L J T N K
R W R V E F O T R M A J M P K
A L D T H I B E R R S K C N F
B C A N C T G K M A V B Y H Y
Z S Y G T D N H B E W R P K A
B K O Y E H I A T B R L Y T M
J I U R K S R J A E K I E W B
S F D R C Q R F F A R P B R M
N F N O U C E X T X R K D B D
K Q W E J V H Q M N N K D P U
```

ARK	KETCH
BARGE	OUTRIGGER
BARQUE	PUNT
BIREME	RAFT
DHOW	ROWING
DREDGER	SCOW
DRIFTER	SKIFF
FERRY	SMACK
FREIGHTER	TRAWLER
GONDOLA	TUG
HERRING BOAT	YACHT
JUNK	YAWL

NEW Starts

```
N K R E D A E R S W E N N O K
E R A E Y W E N E T N E W C N
W A T I S N E W M V W I I N E
G F N E W Y O R K M I W G E W
A N E W J E R S E Y S R N W B
T N M N O I R X B N Y E W D O
E E A E N T I O U S W P N E R
L W T W E C W R S T K A D N N
K F S M O A B E O C L P L I N
O O E O E W N N N A L S R L E
O R T O E W I E E N L W O W W
L E W N E A A Z W V W E W E W
W S E N N C W E N A W N W N A
E T N L A E D W E N G E E S V
N R E G N O M S W E N E N N E
```

NEW AGE	NEW WAVE
NEW BRUNSWICK	NEW WORLD
NEW DEAL	NEW YEAR
NEW FOREST	NEW YORK
NEW JERSEY	NEW ZEALAND
NEW LINE	NEWBORN
NEW LOOK	NEWGATE
NEW MEXICO	NEWNESS
NEW MOON	NEWSMONGER
NEW RIVER	NEWSPAPER
NEW TESTAMENT	NEWSREADER
NEW TOWN	NEWTONIAN

Cocktails

```
E R B I L A B U C M U M W L M
Z T E L M I G G O N G G E C X
Z M V B S Q L S U T M T O K M
I C T H E G C X N O R B R S L
F W O R R O R Z O M B I E M O
N P U S W P D E A L H M G A N
I G K M M E X A E C I V N N G
G S U O G O S R I N M I I O V
D L Z V B Y P H M Q W W T W O
E C Q V R G C O V O U I S A D
B E L L I N I T L J J I D R K
X R R A C E D I S I B I R O A
B L A C K V E L V E T B T I W
Y Y J P E A M A N A P A R O W
S A L T Y D O G B M Z K N T O
```

BATIDA	GIN FIZZ
BELLINI	GREEN WIDOW
BISHOP	LONG VODKA
BLACK VELVET	MAN-O'-WAR
BRONX	MOJITO
CHI-CHI	MOSCOW MULE
COBBLER	PANAMA
COSMOPOLITAN	RICKEY
CUBA LIBRE	SALTY DOG
DAIQUIRI	SIDECAR
EGGNOG	STINGER
GIMLET	ZOMBIE

Card Games

```
H E L H H Q L R E D I P S Y K
N U S T W E N T Y O N E J I E
E I B E C P O D P M C A S O U
F V O A V F O E M B I M B D Q
E B R P A E S N B R E F U R I
H T M R O L N R T E Z N N L Z
E M O L N S I S R O U P A E E
Z I O O T D V A F T O K N U B
Y S M O G M E F E S J N G C P
S E P E A S A T V P K O H H E
D R B I W N G Q I A D A M R Y
T E S Z T N S Q P D L T T E Q
E Y C A I N U U E E S L G S U
G I N V A E K R B S T E S M E
B V Y P T Y C L Y M M U R A E
```

BEZIQUE	PONTOON
BRIDGE	RED DOG
BUNKO	RUMMY
DEMON	SEVENS
ECARTE	SKAT
EUCHRE	SNAP
FAN-TAN	SOLO
FARO	SPADES
FISH	SPIDER
MISERE	STOP
OMBRE	TWENTY-ONE
PIQUET	VINGT-ET-UN

UK Prime Ministers

```
K R R Z R Z A A A T I R B E J
U P Y I B U H H E T H E A T H
G I E R A N O S L I W H L P X
C L O L U L G F E P B C A E L
R W A S H S B C L H Y T V G U
N N E D E A S T X A P A E R N
U A I W S Z M E H W B H C O A
M X A L S T R A L E T T R E S
B A Q T E W O V C L U E E G Q
C C J X T A Z N N D M O P D U
F X Y O R L R T E A O M V Y I
Y A M N R P E S C C V N S O T
K O R D W O D E I O G V A L H
N A H G A L L A C D P E E L N
F I T I B E P G N I N N A C D
```

ASQUITH	LLOYD GEORGE
ATTLEE	MACDONALD
BALFOUR	MAJOR
BLAIR	MAY
BROWN	PEEL
CALLAGHAN	PELHAM
CAMERON	PERCEVAL
CANNING	PITT
DISRAELI	RUSSELL
EDEN	THATCHER
GLADSTONE	WALPOLE
HEATH	WILSON

Hairstyles

```
T B D Y R L C E P E R M N A P
A C O W L I C K E I T A E O V
E F O R F A P T N U A R R P Q
L K T H V K T G C S T C C A V
P W T H D E L R U C F E P U O
H B T Q Z E E Y P U X L B L S
C O W I T D J A R T A W A S I
N U R S N D G P E I F A C K D
E F L U Z E I N T F Z V K I E
R F X N B G S A I H A E C N B
F A M O T I P U R D G G O H U
Q N Y A O Z Q P Z B K B M E R
Q T I N G U Y B J U O G B A N
V L S C H I G N O N J B E D S
F N A C I H O M H Q A E D J K
```

AFRO	FRIZETTE
BACK-COMBED	MARCEL WAVE
BOB	MOHICAN
BOUFFANT	PAGEBOY
BRAID	PERM
BUN	PIGTAIL
CHIGNON	PLAIT
COWLICK	QUIFF
CROP	RINGLETS
CURLED	SIDEBURNS
EXTENSIONS	SKINHEAD
FRENCH PLEAT	UNDERCUT

High and Low

```
D H L O W B R Y R L L L D U H
N I H I G H L A O O O C E L I
A G A S B O E W W W G L D S G
L H O P W G C V P N O H N A H
W L M L W H L R I W V I A E L
O I I O U O E Y W F H G H S A
L F L R W S L A M I H H H H N
E E C C S W T N G L O G G G D
S H O U O E A H G O G Y I I L
C S R L R A T L A H G I H H O
T E A G N I K N A R H G I H W
L O W M M H I G H B A L L E K
L O W E W H W O R B H G I H E
H I G H C O U R T H G I H H Y
E D I T W O L Y A W H G I H R
```

HIGH ALTAR	LOW CHURCH
HIGH COURT	LOW COST
HIGH FIVE	LOW GEAR
HIGH LIFE	LOW LIFE
HIGH SEAS	LOW MASS
HIGH TIME	LOW PRESSURE
HIGHBALL	LOW TIDE
HIGHBROW	LOW WATER
HIGH-HANDED	LOW-KEY
HIGHLAND	LOWLAND
HIGH-RANKING	LOW-LYING
HIGHWAY	LOW-PAID

ME, ME, ME

```
L A T E M E L M E M L K P E M
M E G E R Y Q M E X X E M A E
E T C G R E Y F E D I E O I P
H C E O B M E N U N D C I M N
A M M G M E N Y A I I I R A F
H E I T N Q I L U H M A S T E
M C T O L R E M P E M R L O R
E M L M E M B R A N E P A P E
M E A M U P O D M A L L D O H
B L E E L M O X B E O A E S P
E T M N A W M E L A D C M E S
R E W T V V E M E T R I C M O
E D E A O M E V A F A D N R S
M M T L R A E M U L M E E A E
Y C R E M M E L O N A M M E M
```

MEADOW	MEMBRANE
MEALTIME	MEMORY
MECCA	MENIAL
MEDALS	MENTAL
MEDICAL	MENU
MEDINA	MERCY
MEDIUM	MERLOT
MELANIE	MESOPOTAMIA
MELODRAMA	MESOSPHERE
MELON	METAL
MELTED	METAMORPHIC
MEMBER	METRIC

Castles

```
W L D C E T A M E S A C M R F
E G D I R B W A R D T O W E R
B S Y H T O C A D O R A R B C
C A R A Z C S E G E I S G M B
R R T K W Z H S R E D A N A D
Q D E T F E B S W K S R I H L
C E C N L Z G N R A B T D C O
P F K H E E T A C G L U L B H
M E V F T L M R S S E L I H G
E N A O E P I E N S E U U V N
R D U R A S M D N O A E B I O
L E L R T O C O D T J P E C R
O R T Y A F C A T D S N R E T
N S S T H E R I R T L O O S S
I S E M E R I N C P E K F D J
```

BATTLEMENTS

CASEMATE

CHAMBER

CRENEL

CROSS WALL

DEFENDER

DITCH

DONJON

DRAWBRIDGE

ESCARP

FOREBUILDING

KEEP

MERLON

MOAT

MOTTE

PASSAGEWAY

RAMPARTS

REDAN

SACRISTY

SIEGES

STRONGHOLD

TOWER

VAULTS

VICES

IF and BUT

```
N O T F I H S E K A M B B U T
O R B U T I F C T F I R D A F
T E T U B I R T T A E R T B S
T T S T U B E D U F I R B E B
U T I F R E W O L F I L U A C
B U F F B U T W T B T U I T O
J B T I W I F E U U T L F I N
F T T E L R R T B I I Y F F T
B U A U R R A W F F F I Y R
U B B N B R I M F I I I R P I
T K U U Y I I A B U B L E R B
H C T T T W L F Q U U P H U U
W A G F A L Z A I Y T M S W T
F S B U T N E F H E Q A I F E
I F K N I F E R I E D S N F I
```

ADRIFT
AIRLIFT
AMPLIFY
BAILIFF
BEATIFY
BUTANE
BUTLER
BUTTER
BUTTON
CAULIFLOWER
CONTRIBUTE
DEBUTS

DRIFTER
HALIBUT
KNIFE
MAKESHIFT
QUIFF
RAMBUTAN
REATTRIBUTE
SACKBUT
SHERIFF
TERRIFIED
TRIBUTARY
WIFE

Farm Animals

```
R U T S W G S S E S E E G S P
D F R R G A V F D C S Y R R D
I T O C M N D S T I J J W E V
G I O A W D I J N X K C W D P
S B L G L M A L C Q J E G N S
P L H A C S H A S Y S K I A L
I X O C I L T J M O J S M G L
G Y R F S S T E S T G E W C U
L E S S T A L L I O N S I O B
E L E E A P N E A P Y P I G S
T T S S O X Z C H I C K S A K
S T M N G O P P F J D B D S C
B A G L P S H E E P M O N F U
R C A L V E S G D A M R G U D
E C O C K E R E L S P E J S K
```

BULLS	GOATS
CALVES	GOSLINGS
CATS	HORSES
CATTLE	KIDS
CHICKS	LAMBS
COCKERELS	LLAMAS
DOGS	PIGLETS
DUCKS	PIGS
EWES	RAMS
FOALS	SHEEP
GANDERS	SOWS
GEESE	STALLIONS

Famous Pictures

```
G I N C A A A J S E M O L A S
M A O I Y L S Y T I V I T A N
Y A S L L Y P U Y F C A E S H
R Z R E Y E S I D A R A P I Y
A R B S U M S A R E G G R T S
V A E U A U P U K G M I R S A
L I G L H N S I K F S M P A K
A L L C G R D T A E C O H L C
C W C J E G O V S M Y N A L E
V A T H E L U T E P L A Y E R
B Y T C E Q T J F N I L W R W
E A S D M S H P E Z U I A B P
B G O D S P E E D H C S I M I
O P E N W I N D O W T A N U H
S U N S R E W O L F N U S M S
```

BACCHUS	NATIVITY
BATHERS	OLYMPIA
CALVARY	OPEN WINDOW
ERASMUS	PARADISE
GOD SPEED	RAILWAY
HAY WAIN	SALOME
ICARUS	SHIPWRECK
IRISES	SUNFLOWERS
LA BELLA	THE JUGGLER
MARS AND VENUS	THE LUTE PLAYER
MEDUSA	TOLEDO
MONA LISA	UMBRELLAS

Links

```
S S S E R I M S E H C T I H F
E S E N I N T E R L I N K S A
N S E S I I G A R M E R G E S
I S N W U A O S T E M U S Y T
B V K C S F H C E H L E A E E
M P R C N T O C A S C A U L N
O I U S O N O R P I I N T I S
C D A S N L N G L E I A S E S
E N T E M E R P E T K G I E S
N H C E S A S E E T U N R L J
T T B S N N E S T L H E O E T
S N E P I A K T P N H E S T E
T S E I O R O F O D I E R A S
E V F L J A Y M A R R I E S E
S T N E M H C A T T A E H E S
```

ADHERES	JOINS
ATTACHMENTS	KNOTS
CHAINS	LIAISES
CIRCUITS	MARRIES
COMBINES	MERGES
CONNECTS	PLUGS IN
FASTENS	RELATES
FUSES	SEWS TOGETHER
HARNESSES	SPLICES
HITCHES	TEAMS UP
INTERLINKS	UNITES
INTERLOCKS	YOKES

Body Language

```
X Z Y U C J H G A Z E E K L D
D M I B G D D G U S G O D G A
J T R E L L L T U N F C R L L
T H N N A P A R I A C P X A F
Q N G D Y F O R L R L D F N K
E I Y I Y G C O E N N S G C T
D R Y R S T U R T S H R Q E N
I G O E O W A V E S I E R W K
M F T W K Y N H O M L W O C S
V S R O B Q R Q A E S R Q H U
S D H C T A R C S C F M T S T
C Y I A Z N E L V A T N I O P
B B A L K E P O M P O F A L C
X M R W G E S T I C U L A T E
A Y J G N N F X N Z F D X E X
```

BEND	MOPE
COWER	PACE
CRINGE	POINT
CRY	SCOWL
FROWN	SCRATCH
GAZE	SHAKE
GESTICULATE	SIGH
GLANCE	SMILE
GLARE	STOOP
GRIMACE	STRUT
GRIN	WAVE
LAUGH	YAWN

Tchaikovsky

```
H R Q T O T R A E E R I S E D
G R U B S R E T E P T S M H D
A Q W S M O N A I P E W G H E
E T H E S T O R M J M A R C R
N N O P R I C H N I K N A I F
H U A L E X A N D R A L N Y N
Q T T K E H J N E D E A T L A
U E V C A R E L O H C K O I M
A L O E R U T R E V O E N R A
R M Y M O A S S M F O W I T Z
T A E N A M C V I O L I N O E
E H V O V O T K I N S K A Y P
T H O V C O N C E R T O I P P
S E D A N E R E S R I G F H A
W G E C R T H E T E M P E S T
```

ALEXANDRA	PYOTR ILYICH
ANTONINA	QUARTETS
CHOLERA	RUSSIAN
CONCERTO	SERENADES
DESIREE ARTOT	ST PETERSBURG
HAMLET	SWAN LAKE
MANFRED	THE STORM
MAZEPPA	THE TEMPEST
NUTCRACKER	VIOLIN
OPRICHNIK	VON MECK
OVERTURE	VOTKINSK
PIANO	VOYEVODE

Abide With Me

```
T H R E E S P C W C I U D Y E
J T A R R Y O A C C E P T F L
T I B A H N I O F E T V Q F R
P S U H T Z N B N D W E L L Y
E E I I C S E D V N K O O R B
R Y N S T A U S U R V I V E V
S U A A R R M H T X Z I N G Q
E B N T E E Y O V B R O V Q T
V T A N S U P P T E J R M U Z
E T S W K L R U M S E E O G I
R E E I A E I A U S U K I U Q
E G T S Q I I V I O C W Y K V
A D T N T N T D E I E D O I W
F O L W V N E Z T O I X B W V
B L E T S E R S T A N D F O R
```

ACCEPT	PERSEVERE
AWAIT	PERSIST
BEAR	REMAIN
BROOK	RESIDE
CONSTANT	REST
CONTINUE	SETTLE
DWELL	STAND FOR
ENDURE	STAY
INHABIT	STICK OUT
LAST	STOMACH
LIVE ON	SURVIVE
LODGE	TARRY

Cinderella

```
E G E C A L A P Q A E W H Z B
D W C U L N I L O E E C T R L
I K G O G H J L O P Z B N R I
R G T L S L E A E P P K D A C
B T X D A D Y B Z R U E P S D
V L R D M S S I R K T I P Y
H A W G B E S N I C A R B Z R
H A B H R E C S I S E U A S O
L C N V R E F W L E T C N G T
O A A D E C N I D I S E I G S
C N C O S K U R U Q P R R M Y
T R W I C O K G U P J P O S R
F A U O G I M E H T R A E H I
Y G L E N A E E O V Y Z Y R A
A C L G L N M I D N I G H T F
```

BALL	HORSE
BRIDE	KING
CLOCK	MAGICAL
COACH	MICE
CRUEL	MIDNIGHT
DANCE	PALACE
DRESS	PRINCE
FAIRY STORY	QUEEN
GLASS SLIPPER	RAGS
HANDSOME	SERVANT
HARDSHIP	UGLY SISTERS
HEARTH	WICKED

Trucks and Vans

```
D N N S E I K U Z U S L A N Y
O T A C U D Y Z S T E R N E D
D Y R A T E E T C I R F S D D
G F K N U I A Z G E N P Z O A
E P C I A H S B T C P N P F C
L W N A I B T N D N I A E O O
O T Q A Z E I L A E T W M D D
W H D J S R I W I R C L O N P
K T H H P H N Z O B T A A Z O
K R A S C A L L T U R L P N S
N O T U L W M T S R Y E I S H
G W B E D F O R D E A H T A E
O N S C A M M E L L R F D E R
R E M M O C O O G F I W I K P
F K G E Q K O R A V I V V C A
```

BEDFORD	PATROL
CADDY	PETERBILT
COMMER	RASCAL
DAIHATSU	RHINO
DENNIS	SCAMMELL
DODGE	SCANIA
DUCATO	SHERPA
ESPACE	SPRINTER
FODEN	SUZUKI
KENWORTH	TRAFIC
LEYLAND	TRANSIT
LUTON	VIVARO

Roulette

```
P R E B M U N N E E R G H N N
X Z P X Y B R S I N G L E S G
F T E C O M B I N A T I O N L
A M K R P E R C E N T A G E L
O K M T O B L D Y Y Y S R V P
F N C A I O C K C A N T A K U
N D Z A S O C Z L E A O R A T
O V E S L U L R K V R L I S H
S E E S L B A O H Z C S R N G
I S S B U P T T R I O B E T I
R J B R Z O U C W L E E H W A
P Z S S E J H O S E K A T S R
N F L Q A I U L C H A N C E T
E D S N P Z T B A L L T A F S
P R E S S A S N I L E H P R O
```

BALL	PARLAY
BLACK	PERCENTAGE
CHANCE	PRESS
CHIPS	SINGLES
COMBINATION	SLOTS
COUP	STAKES
EN PRISON	STRAIGHT UP
GREEN NUMBER	TIERS
HOUSE	TOKENS
LOSSES	TRIO BET
LUCKY	WHEEL
ORPHELINS	ZERO

C Words

```
C E I R E T O C A E S A R N C
E A G Z P C F W T F C A C H E
M P R P P E I A C A J O L E H
I O C C C D D R S H D L C K F
H C P M A I C C T S S C J C E
C E C T D L I L L A A E O O V
C H C N M L C U T I C L E L I
U H A E I A E M T P P I C C T
L C Z T U U L S L W C P C L A
T C R U M B L I N G C Q E A R
U A W H D L I L J H U H B R A
R R V C V U S Y O G C T Y T P
E B G A I C T S C O K N S N M
O O J C D C E Z C C O K U E O
C C C Y A N I D E W O C T C C
```

CACHE	CLASS
CADMIUM	CLIPPER
CAESAR	CLOCK
CAJOLE	CLUMSILY
CANDIDATE	COBRA
CEDILLA	COMPARATIVE
CELLIST	COTERIE
CENTRAL	CRUMBLING
CHIME	CUCKOO
CHOSEN	CULTURE
CHUTE	CUTICLE
CICATRICE	CYANIDE

Bathroom

```
H O C C A L G J S G V Z G J D
Q O L N L V E T E U M R M C S
S P T B O A F N G I D Y J A T
R M L W A H T L N S I S B B R
E A E J A T D K O A I Q E I E
P H W F C T H T P S L N Z N L
P S O R S I E T S H S F K E A
I O T W S O S R O D I V M T X
L L D L S R E T A W D L O C I
C U N L O S O R E A E P U Q N
L T A M H T A B F R U L S L G
I J H M Z R I L R E N J S D W
A R A Z O R U O K Y Y E E K K
N W L W X S H A N X I P Q F A
P A G U H S M I P S O P L U G
```

AEROSOL	LOTIONS
BATH MAT	MAKEUP
BATH TOWEL	MOUSSE
CABINET	NAIL CLIPPERS
CISTERN	PLUG
COLD WATER	RAZOR
FLANNEL	RELAXING
FLOSS	SHAMPOO
FLUSH	SINK
HAND TOWEL	SPONGE
HOT WATER	SUDS
LOOFAH	TALC

James Bond

```
C S Y A D N T U T K C O Z C E
E T O C T O P U S S Y F I Y I
R E M T F M L Y V U J R F M L
S Q H R A K O L H A E D Q A I
S Q A E E T R O L G R U T T C
D C K A E P S T N A A G T H E
L H H K G T M I N R F L A I N
E S C A F A F U R U A Y R S C
I P S L N D D E H K B K K F E
F E I L L G L G Q T S A E S T
T C R O S A K L E B B I M R O
N T G M R E P M A T S I R R K
E R E N A R D V O U S M E A I
G E N E R A L M E D R A N O L
A L E I D T E L D N A E V I L
```

AGENT FIELDS	MOLLAKA
ARIS KRISTATOS	MOONRAKER
CHANG	OCTOPUSSY
GADGETS	QUARREL
GENERAL MEDRANO	RENARD
GOLDFINGER	ROSA KLEBB
GRISCHKA	SKYFALL
IRMA BUNT	SPECTRE
KRATT	STAMPER
LICENCE TO KILL	TEE HEE
LIVE AND LET DIE	THUMPER
MATHIS	VARGAS

Japan

```
A R D G T J L H K B F S A I H
W U A R C I X S H L M B Q R A
T Z T Y H U K O D I A K K O H
N A E C O C I F I C A P Q T S
B K T O H K O R O P P A S T I
U O K Y N J T M K K H M A O E
D D A K P V O N A G N A M T G
D U N O K N M R U I P T U D W
H J A T E I A E U O U I R U S
I S G P T T M B F V M A A B S
S V A O E S H O G U N S I U V
M C W K J Z A K N H O N S H U
Q J A L E D R M O O J H Y B I
H R I S I N G S U N I G A T A
V R I K A Z A Y I M V H D A P
```

BUDDHISM	NIGATA
CAPE NOMO	OKAZU
GEISHA	PACIFIC OCEAN
HOKKAIDO	RISING SUN
HONSHU	SAITAMA
JUDO	SAKE
KANAGAWA	SAMURAI
KARATE	SAPPORO
KIMONO	SHOGUN
KOBE	SUSHI
MIYAZAKI	TOKYO
MOUNT KOYA	TOTTORI

Words Starting ARM

```
A R A A L L I M R A E S M R A
R A R D R A R M A M E N T S R
M R T M A I E R U T A M R A M
S M S C N M A E R U M R A A E
A E E P T A R H T N A Y M R A
R D R A R L I A C A R M L E T
M S M R H O R N E M M R A G T
L E R M M M C L E R R A U I N
E R A L S M O Y A M R A P M N
S V V R W H E R M M R M A R M
S I A R M F U L C R R A R A R
U C I R O M R A W A A E M R A
E E A V R D N A R M A L I T E
R S Y A R D K Z A R M B A N D
A R M E Y G N I M R A H M R A
```

ARM CANDY	ARMIGER
ARMADA	ARMILLA
ARMALITE	ARMING
ARMAMENTS	ARMLESS
ARMATURE	ARMLET
ARMBAND	ARMORIC
ARMCHAIR	ARMPIT
ARMED SERVICES	ARMREST
ARMENIAN	ARMS RACE
ARMET	ARMURE
ARMFUL	ARMY ANT
ARMHOLE	ARMY CORPS

Spying

```
T P M B B T F T J T I S U O N
N U I Z E S E R O B Q K K F O
E T H R N W I A N K I V K F I
G Q C O D M R W C E V D E I S
A E O S V P B D N H E N T C S
S P K O T Z E L D D L O A E I
H F E B V E D O O H R I V R M
T R U S S I A C O O O T I P I
U E N E S G N L T F S C R S C
E G O R L E V I T A R E P O R
L N S V Q D A Y Q H A F V R O
S A A E T R K G N I T E E M F
L D E X T S Z U N H R D J Y I
U D R N I E C O N T A C T S L
W B T R E A V E S D R O P Z M
```

AGENT

COLD WAR

CONTACTS

COVERT

DANGER

DEBRIEF

DEFECTION

EAVESDROP

ENCODED

MEETING

MICROFILM

MISSION

OBSERVE

OFFICER

OPERATIVE

PRIVATE

RISKY

RUSSIA

SECRET

SLEUTH

SNOOP

STEALTH

TRAITOR

TREASON

Eggs

```
F Y E V N T M A L B U E N S E
S O R T I F D E L K C I P T W
B H B M I V R F A S A R E K H
A I E H E H A I M E G N L F I
I R A L L N W A E L S O A T S
N J T I L Q A G C D Y S Y N K
C G E C I U U R O O C A I E D
U U R K H A E A S O U E N E E
B E N E D I C T E N S U G C L
A R A J O L C P C G T E B B D
T R C S T O B K O M A I T O D
I S C O T C H N E H R L A I O
N I E R F E G L P N D J Q L C
G A R B K G R Q A L B U M E N
K C U D E H C A O P C Q B D D
```

ALBUMEN	INCUBATING
BEATER	LAYING
BENEDICT	NOODLES
BOILED	PICKLED
CHICKEN	POACHED
CODDLED	QUAIL
CUSTARD	SCOTCH
DUCK	SHELL
EASTER	TIMER
EGGNOG	WHISK
FRIED	WHITE
GOOSE	YOLK

Garden Pond

```
S E D I A M P U C G N I K B U
F K Y L F N O G A R D Y C S Y
K P C N E W T S U P R A M V Y
I R R O W A Y D Q Z W I N P L
L E V A R G N E Y U E R U F H
Y S J T C D K E L V I E B V T
L K S A T L S W F A V T A Y P
F O W E M Q X F L O Y C O A E
S D O K N W N L E S U A E L D
S L M P W O R A S U V B D R E
M Q A P J N T F M V A L V E S
S S Q B P N K S A T S W C D I
G V I U S I B O D T U B I N G
J O M B Y M E R I S G E K U N
N P E U E G D I R B C J A G D
```

BACTERIA	NEWTS
BRIDGE	NYMPH
CARP	POOL
DAMSELFLY	PUMP
DEPTH	ROCKS
DESIGN	SLABS
DRAGONFLY	STONES
GRAVEL	TUBING
KINGCUP	UNDERLAY
KOI	VACUUM
MINNOW	VALVES
MOSQUITO	WEEDS

Ability

```
E J V G S Y A K F L A I R V S
O P M K E N F X N R E K D Q U
Y D O Z N C A T F X M C L V I
A T W C Y O N E P Q I A L F N
D A I E S E W E M S G N I O E
R P S L L I R H T Q H K K R G
O T B A I T R R O E T J S C L
I I T T I B E Y U W P B I E E
T T K S O N A Y G F X M S Z F
N U E Q G U R P A R Y A O I F
E D P T G E C C A P E T U C I
S E H P T I U H A C F N O M C
S P Q S A L I I T P O W E R A
U L A H T I W E R E H W V D C
T M T Y M O T I V A T I O N Y
```

ADROITNESS	KNOW-HOW
APTITUDE	MASTERY
CAPABILITY	MEANS
COMPETENCE	MIGHT
EFFICACY	MOTIVATION
ENERGY	POWER
EXPERTISE	SCOPE
FACULTY	SKILL
FLAIR	STRENGTH
FORCE	TALENT
GENIUS	TOUCH
KNACK	WHEREWITHAL

Religious Leaders

```
F M V Y Y F H L Y O A L G T W
A S O I R A K A M R M U S N N
L W K H I D J U T S H C V E A
W U D A J Y A S S I I N R Y
E E S E E K U U C K V U M C M
L I S S I H I H Y R C S A A G
L U L L T B W L G E T L H M R
S O Y A E E O H R R V R A O O
W I R S I Y I U O I A E R H B
Q A U T O N L N N P S H B A N
Z E Z L C A G C Z V T T A M E
W E A K R B F Z P B P U U M D
R N L I N D S A Y S A L E E E
Y E U E U Q R H D K U A S D W
Y S M C B U E R O M L L I F S
```

ABRAHAM
ARMSTRONG
CALVIN
CERULARIUS
EUSEBIUS
FALWELL
FILLMORE
GRAHAM
HINCKLEY
ISAIAH
JESUS
LINDSAY

LOYOLA
LUCIUS
LUTHER
MAKARIOS
MOHAMMED
PARHAM
SCHWEITZER
ST PAUL
SWEDENBORG
WESLEY
WOLSEY
ZARATHUSTRA

Toys

```
X L S S L G H U E R M K E G Y
O U K L V U A L E P T E G W E
B E S O I N D T U E E S D T S
E Y T J Y D O F D B E S E E U
H D L Q U O E D S L R R L P O
T A I E C D Y I B W A E S P H
N N T S A B R B A Q T M R U Y
I I S A E F U I L S T R A P D
K M T A N B S C L K L O G O N
C E R H P I K Y O C E F D N E
A G W Q C H P C O I U S O A W
J V N W L A U L N R D N L C V
Y Y R I Y N Y E B B R A L C U
S H Z Q W B V Y J H G R D E V
R U B I K S C U B E C T W M V
```

BALLOON	RATTLE
BICYCLE	RUBIK'S CUBE
BRICKS	SCOOTER
BUBBLES	SLEDGE
FRISBEE	SLIDE
FURBY	STILTS
JACK-IN-THE-BOX	SWING
KITE	TEDDY BEAR
MECCANO	TRANSFORMERS
PINATA	WENDY HOUSE
PUPPET	YACHT
RAG DOLL	YO-YO

Countries' Former Names

```
I  M  A  I  S  A  C  E  Z  W  N  E  M  T  B
G  I  S  E  T  A  T  S  L  A  I  C  U  R  T
N  A  I  L  T  L  F  E  R  F  I  E  P  W  Y
A  U  L  H  A  I  S  E  D  O  H  R  N  S  A
M  F  A  B  Y  S  S  I  N  I  A  U  E  B  N
E  Y  A  F  I  G  E  F  T  N  M  D  A  A  A
S  C  T  D  W  O  A  U  O  I  I  S  M  I  I
O  A  L  O  K  I  N  L  D  R  U  E  S  S  U
P  L  O  E  V  F  Y  I  B  T  M  N  B  R  G
O  E  V  A  B  E  A  E  O  Y  L  O  S  E  H
T  D  R  E  C  H  H  L  O  Z  H  S  S  P  C
A  O  E  K  Y  W  A  O  O  E  U  U  R  A  T
M  N  P  Y  E  N  Y  E  M  O  H  A  D  U  U
I  I  P  N  D  V  H  I  C  S  X  P  B  H  D
A  A  U  M  E  X  A  E  H  C  U  P  M  A  K
```

ABYSSINIA	MESOPOTAMIA
ALBION	MORAVIA
BASUTOLAND	NEW HEBRIDES
BOHEMIA	NUMIDIA
CALEDONIA	PERSIA
CATHAY	RHODESIA
CEYLON	SIAM
DAHOMEY	TRUCIAL STATES
DUTCH GUIANA	UPPER VOLTA
FORMOSA	USSR
KAMPUCHEA	ZAIRE
MANGI	

Sports Venues

```
I M F D W Y Z K O T K P J O U
P U A F E L R P I T C H I N V
S I Y E L L A A J J I Y K C G
J D I A W R U R N A Q R A P J
E A H E E U I E W G A G V S Y
J T O P O O L N J P E J R V A
S S D H J I I A G T P D A B W
J Q D Z T H S G A R D E N I D
S H C A E B T D I U S Q Z O E
K T K K L D S F D O E K M S E
I F E W E D Q N V C V E B B P
J D O C L X U T R A C K A K S
U B K E M O R D O L E V N R D
M X I F R N S C C R B I Y Q N
P F I G V E I N K P R E T L A
```

ALLEY	LISTS
ARENA	PARK
BEACH	PITCH
BOWL	POOL
CAGE	RANGE
COURT	RING
DECK	RINK
DOME	SKI JUMP
FIELD	SPEEDWAY
GARDEN	STADIUM
GROUND	TRACK
HALL	VELODROME

On Vacation

```
C S F G N I K C A P V S I U R
H P U T N O I T A N I T S E D
G C G I J F S D R A C T S O P
D G K N T S I R U O T G I Y I
S I N U I C L T R O P S S A P
B E R I C K A U B T O R D Y T
S X O N P E R S G J J D I N P
B C T J G M I A E G U H E A I
Y U I A O E A G B T A M B E R
R R S T S U N C Y M T G B O T
E S I D Y I R F P R E D E U Y
N I V A K T R N A W T L A T A
E O I L F E U P E J S D C I D
C N A R E M A C E Y R S H N K
S W E I V E Y E G A Y O V G S
```

AIRPORT	LUGGAGE
APARTMENT	OUTING
BEACH	PACKING
BIKINI	PASSPORT
CAMERA	POSTCARDS
CAMPING	SCENERY
DAY TRIP	SUITCASE
DESTINATION	TOURIST
DUTY-FREE	VIEWS
EMBARKING	VISITOR
EXCURSION	VOYAGE
JOURNEY	WALKING

Rivers of the USA

```
N E N E K E T M M A U M E E S
S F T T O O F K C A L B T S T
O O Z A Y P O D O A R T I C V
C N C S O Y U T O E A A H A J
E U Z E U U Y E S L E T W N R
S L M K S Y S A P O P O S E A
O P U B E H D H O W O T D I N
C K G H E U T E N E E R E H I
E S D P L R G B Z N H O A C B
P P A A O M L N S S B S S T M
D U S N O H O A O T R E O A E
G N C A R D S O N T A A O H P
H S A B A W S P S D Z U C C S
D A E R C N A P A E O K A V E
G A R D G N E E R G S V B I E
```

AROOSTOOK	OWENS
BLACKFOOT	PEARL
BRAZOS	PECOS
COOSA	PEMBINA
CUMBERLAND	ROSEAU
GRAND	SALUDA
GREEN	SHEPAUG
HATCHIE	TENSAS
KOYUKUK	TONGUE
MAUMEE	WABASH
MOOSE	WHITE
NORTH PLATTE	YAZOO

Words Starting ILL

```
I  L  L  L  T  D  E  T  A  E  R  T  L  L  I
L  P  L  E  T  A  M  I  T  I  G  E  L  L  I
L  E  A  E  I  L  L  U  S  T  R  I  O  U  S
F  G  M  D  C  L  I  L  L  Y  R  I  A  K  E
A  F  C  U  I  I  L  E  Z  H  D  L  R  R  T
T  I  I  L  M  L  A  G  E  L  L  I  F  A
E  L  G  L  L  L  Y  L  R  V  L  F  I  L  R
D  L  O  I  I  I  B  N  E  M  E  L  M  T
A  U  L  L  U  L  L  C  G  E  B  D  L  I  S
V  S  L  L  W  L  L  L  I  O  S  I  I  L  U
M  I  I  Q  I  Z  N  W  U  L  H  S  L  L  L
L  O  I  L  I  N  O  I  S  L  C  L  L  L
E  N  E  L  B  I  G  E  L  L  I  C  U  U  I
I  L  L  F  I  T  T  I  N  G  L  V  S  C  M
I  L  L  A  T  E  A  S  E  I  L  L  E  K  Y
```

ILL AT EASE	ILLINOIS
ILL LUCK	ILLNESS
ILL WILL	ILLOGIC
ILL-BRED	ILL-TREATED
ILLEGAL	ILLUDE
ILLEGIBLE	ILLUME
ILLEGITIMATE	ILL-USE
ILL-FATED	ILLUSION
ILL-FED	ILLUSIVE
ILL-FITTING	ILLUSTRATE
ILLIBERAL	ILLUSTRIOUS
ILLICIT	ILLYRIA

P Words

```
P U R A S E H C Y S P G U A P
E S E I X I P E T A M I R P E
U P E B A P R U G R H P Y L Y
G A R O P M U I D O P I E E H
A Y B H T P N P A G O D A A P
L E R P Y A P U D A A H I S A
P N H A T L T U Y H K S F U R
V P T I N L E O P T I D S R G
P F O S E I F N P Y E R E A O
O N S T P D M T O P U A L B T
P U R G I N G I P E G C P L O
P H A R A O H A L B V A M E H
I P H O T O N S P E N L I R P
N A E S M L A S P I R P P U E
G P R I N U F V C B E P Y A P
```

PAGINATION	PLEASURABLE
PAGODA	PODIUM
PALLID	POPPING
PANIC	POPPY
PHARAOH	POTATOES
PHOBIA	POTIONS
PHOTOGRAPHY	PRELIMINARY
PHOTONS	PRIMATE
PIMPLES	PSALMS
PIXIES	PSYCHE
PLACARDS	PURGING
PLAGUE	PYTHAGORAS

Canine Friends

```
S A S I N A T E B R E G O D H
E I F T C U H T L E A S H X C
N I L P R B A S K E T L E T O
O H B E O O E R U J Y N L V O
B S C T V K K U Y R Z H E O P
Q B I T C H N I R V B H H L C
L I C I E S O G N I D E E R B
M G N N D F G W B G M H C O B
U N O G K N L U L M W K W I K
Z I S Z I F C A Z I O L S P E
Z N Y P E H W P P N N C A R N
L I P S E A L U H D U G R G N
E A B W L D P O U I O Z A T E
Y R S K A P D Z T E E G V E L
M T S O Y S R S N E E N C A P
```

BASKET	KENNEL
BISCUITS	LAPDOG
BITCH	LEASH
BONES	MUZZLE
BOWL	PETTING
BREEDING	POOCH
BRUSH	PUPPY
CHEWS	STROKING
COLLAR	TRAINING
COMB	WALKS
FETCH	WHELP
HOWLING	YAPPING

Public Library

```
A S T Y R Y R O T S I H I H S
I S E C N E I C S O J X W N K
D F E N E S N H J T T I O K R
E I Z N X U E E I K N I L T S
P C J T I L Y C W F T L A K T
O T S S V F K B O A V B N C U
L I R E S E A R C H L R G A D
C O S J T C M I T E Y S U B Y
Y N L L H A L E S R W F A R S
C F H A T B I A E M S B G E K
N I I I U U R A S M A R E P O
E R O P Q E D E K S Z A S A O
S N O I G I L E R N I N J P B
Z A N G N I N R A E L C E Y K
E M A G A Z I N E S C H S Y Z
```

BOOKS	PAPERBACK
BRANCH	PUBLICATIONS
CHAIRS	QUIET
CLASSICS	READING
ENCYCLOPEDIA	RELIGION
FICTION	RENEWALS
FINES	RESEARCH
HISTORY	SCIENCE
INFORMATION	SHELVES
LANGUAGES	STUDY
LEARNING	TABLES
MAGAZINES	TICKET

First Names

```
B O C A J V Q K O C M Q K K D
F A T T E I R N E H A L I E L
G E L P N I U Q R A T F A H W
N E W L O I L J M E E A D F E
H I S I R Y Q E A E R L L N M
C C G A R E M S V J G H E C O
C C O E U T H J M I C C Z R L
E U M N L L F P E P L U E G O
S Y R M E S R M O R W O V N H
E I L Y K C Y B D T E E E K T
E N Y W O F W V L K S T N A R
I I H C L E M E N T J I E O A
P B U O W F R E D A E E R P B
G N R D P O E I L M A C I H T
F A R B Y E A S E R E T D F C
```

ASHLEY	JACOB
BARTHOLOMEW	KYLIE
CHRISTOPHER	LEILA
CLEMENT	LEROY
EMRYS	MERYL
ENOCH	NIGEL
FLORA	OLIVE
FREDA	OLWEN
GRETA	PETER
HENRIETTA	TARQUIN
HOPE	TERESA
IRENE	ZELDA

Transport

```
P I H S E S I U R C U J Z H R
Y M H A N S O M C A B S A Y E
R A M E R R E T H G I E R F T
R R K O P K W S D L L G E T O
E T B O L A U N C H L E O E O
F V O A R D X P B I A O M H C
J L Y S E T A N D E M A Y A S
S E D P I A S E D A N D M S C
P L O O S D R H H I R C U G N
R M N M T A O B S O E N L M E
A I A H X M U A F T H W E M X
S C C P G R E O M N I B U S E
K A E A S A I X A T P L A N E
Y B C D I L Z I L H J P M C G
R E N I L J L G E L C Y C I B
```

ARMADA	MOPED
BICYCLE	MULE
BOAT	OMNIBUS
CAMEL	PLANE
CRUISE SHIP	SCOOTER
FERRY	SEDAN
FREIGHTER	SLOOP
GLIDER	SMACK
HANSOM CAB	TANDEM
HYDROFOIL	TAXI
LAUNCH	TRAM
LINER	YACHT

Germany

```
S J P T U H J I F G R O N A U
C M Z H A N O V E R G V M W E
A P H H Y I I H A R Z E R N F
B F L A S E S F U R R C I O Z
E Y N A R N L B I K U H N M N
H F R S A B N D E C R T S R E
R F G T G E N L S F A A E S L
I Z K R D R A E S N E T U M B
N L A N S G B F E R X G I G O
G S A Z O S Y S H O I J P O K
S R Y U I U W L H B E R L I N
B H C L I M U A R F B E I L H
N N U U N A M D B G J B U R L
N E S S E B Z E Z I S Z O L T
S Y L E S E I D R K A S S E L
```

ALSFELD	HESSE
BEHRING	HOXTER
BERLIN	KASSEL
BRAHMS	KOBLENZ
BRANDENBURG	LIEBFRAUMILCH
DIESEL	MERKEL
ESSEN	NIENBERG
FONTANE	RHINE
GRASS	SWABIA
GRONAU	UNIFICATION
HANOVER	VECHTA
HARZER	ZIMMER

Sounds

```
T U R E H G N I P M U H T O S
N A R V R B H U A S P U W E M
U T S O E S G E D D E M A N M
M G W E C E I Y G C G M N G U
U L H S I J E V N N E I G N R
O M I S S I N A I P W N A I M
L G S T U S N R M F L G G K U
P S T O M O O E O O E L N A R
A U L R S N O U O L C J I O J
H R E E S C B V B E I R M R F
R O R P R E T T U M O I I C T
I H L A L P O O H W V D H P S
A C S L E A C O U S T I C S N
N H O Q O O O L A B A L L U H
M W E B A W V I R E A N I E S
```

ACOUSTICS
BELLOW
BOOMING
CHIMING
CHORUS
CRASH
CROAKING
GROWL
HOLLOW
HULLABALOO
HUMMING
MURMUR

MUSIC
MUTTER
NEIGH
PIANISSIMO
RESONANCE
SNORING
THUMPING
TRILL
TWANG
VOICE
WHISTLE
WHOOP

Scary Stuff

```
G N I L T R A T S Q B Y D Y Y
F Q Y C I F I R R O H R P C K
F O R M I D A B L E I C G U O
U S P F R I G H T E N I N G O
S L O G Y Q G M W Y W N I H P
J D I R R O H R L T E O K O S
G U B F Q R E S U R X M C U H
N D Q L G D I M V E V E O L U
I U R C O R M I O R S D H I D
M C O E G O N O J S N O S S D
R J O X A G D E R E R R M H E
A E B X N D E Y R B Y A R E R
L I V E W R F R S H I V E R Y
A Y J L I H O U T Y V D T F Z
L K U E C H I L L I N G A E U
```

ALARMING	GRUESOME
BLOODY	HORRENDOUS
CHILLING	HORRID
DEMONIC	HORRIFIC
DREADFUL	MORBID
EERIE	SHIVERY
EVIL	SHOCKING
FEARSOME	SHUDDERY
FORMIDABLE	SPOOKY
FRIGHTENING	STARTLING
GHOULISH	UNNERVING
GRISLY	WEIRD

Medical Matters

```
A Y S T Y Y K F V B R I L E T
N R C P S A C L E R E C J P G
S E E P M G L O T T I S G D O
K T O L A U S R D N E H Y T Y
P R R W O N M B I L I O U S S
D A T G U H G L S E S C K P P
I R E K N A C I I W M L Z O E
S I T I L L I S N O T A L G L
E F L E X O R B F A K I S I I
A S H C H E V I E R O P U T P
S T O O E K O C C A F O R R E
E S S L L V Z E T A A Y I E J
E E H D W E C P A E R M V V S
H T N S M P A S N A M H T S A
D P Y A F D N A T C A Q Q N S
```

ANGINA	ECZEMA
ARTERY	EPILEPSY
ASTHMA	FLEXOR
BICEPS	GLOTTIS
BILIOUS	MUMPS
CANKER	MYOPIA
CHOLERA	PILLS
CLINIC	POLIO
COLDS	TESTS
DISEASE	TONSILLITIS
DISINFECTANT	VERTIGO
DROPSY	VIRUS

Inventors

```
J E A E V Z W R O L R N M R W
G S L C S H G N E E N O K E R
R B S K I R O B T G N O P V A
E A E T C T O H S T N D S I Y
B Y T N W N C M G R V I X Y A
N L K E D I E O I E X O S M D
E I N S R E L M I A D M L J A
T S W B R F X I D N E B P T R
U G M L I E F T E N N Q R U A
G N A E E O V R D O F C Z F F
A I R N U E Y E S D R I B U O
G L C U P L L L S N B L D L L
E T O R V E R E W E Z W F T E
R A N B E A H H U E D I S O N
E G I V C I A S T E R D Y N I
```

BAYLIS	GUTENBERG
BENDIX	MARCONI
BIRDSEYE	MENDELEEV
BRUNEL	MONTGOLFIER
CARLSON	MORSE
DAIMLER	NEWTON
DE SEVERSKY	NOBEL
DYSON	RICHTER
EDISON	SINGER
FARADAY	TESLA
FULTON	VOLTA
GATLING	WHITTLE

Plan

```
W E T L T A M R B Y T I S O H
D P U T F O E I V D L N E S O
N I O A A D L L I L A E P U P
V C P Y R C W P U E R K T L M
A E A O D M A S M G V L W I E
D R M Y D A T A C T I C S N S
N Q P M E R J N E N Y J E E O
E Z C Q A G Y K E X X M V H P
G Q M T Q A P C E V A D D R R
A M I S S I O N I R N I I O U
T O T H A D Y M F L A I N A P
N P A H A A K P I C O K S D V
I P L E W O R K O U T P E M L
E O H O D E S I G N X N R A A
U Z C X Y I P R O J E C T P R
```

AGENDA	OUTLINE
DESIGN	PLOT
DIAGRAM	PLOY
DRAFT	POLICY
FRAME	PROJECT
IDEA	PURPOSE
ILLUSTRATION	RECIPE
INVENT	ROAD MAP
MAP OUT	SHAPE
MEANS	TACTICS
MISSION	WAY
ORDER	WORK OUT

Ice Hockey Terms

```
T T M R B P V G S E Q R H V R
U N O P Q Y T M G X Y B C D O
O T E H E I L A O G G B S O J
K L P U S U P C L O E L B I A
C V E P T P G S T N I O P R M
O K U A O R A F I J E R S E Y
L C U T G A A L F R E B C P R
K I S Y S U E L S O O E Z X O
S T A S O U E H Z N E N K L S
K S I R L C Z O S O U C I G S
A S M B V T E L E F N H A M E
T M I S C O N D U C T E K F R
E Q E M D B N I S S T S E P G
S L F A S M D N A H K C A B G
G M X A E R V G Z M G I K Y A
```

AGGRESSOR	MAJOR
ASSIST	MINOR
BACKHAND	MISCONDUCT
BENCHES	NEUTRAL ZONE
BLUE LINE	PERIOD
DECOY	PESTS
FACE-OFF	POINTS
GOALIE	PUCK
HOLDING	SKATES
JERSEY	SLAPSHOT
LEAGUE	STICK
LOCKOUT	STOPPAGE

FREE Words

```
N K E O O T N E G A W A L L W
A V C G Z O M F S Z O E E O P
S U Y I S G L T A S U H R T I
T H M A K N A P G O E H M H U
A H M I U T K X F N T F A G V
E K C F E M T C S E I N C I E
Y Q N N B X H R M S D C G E D
E A O F U A I I A E E D N W O
L Z N B R L T W D A P R S A U
P R W G R E O J S E E A P H L
M R E S A R T A T G O O I S C
A W C B L U B O N R F B R A N
S N I D Y I O A O Y A N I E I
S A C L R H R E R B E D T S E
U W D D L L N I H R Y J E A R
```

AGENT	RANGE
AS A BIRD	REIN
BOARD	SAMPLE
BOOTER	SPIRIT
BORN	STATE
HANDED	THROW
KICK	TIME
LANCING	TRADE
LUNCH	WEIGHT
MASON	WILL
OF CHARGE	WORLD
PRESS	ZONE

```
P R A H Y Z Y L A P G O K E W
A I S A L T I R E A L P A H S
N K A F S I W W W I L K L C P
W O N D P C F A E L E L P A M
S H R O R M A M G O E N O M I
K U P D C A Y R J N K V P E X
U P N R N L P P N G U S I L V
Y C T O A E A O I A Y G L L O
M B A H F U D F E M T C U E O
Z A A S I M G O Y L B I T O B
A Q O I T S A A D Y W U O T M
T A M A L L T Y J O L O Q N A
C E S O R H E L E P H A N T B
V Q I Q E V A Z E H C R R S A
W P E D I V A D F O R A T S O
```

BAMBOO	MAPLE LEAF
CAMEL	OLIVE
CARNATION	POPPY
CASTLE	RHODODENDRON
DAHLIA	ROSE
ELEPHANT	SALTIRE
FALCON	SHAPLA
HARP	SNOW LEOPARD
JAGUAR	STAR OF DAVID
LEEK	SUN OF MAY
LLAMA	THISTLE
MAGNOLIA	TULIP

Famous People

```
M E N R O B S O Y L L E K H N
M H U G H H E F N E R Q T E O
S E N O J R A T S O A W T I S
D B W P B L L C G U M N E D N
L Z D B M M K L F L X S J I A
P M A R I K A H S A S W N K D
L E E H A R V E Y O S W A L D
I N V G H N B P R L R I O U E
B I X N A S N A Q U A D J M T
E M P N M L N E I L Y O U N G
R E H C M A Y R R E K N H O J
A E C N I R P P U I G O R M R
C B L D B B K I N G C B W J Y
E A A N H K A T O K A E L I N
E L E P I R D R E W C A R E Y
```

AL GORE	KATO KAELIN
ANNE RICE	KELLY OSBORNE
BB KING	LEE HARVEY OSWALD
BONO	LIBERACE
CHER	MIA HAMM
DIANA ROSS	NEIL YOUNG
DREW CAREY	PELE
EMINEM	PRINCE
HEIDI KLUM	SEAL
HUGH HEFNER	SHAKIRA
JOAN JETT	STAR JONES
JOHN KERRY	TED DANSON

Ports of the World

```
J V Y T I C T K Z F Q I N M W
M U H N B O U L O G N E Q N H
A X P T T R I O U A G V C B Q
X O R F V K K G N R O Z O H O
T V N H U L L T E W D C X N V
L S H E U F E B J B E G U K E
E B A A G S U F E L C V A R G
H R L F I I O S E G L T E Y G
A Z C B L F N A Q A B A D E U
V P I A G E A U B M O G R N R
R A H D D V B M E L E B O D B
E F K O A L S U Q D I V B Y E
R H V A N C O U V E R B Q S E
Y E N R S S T A V A N G E R Z
R S J P K O K V V Z U R Y O U
```

ACRE	GDANSK
AQABA	GENOA
BELEM	HAIFA
BELFAST	HULL
BERGEN	LE HAVRE
BILBAO	NANTES
BORDEAUX	ODENSE
BOULOGNE	OSAKA
CADIZ	STAVANGER
COBH	SYDNEY
CORK	VANCOUVER
DOVER	ZEEBRUGGE

Things That Can Be Broken

```
E N R O S A D R E V O C C V S
M D E J D A L C A J H H W N N
H H I T E B O P P O I E P E P
B A T R A S Q W R N T E W F M
B O B H T L S D A I N S S E G
J I E I E S P B L C E M Y E L
E S O U T A I W I I M I W D A
A L B W K S R L G C T R A H I
S E T L G B I T H L N R T G R
D E N R L H T E T E I O C P S
S P S M U E L M B R O R H W S
R E E E E S P I U T P K I B T
K W L M N N T S L P P F M H E
Q H D U O O Q D B U A I G V L
Y U J S R H B A I T L K K E A
```

APPOINTMENT	MIRROR
BONES	NEWS
BREAD	PENCIL
CHINA	PLATE
CHORD	RULES
COVER	SLEEP
HABITS	SPELL
HEART	SPIRIT
HOME	STRIDE
ICICLE	TOOTH
LIGHT BULB	TRUST
LIMBS	WATCH

Shopping List

```
Q S P I C E S J P O H R D D F
K C S Q R R R A N I E N R W E
A L W L E S E I G P C A D B E
E Y J P A D O P A D T K O A B
T N P L A N S P Z S W O L K D
S I M E S O S C U U P M G E E
K O F M K W Q M H M A H S D N
N P C O E Z T F A E C S V B R
H L R N S J U H R E E S L E O
H H J B J H S C R R I S I A C
Y C R E A D E E T R P Y E N P
S E A Q L C A S T S A E Y S E
H K K E I L O D J H S N N E V
K C U L L C Y N O F T O E I G
Q F K L B B C I K N A H M U W
```

BACON	LEMON
BAKED BEANS	MUSTARD
BLEACH	NEWSPAPER
CEREAL	ONIONS
CHEESE	PASTA
CORNED BEEF	PICKLE
DESSERTS	SALMON
HERBS	SHAMPOO
HONEY	SPICES
ICE CREAM	STEAK
JELLY	WINE
KIPPERS	YEAST

Hotel

```
N O I T A M R I F N O C U G Q
K C M T F E T S R I A T S K H
O U D W S A N C Y R X B A G H
D Z Q O X S E R V I C E G N O
E L R I V K F E H C R O N P Y
B T L Q O M R A M B L N O N R
D O G I I Y R U D F R R J B A
E V X N R R Z N C S T A C G Y
E T P B I G E O N E B G K B I
X B I V N K U R R H A M B I O
M L A U E R O I B S L O D A J
L L Q E S Y O O D Y L X N V N
I V W E W F E O B E B U X G U
E L B A T L K Z M K A G J Q Q
B R O T A V E L E S H O W E R
```

ANNEX	LOBBY
ARRIVAL	PORTER
BILL	RESORT
BOOKING	ROOMS
CARVERY	SAUNA
CHEF	SERVICE
CONFIRMATION	SHOWER
ELEVATOR	STAIRS
GOLF COURSE	SUITE
GRILL	TABLE
GUIDE	TAXI
KEYS	WEEKEND BREAK

Q Words

```
Q U E S Z Q U R L E U Q A T N
U V L A Z T E U Q U U Z E I Y
E S E U Q K R U L D P T O D Q
V L V H A U E A N J N U E Q U
K Z G U Q L I A U I Q L B Q E
I H Q N L U S C U Q I U Q U A
Q G K I A K I Q H A L U U I Q
U U N Q C R R N U E I E A C U
O G O I U Q D Q C B S N R K O
R P U T A I U A B E E I T S T
H Q L N A Q C L U T U N E I I
Q U A I N T E K F Q E I R L E
Q U E S A D I L L A U U S V N
Y R R A U Q U O Z Y Q Q U E T
Y K R I U Q A S N E E U Q R K
```

QUADRANGLE	QUIBBLE
QUAILED	QUICHE
QUAINT	QUICKLY
QUAKER	QUICKSAND
QUARRY	QUICKSILVER
QUARTERS	QUINCE
QUARTZ	QUININE
QUEENS	QUINTET
QUELLING	QUIRKY
QUESADILLA	QUOIN
QUETZAL	QUOTATION
QUEUES	QUOTIENT

Hues

```
T O W X V K S E T N O J B Y E
W U U S T P H E W R E I Y Z S
N O N J S D G A A G N E Q B I
W V L T R A U N K G B P R M O
S L E L S C G G W I C R I G U
S E I G E E L Y W H T E A L Q
L M O K B Y H L O C I M Y E R
X L R O M G K C C V E T H A U
D U N U G V O O T H E S E E T
A Y A N S L Q H V R H M O C Z
M E D N A S H T U O E C O R E
B K G T I U E Z I R L B A U L
E P E I Z E A T A K N O M E L
R Z T W E V I L O J D P W S P
E X W D S B D G E E O K F Z F
```

AMBER	OLIVE
AZURE	ORANGE
BEIGE	PEACH
CHESTNUT	ROSE
CHOCOLATE	RUSSET
EBONY	SAGE
ECRU	SAND
EMERALD	STEEL
GOLD	TEAL
GREEN	TURQUOISE
KHAKI	WHITE
LEMON	YELLOW

U Words

```
D U Y Y C I N O S A R T L U E
E R A U R I F E B U Y M U R L
B A U F I U R J Y R U B U A E
R U G A L I S N L G E F U N L
U U U U P E U U L E L T S U U
T Z R M W G T I U N U I S S K
R B U G U A E U F C J R U L U
E E T E L R N Y E Y B K D M U
P K R U N B S S V R E L U N
N I U U O M I A U A T A D U S
U S H R P U L E I I U N U C D
R T N M C W S N N T D N H R U
H A U K U H I U X O R I O U S
O N T O P A I N H U T O P I A
U R V J N O K N D R E U T O U
```

UGLIER

UKRAINIAN

UKULELE

ULSTER

ULTRASONIC

UMBRAGE

UMLAUT

UMPIRES

UNBORN

UNEASY

UNHURT

UNITED

UNPERTURBED

UPWIND

URANUS

URCHIN

URGENCY

URUGUAY

USEFULLY

USURY

UTENSILS

UTOPIA

UXORIOUS

UZBEKISTAN

Words Ending EX

```
X E W D X E X E R U M F X Q I
G E K E A J X T R I P L E X C
O G P H X E T R O C X P L E O
O A V X L X E T S R F N E R N
G B J P E L E X S O X X T F V
O J R X V X E L E I E A P X E
L E F Y E R J P F L N X Q X X
P S E N G N S X P E R S P E X
L P X E H F N U E O R Y X T S
E A M V R O R A W S L E E A X
X N U I N D E X T S I L M L E
E D X S A X E I D U A N E P L
L E Z U P X E H T R A N U X P
V X Q I B E X X E L P M O C U
X E T R O V X S I M P L E X D
```

ANNEX	NARTHEX
APEX	PERPLEX
AUSPEX	PERSPEX
COMPLEX	POLLEX
CONVEX	QUADRUPLEX
CORTEX	REFLEX
DUPLEX	SIMPLEX
GOOGOLPLEX	SPANDEX
IBEX	TELEX
INDEX	TRIPLEX
LATEX	UNISEX
MUREX	VORTEX

```
M F C W I W T V N I A M O D Q
T N E M H C A T T A O R T H E
C S N O C I P A D D R E S S N
Q V E A V G Y N B U Q L A R I
U D C N Y I S B L Y C W I E G
S H L F I X R E O U Q A I G N
E R B E M L B U G H C R T I E
N E R N I K N D S A L C E S H
E T B H I F B O A Q P B L T C
T U C U S G T F A O T E N R R
S O O W S U U F P W L W A A A
E R O T I D E L M T H N T T E
D Z K L R E D I P S X I W I S
O I T L E S N V B Q N I O P
C P E F D N T E N L E T E N D
```

ATTACHMENT	ONLINE
BLOGS	PAGES
CACHE	PLUG-IN
CODES	REGISTRATION
COOKIE	ROUTER
DOMAIN	SEARCH ENGINE
DOWNLOAD	SPIDER
FIELD	TELNET
HTML EDITOR	TITLE
ICONS	USENET
IP ADDRESS	VIRUS
OFFLINE	WEB CRAWLER

Fonts and Typefaces

```
N I V E H C S B I L O B M Y S
T N A M O R W E N S E M I T A
J R N Y P R I S T I N A R I M
J K E R O P E M A E S O S N I
O D D I A Q S P D J S Q D O T
S I X A R P B H O E W W B D P
A R B D A U O R P O N R A O O
N S E E G H O Y D M C B V B F
O L T V A F T C D A Z I E C F
R U A V I O E Y I M P A C T I
O C H M N N E W S G O T H I C
C I O O S O U V E N I R R N I
H D M Y C E R E M Y E M E E N
E A A B L O B O O K M A N D A
N V E R D A N A R U T U F I E
```

ARNO PRO	NEWS GOTHIC
BODONI	NIAGARA
BOOKMAN	OFFICINA
CHEVIN	OPTIMA
COOPER	PRAXIS
CORONA	PRISTINA
COURIER	SOUVENIR
FUTURA	SYMBOL
IMPACT	TAHOMA
LUCIDA	TIMES NEW ROMAN
MONOTYPE SORTS	UNIVERS
MYRIAD	VERDANA

Coughs and Sneezes

```
S F E I H C R E K D N A H F D
C V N O I T C A E R S L A L L
A Z N E U L F N I T I L Y Z O
T W H E E Z I N G V T E F O C
A T W B S F A P R I I R E X E
R D U S T O C Z A R N G V O N
R F Y Q S F N O F U I Y E G I
H E B P P M U D R S H E R K C
R N Q J S T O F E Y R G S S I
U Y Z J R E P K B R Z E I Y D
A K M O C O U N E D Z A S R E
B R C H L G A S T H M A S U M
Y H I L W U P S S V K T U P T
E L E X N H A C K I N G T M A
L N S E G N E Z O L T A G M C
```

ALLERGY	MEDICINE
ASTHMA	POLLEN
CATARRH	REACTION
CHILL	RED NOSE
COLD	RHINITIS
CORYZA	SMOKE
DUST	SYRUP
HACKING	TISSUES
HANDKERCHIEF	TROCHE
HAY FEVER	TUSSIS
INFLUENZA	VIRUS
LOZENGES	WHEEZING

Financial

```
E I C F X U T F S R H Z Q Q D
D M U L N Q B E I A W B E I W
L A R E S A D R K S E G A W T
E V R P M K J N F R K H W E N
I H E R U O C V X U A A O X E
Y P N O P R C O G B J M R P M
R J C G F M S N T Z S Y R E E
E D Y M W Z I E I S E T O N L
G E A E G N A H C X E I B D T
R P J Y N S S L L F Z R H I T
O O C U G G S E E T S U R T E
F S D N O B O P F G H C V U S
T I B E D B R R E D N E L R K
O T J I N R G W Q N E S I E M
V P G S W V A U L T D O U N H
```

BONDS	LENDER
BORROW	MARKET
BURSAR	NOTES
CURRENCY	PURSE
DEBIT	SECURITY
DEPOSIT	SETTLEMENT
DUNNING	SPEND
EXCHANGE	STOCKS
EXPENDITURE	TRUSTEE
FORGERY	VAULT
GROSS	WAGES
INCOME	YIELD

Capital Cities of the World

```
V U H E M W M E R A S E A E M
I O R I Y A D H E Y N K F U O
E A M A N A M C Y I W I G G D
N N M A N E N E L T E H R A N
T L G E T U M B E P O Q B R B
I U A Y B A U R I Q A A K P E
A O B Z I D A A U A M A W E C
N A O N L A T T B A M A K O R
E F R E I N B I L P J R S O O
G E O J S A W S A N N L O O A
S E N P I V I L L S O L R D T
E B E O A E A A I G W U N N H
O I Y K I R B V N W J A F E E
U N D S T E I A A A U E R J N
L N R I H Y R S M L H W A N S
```

ATHENS	NIAMEY
BAMAKO	OSLO
BRATISLAVA	PARIS
DUBLIN	PRAGUE
GABORONE	RIYADH
ISLAMABAD	SEOUL
KAMPALA	SKOPJE
LUANDA	TAIPEI
MAJURO	TBILISI
MANAGUA	TEHRAN
MANAMA	VIENTIANE
MANILA	YEREVAN

Bible Books

```
W W E H T T A M G X M F Y M N
S H Z K B I A F M L P M I W E
G P C E U R T U B E R C N P K
W J E O K L L U T O A W H U E
L G N H O J Z E S H Q E Z D T
Q J U D E Z R A G I S U V F F
O T C W B U A H H I H V C H Z
B F N O T A O C A L Q M E W M
A T J H Y S A N A H K G H J H
D A N I E L S N U U A J R K A
I M O A A X R J D S H H O C J
A O J M P R O V E R B S T E F
H S M P L P I U N K B S O S L
S N O I T A T N E M A L I J V
M U H A N K U K K A B A H A N
```

ACTS	LAMENTATIONS
AMOS	LUKE
DANIEL	MALACHI
EPHESIANS	MARK
EZRA	MATTHEW
HABAKKUK	MICAH
HOSEA	NAHUM
JOB	OBADIAH
JOEL	PETER
JOHN	PROVERBS
JOSHUA	RUTH
JUDE	TITUS

Mythical Creatures

```
D T E U W A V A N G S F D U O
T N A I G E X P E N K Q R Y B
F A E T X B A N S H E E I A D
M M G X R I I E E F T L B I F
E E O A O E P S T R E C R K Z
D R M R Y H N S A N I D E X Q
A M A I N A T I T T R S D I P
S A J N E Y B E J A Y Q N N I
U I O P K W G A G Q C R U E Y
D D U I A M K O B R Y B H O N
E G E E R Y N O R Y C P T H U
M V A L K Y R I E G L R T P B
I B A S I L I S K Y O X T A T
X N I H P S S J S L P N R L V
G A R E T E R A L L S Y G V M
```

BABA YAGA	NESSIE
BANSHEE	PHOENIX
BASILISK	PIXIE
BUNYIP	SATYR
CYCLOPS	SIREN
DRAGON	SLEIPNIR
GENIE	SPHINX
GIANT	SYLPH
GORGON	THUNDERBIRD
KRAKEN	TITAN
MEDUSA	TROLL
MERMAID	VALKYRIE

Prisons

```
E M L R C Z H R I Q R E I U D
N G L A S A N T E V Q H A C C
O N E H A W E L L Y C O H C Y
T I W A L C A T R A Z A A B T
S S H O K N J B E Y T T N T A
D G S E V S E B U E T A O N D
I N A D L G K K A I R E H O M
A I S O E C Y U C A Z O O M O
M S E R A E D A Q O L V L U R
B Y E L S I R M L L T O M A Y
L L B E F J N B O A R S A E E
S F T T O M Y W O S Y M N B H
B U T Y R K A Z E L L T W G I
F A T C J Y U B Y S T O S J L
J S A L L E W E H O Q I F S L
```

ALCATRAZ	HOLLOWAY
ASHWELL	HOLMAN
ATTICA	LA SANTE
BEAUMONT	MAIDSTONE
BLACK BEACH	RANBY
BUTYRKA	RISLEY
CHATEAU D'IF	RYE HILL
DEERBOLT	SING SING
EL RODEO	STOCKEN
FOLSOM	STYAL
GLDANI	TADMOR
HEWELL	WYMOTT

Abrupt

```
T N U L B S D E I R R U H L W
E T A R E D I S N O C N I V J
U H W L E Y Z B Y J E R K Y E
X A E Y R K R S T I F F C D X
U R I G R U F F V T S R U K P
V S T C S Z D Y F Q A R G R N
O H R Q I P M I H M V D E E E
G K U U D D W R P T U C J T E
B E C I E S X E B I I I E I S
J R E C G H D D R P M P Y L E
P T T K G O D X I E H G U O R
U E X V A R L T S P E D K P O
P G E A J T O O K I A H C M F
A J O T Y U T Q O B B R S I N
D D Q F S O Y O A Q X Y L N U
```

BLUNT	PITHY
BRISK	PRECIPITOUS
BRUSQUE	QUICK
CRAMPED	RAPID
CURT	ROUGH
GRUFF	RUDE
HARSH	SHEER
HURRIED	SHORT
IMPOLITE	STEEP
INCONSIDERATE	STIFF
JAGGED	SWIFT
JERKY	UNFORESEEN

Newspaper Names

```
D S E M I T O D G E U P M M H
T R Q R I O L M D A R G U S C
I Z J S E A J P R D Z Y T Y T
E C H O R S R T O J O E P F E
J R C E U E I O C L T J T K K
O O H R S R Y T E H J S X T S
U T C S E R E V R E S B O K E
R A O H U K T P S E K F W P Q
N T U C S X R S O V V R A T S
A C R B M D U O P R V D F X R
L E I L I A M E W O T J A Q S
M P E X A M I N E R R E F Y P
F S R C Q N V M J G G T R M M
Q E B O L G G K I F J X N L Q
E C I O V E L C I N O R H C X
```

ADVERTISER	OBSERVER
ARGUS	POST
CHRONICLE	PRESS
COURIER	RECORD
ECHO	REPORTER
EXAMINER	SKETCH
GAZETTE	SPECTATOR
GLOBE	SPORT
HERALD	STAR
JOURNAL	TIMES
MAIL	VOICE
MERCURY	WORKER

Snakes

```
R E C A R L V A D R Y H Y E X
K Y W U K C A J R E V I R E D
H F E U I S R T B A C T K E U
B Y I S T R B O L A R A H T G
H L O E M U O J N I N A U D I
M C A A R M C E N S T R Y J T
Z A M C S C B K G T U N A U E
P B M L K R E N E S A R A C S
A B A U A T I S L E A I N C P
M N J K S H I O N R L V P Y J
G V E N S H R G A A M B T A O
E D A I Q A I C E Z K H A K N
M K F O A U A C H R O E V C S
E P R I B B O N S N A K E N K
T I A R K I N G B R O W N A E
```

BLACK TIGER	LORA
BOOMSLANG	MAMBA
CANEBRAKE	MAMUSHI
CANTIL	PYTHON
COBRA	RACER
DUGITE	RIBBON SNAKE
FIERCE SNAKE	RIVER JACK
FISHING SNAKE	TAIPAN
JARARACA	TRINKET SNAKE
KEELBACK	URUTU
KING BROWN	WUTU
KRAIT	YARARA

Reptiles and Amphibians

```
S  I  V  B  M  A  J  W  L  S  G  R  M  P  R
K  S  M  T  N  R  J  T  P  G  L  E  P  L  Z
I  X  T  A  A  T  O  A  K  K  K  P  J  A  S
N  G  U  J  U  L  L  W  F  N  M  I  Z  T  M
K  G  A  R  O  E  Z  H  W  A  H  V  E  A  O
I  B  T  X  Y  S  S  G  T  O  D  L  M  N  K
G  L  A  S  S  S  N  A  K  E  L  B  S  N  C
E  N  R  C  A  Y  M  A  N  I  A  S  E  A  E
T  E  A  O  M  A  D  E  O  D  Q  A  A  F  G
P  W  Q  Y  T  F  W  N  M  J  S  D  S  R  I
N  T  J  A  R  A  R  A  C  A  L  N  N  O  U
K  I  E  L  I  D  Q  C  O  R  C  I  A  G  W
O  A  R  B  O  C  L  C  M  E  Z  O  K  K  Q
S  U  R  I  N  A  M  T  O  A  D  O  E  I  E
G  T  B  R  E  D  D  A  D  R  A  Z  I  L  V
```

ADDER	MATAMATA
AXOLOTL	NEWT
CAYMAN	PLATANNA FROG
COBRA	SAND SNAKE
CROCODILE	SEA SNAKE
ELAPS	SKINK
GECKO	SLOW-WORM
GLASS SNAKE	STELLION
IGUANA	SURINAM TOAD
JARARACA	TUATARA
LIZARD	TURTLE
MAMBA	VIPER

Adventurous

```
S U O I T U A C N I E R A P W
A S U O I R A C E R P L A A N
Y S U O R E G N A D E G U C A
I C E E R E U D A D V D D D T
P A N D X D E R K I E A A A O
G S W A A C E S M A N U C M G
N P P R H D I P E R T N I R N
I S I L E C E T O F F T O E I
O N U V U T P M I A U L U C T
G S I O U C A C N N L E S K R
T L A O L N K N T U G S F L O
U G U Y T I D Y F E A S G E P
O S R I E I R F E A R L E S S
B S C M H Y D E T I R I P S A
H S I L O O F Y P C I O R E H
```

AUDACIOUS	INCAUTIOUS
CHANCY	INTREPID
DANGEROUS	MADCAP
DAREDEVIL	OUTGOING
DARING	PERILOUS
DAUNTLESS	PLUCKY
EVENTFUL	PRECARIOUS
EXCITING	RECKLESS
FEARLESS	ROMANTIC
FOOLISH	SPIRITED
HEROIC	SPORTING
IMPETUOUS	UNAFRAID

Garden Creatures

```
Z H M Z D L T H R I P M N M G
M O S Q U I T O N I B O R R O
T A N G F A Z P G N F L E G H
L T U W Y T S E G X J E I K E
A L A L R G O P G P N A W K G
S S W R E N G I I F U T E Y D
P R A Y L I W U L D N H E R E
Q A Y H Y R S Y B Z E E V E H
V B Q F A P U V O Y N R I D S
Q B V E D S E G O M L J L A P
C I S B J I Y M J S K A B N A
Q T H D A W H X X U V C E T R
C F R O G H O P P E R K A M R
M K E P G Q M Q A N N E F R O
G V W H T O M A E P S T V V W
```

APHID	RABBIT
EARWIG	RED ANT
FROG-HOPPER	ROBIN
GNAT	SHREW
GREENFLY	SLUG
HEDGEHOG	SPARROW
LEATHERJACKET	SPIDER
MEALY BUG	SPRINGTAIL
MOLE	THRIP
MOSQUITO	WASP
PEA MOTH	WEEVIL
PIGEON	WREN

```
G E S R U O C S I D N Q Y A F
T W E E T C H T Q T T B K D R
K C H A T T O V R C X L T D U
A D Y A I J J N A A A E P R H
G M W N C C R T V T N R T E U
E M X S Z K N C H E S S K S T
G E B W Q O N Z O C Y P F S T
O M Z E C M T O M N A Z E E E
R O W R R O G C W B F L A A R
A R F O V E G M A L Y E L N K
T A F Q J R C M C R E D R U S
E N Q U E S T I O N E D P T P
I D R E V I L E D H M T G R J
G U T E R I U Q N I U Q N E F
J M N C E S R E V N O C E I R
```

ACKNOWLEDGE

ADDRESS

ANSWER

CALL UP

CHAT TO

CONFER

CONTACT

CONVERSE

CONVEY

DELIVER

DISCOURSE

GREET

INFORM

INQUIRE

INTERACT

MEMORANDUM

ORATE

QUESTION

SPEAK

TALK

TEXT

TRANSFER

TWEET

UTTER

Musical Instruments

```
P A F E N O B M O R T I S Y K
Y N A G R O E T O L L E C R V
H O S E E H C L L E V L R R H
S A X H O R N E E C G G E E U
C O R N E T I B L L N U B H R
S N P P L B A A M E U B E T D
T A N V S G V R Q W S K C I Y
E I T J P I V M E V A T U Z G
N P E I E G C V E M V H A U U
A A P R A P S H S K I I S R R
T E M G A B R E O W P C O Z D
S T U L O T A B O R D B L L Y
A A R I T O I A S K D E G U A
C K T S U O M U U S E N A E D
O F O A I H E L G N A I R T L
```

BAGPIPES	ORGAN
BUGLE	PIANO
CASTANETS	REBEC
CELESTA	SAXHORN
CELLO	SHAWM
CLAVIER	TABOR
CORNET	TRIANGLE
DULCIMER	TROMBONE
GUITAR	TRUMPET
HARPSICHORD	UKULELE
HURDY-GURDY	VIOLA
MOOG	ZITHER

Dentistry

```
E N E M E L W L E M A N E J U
G E S B S T U M P H E S L E N
N N L A R E S S U L U C L A C
I I M O U T H A M A L G A M N
N T W E N A E S P H O L E S W
A N T X R A Y I B H J O I A K
E E T T R P A I S B T K K R H
L D A R L T C B R C R O W N D
C Y R A E F E I R E A E O D E
B R T C A W D E C U U V T T P
E E A T Q G D A T H S Q I B E
D C R I E E R H A H T H A T L
G L T O X B I D V U E D I L Y
N U E N K C I P R E T A W N P
C Z B W P O L I S H N O A G G
```

AMALGAM	EXTRACTION
BRACE	MOUTH
BRIDGE	NURSE
BRUSHING	PLAQUE
CALCULUS	PLATE
CAVITY	POLISH
CLEANING	STUMP
CROWN	TARTAR
DECAY	TEETH
DENTINE	TOOTHPASTE
DRILL	ULCER
ENAMEL	WATER PICK

Aim

```
N A G P D N V E E E V I R T S
O R E Z E I E S O P O R P K H
I T T E S A S Z Y W O W K R U
T L E O I R H C A S I H B A S
I G G Z G T N T E S C E J M G
B V R Q N E T P H E A H V V G
M A A K D E N I M R E T E D L
A P T N M D E V I G V I T M G
T A E P U C M N M P O E W M E
R T T A O I G K S O A A B G N
O S P U S N V Y Q I T K L O Y
F Y R S C Y B I S N E I S Y R
F S I W E T E B E T Y A V C E
E O T C E R I D N W E W Y E S
N W Y T O R C H D R I F T C A
```

AMBITION	MISSION
ATTEMPT	MOTIVE
BEARING	POINT
COURSE	PROPOSE
DESIGN	REASON
DETERMINE	SCHEME
DIRECT	STRIVE
DRIFT	TARGET
EFFORT	TENDENCY
GOAL	TRAIN
HOPE	VIEW
MARK	WISH

Shifty Ways

```
N O S A E R T Y G D V C Y T B
F E L L E F R X U E R R I D
K C I R T E G T B L V A E P H
B S O T G P F I M U X F K J O
V N U R H P Y E U D S T A Q O
S P O O F T L C H E N Y F N D
J F N T I N W E H O A X Z O W
Y E N S P V A D I B Q G D I I
Y N L O S K E T E X I G S S N
K A U P E K P D A C Y P D A K
F S Y M C E B Q U L A S W V U
D C Q I C A E Q H A R F G E X
H A P E R J U R Y M R A O U Z
V M D U V R S H E R I F H W Q
C A T S E N O H S I D E V C T
```

CHARLATAN	FRAUD
CRAFTY	HOAX
DECEIT	HOODWINK
DECEPTION	HUMBUG
DELUDE	IMPOSTOR
DEVIOUS	PERJURY
DISHONEST	PHONEY
DODGY	SCAM
EVASION	SPOOF
FAKERY	TREASON
FALSITY	TRICK
FORGERY	TWO-FACED

Palindromes

```
D P S D H S L I O N O I L N O
T E N H T C C E W J K S E D A
U E E S A H Z P M A P T V H W
Y P C D E H T A O I U T E Z G
W F P D B E S Q Y O L S L P Z
N K S E N I L E F E L I N E S
P M A E N J N D T I U L X V N
B B T Y M A D A M K P S O O K
L I E Z A I K O O K A D O O Q
O S R Y X K N J C G G N C M P
P O C D X R U I A R E D D E R
U L X X R A V S M O N C H E P
T O R E V I V E R S H E H S S
U S N Q C O B R O T A T O R S
P Y Q D M E G A G E M Y G Y M
```

BIRD RIB	PEEP
CIVIC	POOL LOOP
DEED	PULL UP
KAYAK	PUT UP
KOOK	REDDER
LEVEL	REVIVER
LION OIL	ROTATOR
MADAM	SAGAS
MEGA GEM	SENILE FELINES
MINIM	SHAHS
MY GYM	SOLOS
NOON	TENET

Awkward

```
W T L U C I F F I D D D O K N
I C C Y R R F Y G M E U U J E
L J U W S I O N D Y T N B K D
L B M N T M R T S W S C L U O
A E B S R K U A D K I P J N O
T H E S V E E L I A F K P W W
E C R S Y N F L C A M B D I Z
A U S E U K L I C O A R S E T
S A O L S E C I N D H T U L R
E G M E D L M I N E I R N D I
R W E C H E I L T F D L C Y C
U N G A I N L Y N S D R O H K
G N I R E B M U L C J U U O Y
A Y H G U O R U S T I C T V Z
Y K W A G N I L G N U B H T Z
```

BUNGLING	RUSTIC
CLUMSY	STICKY
COARSE	STIFF
CUMBERSOME	TRICKY
DIFFICULT	UNCOUTH
GAUCHE	UNEASY
GAWKY	UNFIT
GRACELESS	UNGAINLY
HAM-FISTED	UNREFINED
ILL AT EASE	UNSKILLED
LUMBERING	UNWIELDY
ROUGH	WOODEN

Arrest

```
S N S K E L B T O W L N M L E
R S H S C O H A Q F Q D T M M
D H T Y Q O A E N G A G E A O
Y E I D D G L F U Y W L B B S
M A L J L O T B W E H S S E N
P R L A C O T E D I E T A I E
C B Z E Y W H S N C R Z P Z D
A V O W R K A D U U E I M N E
T N M O C F E R C C N L E P T
C L S E K R E T R T L H C I A
H K H E A R A L H A E M C C I
X C N G I P B E T R N S C K N
V I H C L Z B S P A D T W U Q
Q Q F F D U E P Z U K P C P G
F F U C D N A H M N N E Z I D
```

APPREHEND	HINDER
BLOCK	HOLD
BOOK	NAB
CATCH	NIP IN THE BUD
CHECK	OBSTRUCT
CUSTODY	PICK UP
DELAY	SECURE
DETAIN	SEIZE
ENGAGE	STALL
FIX	STEM
HALT	TAKE
HANDCUFF	WARRANT

Ships' Names

```
H  I  N  E  E  U  Q  N  A  C  I  R  E  M  A
A  A  K  A  S  I  M  O  A  S  B  U  A  R  O
N  N  H  E  I  H  S  A  S  U  M  C  F  R  C
N  D  F  L  C  W  E  I  C  B  F  F  A  O  S
A  R  A  G  A  N  F  R  L  E  A  N  R  P  N
V  E  H  A  R  I  A  U  M  R  J  I  L  S  A
A  A  V  E  I  A  N  R  O  E  C  E  C  I  T
S  G  A  B  Z  T  T  U  E  N  A  A  R  I
Y  A  I  R  O  D  A  E  R  D  N  A  L  T  C
E  I  R  P  N  M  S  O  I  B  N  A  Y  S  I
R  L  O  Q  A  D  I  D  E  V  N  E  P  E  N
S  B  T  Y  V  R  A  R  F  I  E  I  S  V  A
O  T  S  J  R  R  R  Y  V  G  N  U  O  Y  T
E  C  A  A  U  A  M  I  I  T  A  J  R  U  I
S  K  W  W  E  N  D  E  A  V  O  U  R  E  T
```

AMERICAN QUEEN	ETRURIA
ANDREA DORIA	FANTASIA
ANDREA GAIL	MISAKA
ARIZONA	MUSASHI
ASTORIA	ORANJE
BEAGLE	PINTA
CALYPSO	SAVANNAH
CANBERRA	SPLENDIDA
DIVINA	TITANIC
ENDEAVOUR	VESTRIS
ENDURANCE	WARRIOR
EREBUS	YAMATO

Setting a Table

```
S O U P S P O O N S F S E G T
R S U N E E N F O R K S U W T
E S A Q A A C U I R B J N I D
W F N L P S P U T U R E E N E
O H E K G B U O A E Y C C E S
L H I F O E F S T S F Q E C S
F N M W I M N A Y U I T F O E
T D L V B N W I G Z K L I O R
D A E R B B K N W G A T N L T
W D M R E P P E P T H L K E P
V I N E G A R Q K N V A K R L
O P U H C T E K S A D D A Q A
N O O P S A E T V A C L E U T
T A B L E C L O T H L E T Y E
J C O D A A O P D R A T S U M
```

BREAD	SALT
CAKE KNIFE	SAUCES
DESSERT PLATE	SOUP BOWL
FLOWERS	SOUP SPOON
FORKS	STEAK KNIFE
KETCHUP	TABLECLOTH
LADLE	TEASPOON
LAZY SUSAN	TUREEN
MUSTARD	VINEGAR
NAPKIN	WATER JUG
PEPPER	WINE COOLER
PLACE MAT	WINE GLASS

Dickens Characters

```
P S Q O J Y E K L K Q X S O N
G N B I L L S I K E S T F A R
C I K V L C L O W T E N Y S O
T L N E W R Z S Y A Y B V Y H
R D B T N E R T D E R F Z Y G
X O S F A G I N Q E E D J I N
T C I X S O E D G X V C L P I
T S I W T R E V I L O E A E K
E E F W O M M V E Q Y N N V L
K K B H O I S W X E C H B S U
C I H B T T S M S K G Y D I T
E M I Y A O E L S P O W Y K Z
N S N G M R L J M Q V B A R L
G I G E F U T O L T S D L A L
T T O P B D R A Z Z A B A B E
```

BARKIS	OLIVER TWIST
BAZZARD	PANCKS
BELLE	POTT
BILL SIKES	ROGER CLY
BULL'S-EYE	SMIKE
CODLIN	STAGG
FAGIN	TINY TIM
FRED TRENT	TOOTS
KENGE	TRABB
LEWSOME	TULKINGHORN
LOWTEN	WARDLE
NECKETT	WOPSLE

Bad

```
R D U E Q Y T S A N H C A B E
C E M T L F L Q S K E D S A D
H H D A U B V L F O V B R J E
H C E R R N I G A E R D Y T P
S T B E A O G R R C B G P I R
I E A N F T T S R K S U Y M A
L R S E W O E T A E R A Y M V
L W E G N O R W E R T T R O E
E U D E Y B R V O N N E J R D
H O F D M D I C N A R V W A E
K S C M N B L I O G S I I L Y
H S I C R I M I N A L S C N A
Y T H G U A N E V R C U K G C
O D I O U S H L I E E B E M E
C E T C E F R E P M I A D G D
```

ABUSIVE	IMMORAL
ADVERSE	IMPERFECT
CORRUPT	NASTY
CRIMINAL	NAUGHTY
DEBASED	ODIOUS
DECAYED	RANCID
DEGENERATE	RASCALLY
DEPRAVED	ROTTEN
EVIL	TERRIBLE
GROSS	WICKED
HARMFUL	WRETCHED
HELLISH	WRONG

Furnishings

```
H L A C K E B O R D R A W T K
E S A C K O O B S N G A Q S D
N O E L B A T E E F F O C E R
A I N L A S R V S K Y R T H E
M P A A O R O M K E E I N C S
O E H F I B D L C E P G M F S
T Y A A U P O E N H Z A E E E
T D S R T O Y F R D A A R D R
O Q E U T S R M V K T I O D V
L A T S S W T J I H C M R J M
U J T L K E G A E R M L W B G
J C E D P R G R N O R V O J M
C E E R D T B A C D C O U C H
Q I A Y Y E P I K S R Z R W K
R C O B D X D Y U J D B J J C
```

ARMCHAIR	FEATHER BED
BOOKCASE	HATSTAND
BUREAU	LARDER
CARPET	MIRROR
CHEST	OTTOMAN
CLOCK	OVEN
COFFEE TABLE	PIANO
COMMODE	SCREEN
COUCH	SETTEE
DESK	SOFA
DRAPES	STOOL
DRESSER	WARDROBE

Double P

```
P E A R B H B Y E P P O A P S
A P P E Y R E P P E P I P P E
S E I P P I H A P P E N I N G
S U M A T O P O P P I H C G N
I L L U Z N Q P U S W Z N V I
Y T I P P U U P E T Q I P B P
E F A P S Z V P L E P U Z T P
L P E P P S S E R P P O T S A
P P L Z C E E P I P C J R E L
P E V A D R R N Y U L W O I P
O R L P L W E Y I P I A P P I
T K I P P E R S J P P O P P Y
D B P I T N E R A P P A U I P
A P P N H Q Q S L A E A S L P
A P P G A P P E A L R P H D I
```

APPARENT
APPEAL
APPLE
CLIPPER
HAPPENING
HAPPINESS
HIPPIES
HIPPOPOTAMUS
KIPPERS
LAPPING
LIPPIEST
NIPPING

OPPRESS
PEPPERY
POPPY
PUPPETS
PUPPY
SLIPPERY
SUPPORT
TOPPLE
UPPITY
YIPPEE
ZAPPING
ZIPPY

Obstinate

```
D E X I F H E A D S T R O N G
N I N T R A N S I G E N T R C
U D T T N E T S I S R E P O Q
O E L S Z I X P T H I V D B P
B L D R A H E I D N Z H E B E
E L D E T F V D T O A Q T U R
D I O L R E D R T R G M R T T
I W U O E M A A D V C G A S I
H F R X U C H S E C J G E D N
U L R L T F E S R T P K H D A
C E I A C T Y S I C S M D R C
A S B I I L A S T L R Z R I I
H L G E D I P S D I L U A G O
E A Y D R U T S F Z F U H I U
D D E N I M R E T E D F B D S
```

ADAMANT	INTRACTABLE
BULLISH	INTRANSIGENT
DETERMINED	MULISH
DIEHARD	PERSISTENT
DOGGED	PERTINACIOUS
DOUR	RESTIVE
FIRM	RIGID
FIXED	SELF-WILLED
HARD-HEARTED	STEADFAST
HARD-SET	STIFF
HEADSTRONG	STUBBORN
HIDEBOUND	STURDY

Volcanic

```
U N A L O G A I W S E T A L P
A M G A M J B O U F A R I N E
W A E C L B L M J U N P E S H
D E I T E F G N E I Y N L K L
L T Y I A A C R N R V I T C G
E S T V S I U A O E S N N O W
I U A E Z P S C L F T Y A R E
H L S O T H L Z I D N L M J C
S D S I E A O S E C E W O E I
Y U O S S G S V I M V R T M V
F N M T V U N N P N L R A C E
L L I M R O D A R E T A R C R
C C A E I E C I M U P U H P C
A O D N R T B W G I S E H A E
V E S S K A R I L T E C Y C R
```

ACTIVE	LAVA FLOW
ASHES	MAGMA
CALDERA	MANTLE
CINDERS	MOLTEN
CRATER	PLATES
CREVICE	PUMICE
CRUST	PYROCLASTIC
ERUPTION	ROCKS
FISSURE	SHIELD
FLANK	STEAM
GASES	SUMMIT
LAHAR	VENTS

Hard Words

```
G G E W Y K H G A T C Y Z Y T
H R O Q P E M O S N E D R U B
Z A I N S E N S I T I V E J E
N N F F I T S Q I H R X A R H
R I I T I R I N G U A I E O X
O T D O T G I K N C X V C C I
B E H W V F N B T A E G S K A
B R A V E R E I R S W U T Y Y
U I C D D A N D T N E R O D Z
T F X A R G U Q X N Y N N N R
S Z L A L O V K B I U O Y S J
M I B I U L W V N M M A F T I
A L S S N N O G B A E I D O Z
E Y L E E T S U I K R K J U R
Z E Z L I V Y D S M E V C T P
```

ARDUOUS	NUMB
BRAVE	ROCKY
BURDENSOME	SEVERE
CALLOUS	STEELY
DAUNTING	STIFF
DEFINITE	STONY
DIAMOND	STOUT
EXACTING	STUBBORN
FIRM	TIRING
FLINTY	TRICKY
GRANITE	TRYING
INSENSITIVE	UNBEARABLE

Rainy Day

```
T S N O I T A T I P I C E R P
S E T A O C H C N E R T E W E
L G K E X E K V V U R M I L S
R K W C L N U Y V M B N Z E D
C U R P A P B L D Z D Z F L U
O J O C G J O E R C I A H Y O
I Y R P I A L R H R N N S O L
L S P Q N U L E D O G W A L C
S S T Z G W A O R A G M L R S
K S E E Q T O A S C M L P E O
I E E M E H K D V H K P S W D
N N M R S Q U A L L E T I O D
S T I G N I N I A R O S K H E
R E N U V A L L E R B M U S N
Q W G O S C N M M P U D D L E
```

ANORAK
CLOUDS
DAMP
DELUGE
DOWNPOUR
DRIZZLE
DROPLETS
GALOSHES
HOOD
JACKET
OILSKINS
PRECIPITATION

PUDDLE
RAINING
SHOWER
SODDEN
SPLASH
SQUALL
STORM
TEEMING
TRENCH COAT
UMBRELLA
WETNESS
WINDCHEATER

Birthday Party

```
P R E T H G U A L I S A E A U
N R E R A S E M K G A M A A S
S E T A L P A K N S E N G S N
H A P P Y R N O K S U O G U O
G K Q S Q L S U R P R I S E I
L A P U E C I E M E H T I S T
A J E T L M S M R L S A C K A
S E U O J D A M A E T T E N R
S T W K N C U G U F E I C A O
E N F E V S A G I U R V R P C
S S I I I G E N G O N N E K E
N R F C G D S Z D E G I A I D
F E S E H S I W E L A E M N L
W E N T E R T A I N E R W S S
H C E E P S A S T N E S E R P
```

CANDLES	INVITATION
CLOWN	LAUGHTER
DECORATIONS	MARQUEE
ENTERTAINER	MUSIC
FAMILY	NAPKINS
FRIENDS	PLATES
GAMES	PRESENTS
GIFTS	SONGS
GLASSES	SPEECH
GUESTS	SURPRISE
HAPPY	THEME
ICE CREAM	WISHES

Anatomy

```
Q Q G H P G P N T B W D R J N
Q U B A O T H Y M U S S V T W
T E L O S W R I S T J U H U D
B M H N W S I E Q U P K X I T
I S M G A E S N G Y V U X N N
C V R X I E L U D T E H B I G
E A X C R H L S K P L L U K S
P P C O H A T S W Q I E B S S
S V P X R H H D V X S P N O R
B L O O D V E S S E L A E G W
W S C K I P H T E E T K R X E
E Z E G N E U R V R P U B M W
S T G O E L V U U M G T Z G S
O I I N T E S T I N E S U V A
N H K H Y B F B D G P U T M R
```

ARMS	SEPTUM
BICEPS	SHIN
BLOOD VESSEL	SKIN
BOWELS	SKULL
ELBOW	SOLE
GUT	TEETH
INTESTINES	THIGH
JUGULAR	THYMUS
KNEE	TOES
NOSE	ULNAE
PALM	WINDPIPE
PORES	WRIST

Opera Composers

```
Y H C S U P E P M D R L T Y F
K G I Y H C L W B E E H K D S
S C H R E K E R I D C S E S S
G E P Y O S D T N I N J A S I
R Z J G M C N A V I P L S M B
O N M Y Z E H O V F G M M E E
S E T V P P K A I I O P E N E
S H R R B A R T B N E K T O T
U W A M T T Z O T R C S A T H
M H Z S S N R E K U I Y N T O
C B O H E A V N L O R E A I V
I H M R M E F G J N F O R E E
S C H E R U B I N I S I W N N
E O A D E B U S S Y J R E Y A
C U I T M U A K N I L G A V D
```

BEETHOVEN	MONTEVERDI
CHABRIER	MOZART
CHARPENTIER	MUSSORGSKY
CHERUBINI	PEPUSCH
DAVIES	PFITZNER
DEBUSSY	PROKOFIEV
GLASS	RAMEAU
GLINKA	SCHREKER
GLUCK	SHOSTAKOVICH
HANDEL	SMETANA
HENZE	SMYTH
MENOTTI	STRAVINSKY

Magic

```
G L S U O R O M A L G E C A V
L N Z N S C L E H Y N E B P S
A E I D I S C V N O S R E R S
S N N R K L S U I L A S E E A
Y A K C A T R T L C S S C D L
W R O R O E A E A T W R S N G
B L E O C T P D M E O O Y O G
F X G K I S A P A S H R R W N
P E M V A B R A A T S R D M I
U O E P R F I C M S G I R Y K
F L W A E D S N U A I M A S O
O L S E C R E T S R Z D Z T O
W A T E R T A N K O S E I I L
N O I S U L L I V M V E W F O
S T A D Y R E C R O S D S Y L
```

ABRACADABRA	MYSTIFY
AMAZE	OCCULT
CURSES	POWER
DISAPPEARING	SECRETS
FAKERY	SHOWS
GLAMOROUS	SORCERY
ILLUSION	SPELLS
LEVITATION	STOOGE
LOCKS	WANDS
LOOKING GLASS	WATER TANK
MERLIN	WIZARDRY
MIRRORS	WONDER

Helicopters

```
J D C N I L R E M K O Y H R Z
J A O E S P A P E L L E Z A G
S U M M A N G U S T A M L L C
R P A N R H U W C H I N O O K
O H N K U P S T S A A U M U J
B I C G Y V T E T P P B K E B
I N H C K W A H K C A L B T H
N E E E H K A K E T C E N T I
S Z M O I R S K S H H P O E Z
O A K N B E Y C A L E B V G D
N U G O A E O B H U S Q W W O
M A C H W U A L A A T I G E R
D N A L T S E W V G N I E O B
V W L I R O Q U O I S F A D S
K Y P Z P S K Y C R A N E D D
```

AGUSTA	HAVOC
ALOUETTE	HOKUM
APACHE	HUGHES
ASBOTH	IROQUOIS
BLACK HAWK	MANGUSTA
BOEING	MERLIN
CHINOOK	ROBINSON
COBRA	SEA KING
COMANCHE	SEAHAWK
COMBAT SCOUT	SKYCRANE
DAUPHIN	TIGER
GAZELLE	WESTLAND

Boxes

```
T Y V O Y D W E S O O L N W P
L J M Z S F N P S E R U L A V
E H E U G B P U C R N N H O M
W B C K S R L I O A O C Y L E
E E T T E I O A E S P H K I Z
J P L S A V C E N R D W N G N
U F S W M P J A C K I N T H E
N G E S O C S Z L S E L I T L
C R N E N W R I E M A T C H I
T A O I E U S W D W C E S J C
I S H G Y S I A S T R O N G N
O S P V V N Z O J E W T U M E
N W B W G Z P R A U R H F O P
A K P U I C N L D R K O F W P
O F B P A B E M N L C E T L B
```

BLANKET	MATCH
CEREAL	MONEY
DISPATCH	MUSICAL
GRASS	PENCIL
HORSE	PHONE
JACK-IN-THE	PIZZA
JEWEL	PRESS
JUKE	SEWING
JUNCTION	SNUFF
LIGHT	SOUND
LOOSE	STRONG
LUNCH	VOICE

Absolutely

```
I  N  D  F  Y  Y  L  B  A  I  N  E  D  N  U
S  A  V  L  I  N  E  V  E  R  Y  W  A  Y  L
P  E  U  Y  Y  N  V  D  V  O  Y  N  D  D  E
U  R  I  A  L  A  A  M  A  L  A  K  S  X  E
T  Y  E  O  C  L  K  L  E  I  Y  L  A  Y  Y
T  L  V  C  B  A  A  V  L  L  N  C  E  P  L
E  L  I  D  I  S  I  R  E  Y  T  F  R  H  R
R  A  V  E  N  S  D  M  U  L  O  O  U  P  A
L  E  A  P  I  U  E  K  Y  T  T  V  S  L  E
Y  R  E  C  X  R  E  L  X  S  A  J  R  A  L
V  B  E  F  P  E  D  X  Y  E  L  N  O  I  C
A  D  T  U  U  D  N  G  T  N  L  S  F  N  S
L  R  S  Y  A  L  I  P  M  O  Y  I  B  L  E
S  U  R  E  L  Y  L  L  O  H  W  N  S  Y  I
Q  U  I  T  E  S  O  Y  F  Y  L  E  R  U  P
```

ASSUREDLY	PLAINLY
CLEARLY	PRECISELY
DECISIVELY	PURELY
EXACTLY	QUITE SO
FINALLY	REALLY
FOR SURE	SUPREMELY
FULLY	SURELY
HONESTLY	TOTALLY
IN EVERY WAY	TRULY
IN FULL	UNDENIABLY
INDEED	UTTERLY
NATURALLY	WHOLLY

F Words

```
Y O F H F I S T S T F T H C F
K Y N A T Z Y T S R E O C Y N
A L R L E F T R F S C R N F L
E N A F F F I O H F U T I R L
R C I U I F R F R Y N X F C A
F Y L J R M V A D E D O O L F
B F I F U R M R R H I F I A T
S A M L F E F E I F T F E E O
N B A D W F D T K F Y L C R O
M T F O N O I T A C I R B A F
E M R F Y R A I F C F Y F F F
V K P R U K L R A I M R F N W
M F K M A U G F K I H F I A S
I Y E E R E K C I L F H X F A
F F N E B P N O I T A X I F F
```

FABRICATION	FIRST
FACILE	FISTS
FAILURE	FIXATION
FAKIR	FLICKER
FAMILIAR	FLOODED
FANFARE	FLUFFY
FECUNDITY	FOOTFALL
FEMUR	FORMULATE
FEZ	FOXTROT
FIFTH	FRAMEWORK
FIJIAN	FREAKY
FINCH	FRITTER

Animal Farm

```
S M R A F R O N A M R Q X S S
A N I M A L S P A B E Z N V E
R A E O S G X I P V P A H N S
M P I L O B J G X M M G R W O
U O L D P F E S P U Y O S W M
R L L M I L S N H W H C E I R
I E O A N T S C J D W K S N E
E O M J K D I S N A R Z R D V
L N G O E C E A Q R M E O M O
F J K R Y H F H A U X I H I L
C I I V E O N A S O E D N L C
C M R J O N E S B W R A I L S
W M H H D O R E S F O F L X U
C D L E I F H C N I P C G E T
W D Z M F O X W O O D C N V R
```

ANIMALS
BENJAMIN
BOXER
CLOVER
COWSHED
DOGS
FOXWOOD
HOOF AND HORN
HORSES
HUMANS
JESSIE
MANOR FARM

MOLLIE
MOSES
MR JONES
MR WHYMPER
MURIEL
NAPOLEON
OLD MAJOR
PIGS
PINCHFIELD
PINKEYE
SQUEALER
WINDMILL

Things That Can Be Hung

```
D R A O B N I T E L L U B F V
H E V N H O E R W C K L P L T
F T M O G K V P H C K K T E C
D S S W C R W A O A C E N H L
I O R A J B N L B H O N A S O
W P J G S D C N T E M O N G T
U M B R E L L A F T M T N U H
V C D L E D E L R R A I E S E
C Y I S R R Y E J O H C P A S
U E N A W T M C H S R E D I S
R I P Y R A D B A T H R O B E
T E G A E T O W E L R A I L Q
A S P R E P A P L L A W E M J
I O T R O S H Y H P O R T H L
N S N T N E M A N R O D M D W
```

BATHROBE	ORNAMENT
BULLETIN BOARD	PENNANT
CHANDELIER	POSTER
CLOCK	SHELF
CLOTHES	STREAMER
CURTAIN	TINSEL
DRAPE	TOWEL RAIL
FLYTRAP	TROPHY
HAMMOCK	UMBRELLA
JACKET	WALLPAPER
MIRROR	WASHING
NOTICE	WREATH

Lightweight

```
R I F C U Y M Y I Y X B Y B M
F G V L Z T Y O R C R P D L K
R O F B O N I H T E E I N N B
B S P T B A I V B T H Q A J T
E S A Y Z C T Y T X O T S S S
L A L J R S E Y K E C G A S K
K M T G H O Z L L X N H Y E X
C E R T Y H T B I Y S M I L F
I R Y H V D I A L G T B O H Q
F O N G L G S A G U A O K T Y
W H D I I S U J R U S R Y R R
E D F L F S O T Z E N Y F O E
A X G S A T R I V I A L N W P
K E K C S P O N G Y I I Z J A
N Y U D O V P R Z Z M L J L P
```

AIRY	PALTRY
CASUAL	PAPERY
FEATHERY	PETTY
FICKLE	POROUS
FLIMSY	SANDY
FLOATY	SCANTY
FRAGILE	SLIGHT
GOSSAMER	SPONGY
LOOSE	THIN
MINOR	TRIVIAL
NEGLIGIBLE	WEAK
NUGATORY	WORTHLESS

Delivery Service

```
E T Y R D N U A L U E G I R E
B L C G N I P P I H S N N E R
B O P E H F N O F D V S S S O
R V X M R P R K S O Y Z U P U
P A H E A I E E I T N L R E T
F R A R S K D C I B A R A C E
N T C D H S E B S G L L N I M
F E B R H N E T A S H V C A A
L Y T S E N A I R T E T E L P
O T J W I V L V R O H R C P J
W Q E L O N I U A E A G D S E
E P N K A R C R O N C D B D D
R O N U C K K O D Q S O S O A
S S A I Y A Y A W L I A R O S
L E V A R T P O N E R A R G C
```

ADDRESS	ONLINE
BOXES	PACKET
DIRECT	PARCEL
DRIVER	POSTAL
FLOWERS	RAILWAY
FREIGHT	ROADS
GOODS	ROUTE MAP
GROCERIES	SHIPPING
INSURANCE	SPECIAL
INVOICE	TRAVEL
LAUNDRY	TRUCK
NETWORK	VANS

Double T

```
D I T T L T B N A M O T T O Z
E D V E S I T T D E T T O P S
R A S T T E B L E L T T U H S
E T T T C R L R G C T S F I M
T T E E Y E K T E A D I T T Y
T N R U L T T E T T R T A B K
A R N O R T E T L E T O T E T
C O E H E A U T K A N O T E T
S U I L T H M U I R T T Y T V
H L H I T S G K D Q L T S E E
O E N S U T H F Z E U I I T D
T T F E T T E Z A G R E N C T
T T N E T T T S H C A T T A E
I E K S I T T E H G A P S T C
O T T I D I O M A T T A S P E
```

ATTACH
BITTEN
DITTO
DITTY
ETIQUETTE
GAROTTE
GAZETTE
GHETTO
KETTLE
LATTICE
LIBRETTO
NETTLES

OTTOMAN
ROULETTE
SCATTERED
SETTLER
SHATTER
SHUTTLE
SILHOUETTE
SPAGHETTI
SPOTTED
TATTOO
UTTERLY
YTTRIUM

Sharp Objects

```
E D P C Y M E N K W W J S F P
K R R X H O L L Y C B R Y H I
A X O I H I T W S X A R A P T
T T J R L C S D K E L T A S C
S P E A R L I E H G P I R J H
S J C T Q A H S L I C U K Q F
C C T W U W T M N P P T I D O
S L I A N S F B X S W G C Z R
O I O M D D K A R R O W H E K
R E N Z I Q L A N C E T S L Y
A O Z G E T U F D G T O K D W
R U Z K K V A I E B S R E E Z
E S I A O R L R L E O I W E V
A P K K R F B J F L O P E N C
S C U V G G G O G Q I F R Z O
```

ARROW	QUILL
CHISEL	RAZOR
CLAWS	SCIMITAR
DRILL	SHEARS
FANGS	SKEWER
HAT PIN	SPEAR
HOLLY	SPIKE
LANCET	SPURS
NAILS	STAKE
NEEDLE	TACK
PITCHFORK	THISTLE
PROJECTION	TUSK

Associate

```
C O E K O Y T I N R E T A R F
O H X C A B Y J R S T J H A Q
M A Y S E T L O P C A E E U X
B P M C T T S I H V L A L F H
I E E A W Z A N E P E V G E M
N V S Z L N Y R E U R D N L Z
E T I N U G N R O E G K I L E
X B N V Q E A T E B L A M O A
Q S V E Y G P M Z E A P E W Y
A F O F N A M E A O P L U L A
T R L V V L O D Y T K M L O J
T I V H I C C R U R E A O O C
A E E N H Y R E N T R A P C C
C N K U Y R A S S I S T A N T
H D M E Y T R O S N O C F K T
```

ALLY	FRATERNITY
AMALGAMATE	FRIEND
ASSISTANT	HELPER
ATTACH	INVOLVE
CHUM	JOIN
COLLABORATE	LEAGUE
COMBINE	LINK
COMPANY	MINGLE
COMPEER	PARTNER
CONSORT	RELATE
COUPLE	UNITE
FELLOW	YOKE

Seven-letter Words

```
F V E Y T S E N O H R P C M C
E P C O N D E M N V X U B K O
N M F C Z H V Q U J G P J H L
C I D A M O N E T R Y V T J G
I E Q E X L G O E P T O T V C
N K L O T A W C D T M S D I H
G T E B R T O K Y M A E O G C
C V R B O L I A A N A G T R T
H E M T O N W M C O T E E T L
O U L G N R G L O B U L E L A
L Q Y O I A C I S R E P M A T
W I X A H L I I F U W C C Y I
N L F M O Y N D M O B L M O P
L B O T C E E H A B I T A T A
U O E L E L U K U R D I S H C
```

ATTEMPT	KURDISH
BOURBON	LEGATEE
CAPITAL	MAMMOTH
CONDEMN	MICROBE
ECOLOGY	NOMADIC
FAIRWAY	OBLIQUE
FENCING	OMITTED
GLOBULE	RADIANT
HABITAT	ROSTRUM
HONESTY	TAMPERS
IGNOBLE	UKULELE
KEYHOLE	UMBRAGE

Footwear

```
V O Y F S T O B A S V H S O X
M L E O S U A S O U A L P S F
E S C M Z R E A O O I I M L A
S K O F O U E S S P T R H S X
S N R T G S R N P P O I E C F
W V E O T E E E I F U L E A L
E Q R T F E R O T A L E I S I
D B B A T S L A T I R Y C U P
G D O D K A L I R P G T A A F
E L Q Y Q P P D T P E H U L L
S L I N G B A C K S Z E T S O
M N N I U P S R E D A W P S P
H W H O S I E R Y N J T U N S
Y S R E K A E N S A N D A L S
J F G A L O S H E S K A T E S
```

BOOTIES	SABOTS
BROGUES	SANDALS
CASUALS	SKATES
ESPADRILLES	SLINGBACKS
FLIP-FLOPS	SLIPPERS
GALOSHES	SNEAKERS
HOSIERY	SOCKS
LACE-UPS	STILETTOS
LOAFERS	TIGHTS
PATTENS	TRAINERS
PEEP-TOES	WADERS
PLATFORMS	WEDGES

Opinions

```
E T N I O P W E I V I N T G S
N U T A S S U M P T I O N N D
D O C T R I N E H V A O Z T N
W N I N O I T A M I T S E O I
T O O T H E O R Y I F N T I M
A I N I I V G R O E E U H M F
R T K H T S Z N I T I F G P O
J C P F W P O L I C A S U R E
U I Z R K W E P H L T I O E T
D V N X E B T C C A E S H S A
G N B G Z M N O N A C E T S T
M O F U Z A I C U O X H F I S
E C J E N D E S H U C T B O L
N A S S E S S M E N T W F N A
T U X S N O I T A L U C E P S
```

ASSESSMENT   JUDGMENT
ASSUMPTION   NOTION
BELIEF   POSITION
CANON   PREMISE
CONCEPTION   SPECULATION
CONVICTION   STANCE
DOCTRINE   STATE OF MIND
ESTIMATION   TENET
FEELING   THEORY
GUESS   THESIS
HUNCH   THOUGHT
IMPRESSION   VIEWPOINT

Tribes

```
M C D G A O N A P M A W U E M
R I O U S E M I N O L E S E E
A U M N E H O O C H I N O K A
T I A A P A C H E A B K T O A
H O H O A Z C P T W T A A R N
A Z A Q N K Y D L K W R A E S
B A A C E H L T O A Z O H H S
A O C D L Q I O T W T U H C I
S M J E I G V T R A R P C F O
C S Q P N A O C M O O E O L U
A I M I N E H M N N M D K E X
N N L T E J S I C L C R E E K
L T H O L Z N A O A C Z A N N
D P A N A R E M J W W Y T T A
J R Z H Y Z U I E V A J O M T
```

APACHE	NAZCA
ATHABASCAN	OLMEC
ATOARA	OMAHA
CHEROKEE	OTTAWA
CREEK	PANARE
HAIDA	PONCA
HOOCHINO	SEMINOLE
HURON	SENECA
LENNI LENAPE	SIOUX
MIAMI	TLINGIT
MOHAWK	TOLTEC
MOJAVE	WAMPANOAG

Astronomy

```
W O D I O R E T S A I S E C Z
R F T E N U T P E N J U B U A
Y A P O R U E S W U I P X B P
E S A H P P D A P I J E E C B
Y U E C O S M I S O T R A I H
T N I C F B T T E C R N N U B
I E H M M E I A F A J O Z I M
O V E S R B R K T O C V N P U
N T C Z R T D I X U G A M M R
D O U O H A O Z L I R S Q H A
X V I L S N T A D Y F U U E N
S D P R P M R S Z E A B Y N U
X R Q J O S O R W S B P E B S
T B A O T K E S A L U B E N W
T R N M N H P R E F U W G V L
```

ABERRATION	NEBULA
ASTEROID	NEPTUNE
BINARY	ORBIT
BINOCULARS	ORION
COSMOS	PHASE
EARTH	PLUTO
EPOCH	QUASAR
EUROPA	STARS
HUBBLE	SUNS
JUPITER	SUPERNOVA
MARS	URANUS
MOON	VENUS

Bitter Words

```
P I M F V F I E R C E I R L M
N E E G A V A S Z V D E A N E
B V R D E N E T E E W S N U G
T G C Y N U A N V A B D C D N
N N I X M N O E E V I Y O M I
E I L X G M I P D S N D R U G
G T E Y O R T G G I H S O E D
N I S U G Y C R C S T A U R U
U B S G S A U A R A H C S E R
P R A H S N L A U E O E O V G
Q U E R T U H R J S S R U E E
W A T L I O L U J O T B R S B
N Y E A A G Z L R W I I B C Q
Z D O U R K G O E K L C C U N
U N C L E T M V I N E G A R Y
```

ACERBIC	PUNGENT
AGGRIEVED	RANCOROUS
BEGRUDGING	SAVAGE
BITING	SEVERE
CAUSTIC	SHARP
CYNICAL	SOUR
DISGRUNTLED	SULLEN
FIERCE	TANGY
HARSH	TART
HOSTILE	UNSWEETENED
MERCILESS	VENOMOUS
MOROSE	VINEGARY

The Romans

```
Y Y J O R Z M S U T I C A T M
G V V M U R O F H Y L Z N I V
B P I U S U T S U G U A M K N
F A R L S E M U L O I B T E G
G O E L A G A B A L U S R I A
C R R L U R T Y S L A V E S N
N B E T O E O U Y A A O O D N
I J N M S H T A B W C E R E R
W U A E U U O Q W A M W E S A
I N A U R S G A L L I E N U S
L E L B Y K A I E C H A R B E
E A L N C H G D G A L L E Y A
V G I O O U B T I T U S G R C
Y L V P L D E D O C E E S A R
P E Z A S E R V N I N A R U S
```

AUGUSTUS	LEGION
BATHS	LIVY
BRUTUS	NERO
CAESAR	NERVA
CALIGULA	PLINY
EAGLE	REMUS
ELAGABALUS	ROMAN
FORTS	SLAVES
FORUM	TACITUS
GALLEY	TITUS
GALLIENUS	TOGA
LATIN	VILLA

Drinking Vessels

```
A R E E S S A T I M E D S F A
R E K A E B T P W N W E S L T
E P E T A C P I C G R Y A A I
N R H Y T O N O X H O H L S P
D Z I L R E F I R B A B G K O
N Q T R G F L E O P M L L A C
K R O L E Y N T E V U G I E K
U N A E C O T S A C E O A C T
T S C E O L U D N Z U M T N E
S U A H E R F I G W Z P K S T
P E C I C U G K C A I A C F E
A S S A L G Y D N A R B O R A
L Z L B O Y G T Q U A I C H C
H C A N T E E N N I E T S O U
D R A K N A T I J U N T R A P
```

BEAKER	GOBLET
BOTTLE	NOGGIN
BRANDY GLASS	PORRON
CANTEEN	QUAICH
CHALICE	RHYTON
COCKTAIL GLASS	SCHOONER
COFFEE CUP	STEIN
COPITA	STOUP
CRUSE	TANKARD
CYLIX	TAZZA
DEMITASSE	TEACUP
FLASK	WINE GLASS

Made of Glass

```
E  I  N  E  E  R  C  S  V  T  R  Y  T  L  Z
W  L  B  U  L  I  R  R  O  F  M  E  A  I  X
L  I  T  E  T  O  I  A  U  T  L  M  U  R  P
C  V  N  T  G  F  V  A  J  E  P  A  T  E  A
O  U  A  D  O  G  S  E  S  N  E  L  S  K  P
E  F  D  S  S  B  T  C  N  E  Q  M  P  K  E
L  W  O  B  E  H  O  I  N  W  J  U  I  I  R
C  B  T  K  E  P  I  O  M  K  A  I  N  N  W
O  A  E  X  E  B  B  E  E  E  T  R  C  S  E
N  S  L  A  S  X  U  T  L  A  R  A  E  U  I
O  H  B  W  K  R  T  T  N  D  M  U  N  L  G
M  T  O  Y  R  E  H  C  T  I  P  Q  E  A  H
X  R  G  O  P  W  R  Z  T  S  K  A  Z  T  T
T  A  U  I  N  H  O  J  I  M  E  D  Y  O  I
R  Y  P  R  O  R  R  I  M  V  X  T  E  R  J
```

AQUARIUM	MIRROR
ASHTRAY	MONOCLE
BEAKER	OVENWARE
BOTTLE	PAPERWEIGHT
BOWL	PINCE-NEZ
DEMIJOHN	PIPETTE
EGG TIMER	PITCHER
FLASK	TELESCOPE
GOBLET	TEST TUBE
INSULATOR	TV SCREEN
LAMP	VASE
LENSES	WINDSHIELD

Distance

```
E C C P T W U C H R E H M P R
K C N R T H G I E H J V O J S
M E A I I S S E N K C I H T D
V Z A P A M I Z E F G F T A N
H I C T S H O L R M I V A A A
T S R N I W C E M E E N F Z H
G E E E H M L R R U B R I W O
N N G M F U M Q G G T O T T X
E A A E R S E S N A P X E X Y
L E E C D E P T H E W R G T E
H X R A N N D A W L L I L C Z
C T C L O S E Z N I V A D B L
A E A P R O X I M I T Y M T I
E N C U B I T I M A Q B X A H
R T L E K V T C Z U Z S Y T J
```

ACREAGE	LEAGUE
CHAIN	LENGTH
CLOSE	LIMIT
CUBIT	PLACEMENT
DEPTH	PROXIMITY
EXPANSE	REACH
EXTENT	RULER
EXTREME	SIZE
FATHOM	SPACE
HANDS	SPAN
HEIGHT	THICKNESS
INFINITY	WIDTH

Chances

```
W G T E T A F F O N R U T H V
T N E M P O L E V E D M G C H
E I D T T U D O U G C F A N A
T N O N K R D E B G E G M U P
N E O E K A L A S F T Q B H P
E P H D W S D L I T R R L V E
T O I I M L I L A H I E E B N
R C L C U Z N R A F R N A D S
E C E C E I F P A A D A Y K T
V A K A T O H T N N L N I O A
D S I O R A W D K G U S I J N
A I L T Z U O A E O M R S W C
N O U A E M R N D E N P A M E
I N R B Y M I S T A K E E A R
E D A S A Y S E O G T I Y A W
```

ACCIDENT	INADVERTENT
BAD LUCK	KARMA
BY MISTAKE	KISMET
DESTINY	LIKELIHOOD
DEVELOPMENT	LOT IN LIFE
FLUKE	OCCASION
FORTUNE	OPENING
FREAK	RANDOM
GAMBLE	RUN A RISK
HAPHAZARD	TURN OF FATE
HAPPENSTANCE	WAY IT GOES
HUNCH	WINDFALL

Troubles

```
L H E S E N M K S N D K A N B
E C G S G L L N C T N R W E R
P N R G B F E H T O E Q S T S
E U U P V E A B H N L S E G K
C R O R R P P F G I G D P C R
C C C L T E F G I D N K A U A
H T S A M U D D L E A B R E W
W I S R B Y K I B F T K C N D
S B T E J Y J A C E I D S I E
O K R C H O R E S A Q C L L A
L L R E H T O B B T M E F C L
C N G A S M P L N F M E S E M
B P D M I S E R Y M B T N D A
T R I A L A T T A P E Y A T Z
C N I C K R E T A W P E E D E
```

BLEAK	MISERY
BLIGHT	MUDDLE
BOTHER	PREDICAMENT
CHORE	RAW DEAL
CRUNCH	REBUFF
CURSE	SCOURGE
DEADLOCK	SCRAPE
DECLINE	SETBACK
DEEP WATER	STEW
DEFEAT	TANGLE
DILEMMA	TRIAL
HITCH	UPSET

Gemstones

```
J E E T I R D N A X E L A K M
S A R D O N Y X D L A R E M E
P C X U O E R Z T R A U Q S E
E V H M H T S A V O L I T E T
R Z A A B J A C I N T H N T I
I I T L L K O C A E Y O R I N
D R S A E C L L E P T D T N E
O C Y C N C E C I S O E I A D
T O H H E T L D N V N L E T D
L N T I H E C O O R I N I I I
E A E T P R O I A N T N P T H
N U M E S M Q G U L Y O E T E
I R A B A E T I Z N U K F E R
P P Y D E R E R I H P P A S A
S V T O U R M A L I N E O M P
```

ALEXANDRITE	OLIVINE
AMBER	PERIDOT
AMETHYST	QUARTZ
CHALCEDONY	SAPPHIRE
DIAMOND	SARDONYX
EMERALD	SCAPOLITE
GARNET	SPHENE
HIDDENITE	SPINEL
JACINTH	TITANITE
KUNZITE	TOURMALINE
MALACHITE	TSAVOLITE
MOONSTONE	ZIRCON

Perfume

```
P T N E C S B E R G A M O T H
M O A B A C H J Y A N L U E N
A I H R Q Y M B E I E L D U Y
D P O I A O T B C N T A I Q R
A M L E B N Q I I E C R H U I
A O Y G R I S M U D F O C O U
S U T O O R S I R R O L R B S
S E E X I A N C A A F F O T K
E D C A J C B G U G Q H E S J
N S N I E A R M J S J L U S G
G Q E N P A X A I E O M Q O D
O F S S N S U R T I C E R M L
L E S C O A A E V L Z L T K X
O B E X T R A C T I O N S A X
C B L U E B E L L L F D K O X
```

AROMA	HIBISCUS
BERGAMOT	INCENSE
BLUEBELL	JASMINE
BOUQUET	LILIES
CITRUS	MUSK
COLOGNE	OAKMOSS
ESSENCE	ORCHID
EXTRACTION	ORRIS ROOT
FLORAL	ROSES
FRAGRANCE	SCENT
FRUITY	SPICES
GARDENIA	VIOLETS

Plurals not Ending in S

```
O G E S O H T T E C N E X O O
G Y M P R U J S T A E A P I X
S T I G M A T A G C M V O L V
T P I Q Y A R I I T S R A I I
I F I Q D N X D M I H A R T R
M A D I L T A U B K G L B U T
U D A A R E E D E A G L A A U
L X R S D N R P N X E I L N O
I U G L K N R Y U E E O E T S
U A E Q O A A V B L D R D X I
T E E F C E T R C M D D N P N
I R S M U R A U O L N U A C X
L U E K D N N C I M U F C P C
P B D S C U G H G B E I P B I
X N U J C I C I L W O M E N B
```

ADDENDA

ALGAE

ANTENNAE

BUREAUX

CACTI

CANDELABRA

CHILDREN

DICE

ERRATA

FEET

FUNGI

GEESE

LARVAE

MEMORANDA

NAUTILI

NUCLEI

OXEN

RADII

STADIA

STIGMATA

STIMULI

THOSE

VIRTUOSI

WOMEN

Customer Services

```
E N F K V E T M P U P R V I M
Y X X E M V N U R L I X W A J
G R E T N U E O E E H Z E N T
N K I T Z I I Y H F S T F W C
I C T U R W L P Z P R P I E W
N F Y W Q U C T R Y E M E L C
I C Q N E N S D N X N S M C Y
A I U H M A I T L O T B P O T
R G E G I Z Y A R H R Q A M L
T L S A H X N Q G O A F T E A
P L T L G R M I T R P F H G Y
A I I C E H R D G G O P Y C O
U K O T A S S E C C U S A A L
G S N A H T T C U D O R P R N
G I C O N S I S T E N C Y E Q
```

CARE	PRODUCT
CLIENT	QUESTION
CONSISTENCY	RAPPORT
EMPATHY	RESPECT
FOCUS	RIGHTS
FRONT LINE	SKILL
HELP	SUCCESS
INQUIRY	TACT
INTERNAL	TEAM
LOYALTY	TRAINING
PARTNERSHIP	TRUST
PHONE	WELCOME

Cattle Breeds

```
M E N R E N A K I R F A L G H
S E U L B N A I G L E B W V N
N S L S M A H G N I L L I H C
G A I O I N H K Y P A E S A Y
P L G W K A V O P R R W R S U
S I Z R S N L E L I R A P N Z
I L C O U N A O H S C E O E I
M N L B O K W S R U T V K R T
M T B O K C R O U A E E A E E
E R G R P Y D A R D H L I H B
N T N S A D E U I B E C K N K
T S I D U H E S R N K X T B U
A S U H E Y M R R H I H T V N
L E L U W M L A R E A A I E M
N R O H G N O L N U J M N K R
```

AFRIKANER	DURHAM
ANKOLE	HERENS
AYRSHIRE	HOLSTEIN
BELGIAN BLUE	JERSEY
BETIZU	KERRY
BRAHMAN	KURGAN
BROWN SWISS	LONGHORN
CARACU	LUING
CHAROLAIS	RED POLL
CHILLINGHAM	SIMMENTAL
DEVON	UKRAINIAN
DEXTER	WHITE

Weighty

```
S U O R E D N O P I Z W V T N
S Q Z M U Y H E A V I N E S S
U S E G V N V A N P U W T A G
B B E A R I N G D O W N P L N
S N E N S K R C S U T P R L I
T H O S I A M N P N O S E A H
A T A C V T O X A D F S S B S
N M R I B T H A X N O J S V U
T Y T F E H K G B L R B U Z R
I Y S C A L E S I T C U R L C
A T N L O E B D D E E R E V Y
L N I U S D U W Y A W D T C O
O F N E W U L U N W I E L D Y
T C L O A D K B A L A N C E I
E R N J F I Y Q E V R E W P A
```

BALANCE
BALLAST
BEARING DOWN
BULKY
BURDEN
CRUSHING
FORCE
GRAVITY
HEAVINESS
HEAVY
HEFTY
LIFT

LOAD
MASSIVE
OUNCE
PONDEROUS
POUND
PRESSURE
SCALES
SOLID
SUBSTANTIAL
TONS
UNWIELDY
WEIGHTINESS

Bodies of Water

```
C A Z S A E S L A R A W P H V
B A E S S E R O L F H Y L U O
L A R E C H S Q H I A W Y L Z
A R A N K O K H T B G M K L A
N A E H L O A E S D E R B S F
A R S C R H S U W I X Z A W O
C E S O A E H E U O R Y F A A
A E S L A R O C H O N I F T E
M E A C A R L A K E E R I E S
A H B A I P A L K B A Y N R H
N S D D J T R A M S E Y B A Y
A W E D D E L L S E A T A S Z
P P T A C I T A I R D A Y E L
L A K E C H A D B W J S E A F
A E S A R A K Y A B L E I K U
```

AARHUS BAY	LAKE CHAD
ADRIATIC	LAKE ERIE
ARAL SEA	LAKE NYASA
BAFFIN BAY	LOCH NESS
BALTIC SEA	PALK BAY
BASS SEA	PANAMA CANAL
CORAL SEA	RAMSEY BAY
FLORES SEA	RED SEA
IRISH SEA	SEA OF AZOV
KARA SEA	ULLSWATER
KIEL BAY	WEDDELL SEA
KORO SEA	WHITE SEA

Ladders

```
K R O L L I N G V C Z P G Q T
M O K L J R N C S M I N M R G
O Y O V T E P H E L I T S A U
A S J H O T L H O D R K U R E
R P P F W R A T L Z R O L Q N
S N X M E A T O W D I P U Z I
M B E P R U F Y A W G N A G L
C J O H S Q O N Y C V J Y X T
R M D C C H R K C A J R R R A
E O S G A T M F T N A B E V R
L N P O F J I S T R A I G H T
A K R E F S U K B E R F X P P
C E O B O R I I Q T F O L E B
S Y O W L A L D E S K J T J W
Y Z F P D L E G E M Z S C V O
```

ETRIER	QUARTER
FOLDING	RATLINE
GANGWAY	ROLLING
HOOK	ROOF
JACK	ROPE
JACOB'S	SCALE
KITCHEN	SIDE
LIBRARY	STEP
LOFT	STERN
MONKEY	STILE
PILOT	STRAIGHT
PLATFORM	TOWER SCAFFOLD

State of the Nation

```
S Y O A V E D H Y O S O S E A
I N R S K C O D R V Y G B R X
S M H T L A E W E F A U O U A
Y S X S I Y X C E P A N J T N
S E H G K S O Y R I X I A C T
T S T O V Z F U D O N V D U H
R Y D A P T C E T A F E R R E
O M H A R S M C O H K R A T M
P O N J O O U D W M R S I S L
X N K R L R T E N D O I F A R
E O W T R J M C S N W T T R Z
A C H E B I X S E A Z I Y F F
V E N T R E A K A L P E D N X
Q C R C R E D D T A E S W I K
Y N F A Y R A I C I D U J M P
```

AIR FORCE	JOBS
ANTHEM	JUDICIARY
ARMY	LAND
CAPITAL	MEDIA
CRIME	NAVY
CURRENCY	ROADS
DEBT	SHOPS
DOCKS	TOWNS
ECONOMY	UNIVERSITIES
ELECTORATE	WEALTH
EXPORTS	WORK
INFRASTRUCTURE	YOUTH

In the Past

```
D E R S T W H I L E J G Z X E
A R O L Y T I U Q I T N A Y N
Y O U Z Q U O N D A M L E G O
S Y T N E I C N A U K A A N G
O U W E R O F O T E R E H I Y
F R O O L B J S Y S E S U D B
O A R I I T E B A C K T H E N
L P N U V M R G Q T R M F C M
D I A N I E O T R O I R P E F
Y T B T I A R C H A I C I R D
M C D L E D E P A R T E D P I
Y L R E M R O F H A S B E E N
O A N A C H R O N I S T I C V
E L J N A I V U L I D E T N A
H I S T O R Y E S T E R D A Y
```

ANACHRONISTIC	HAS-BEEN
ANCIENT	HERETOFORE
ANTEDILUVIAN	HISTORY
ANTIQUITY	OLD TIMES
ARCHAIC	OUTWORN
BACK THEN	PRECEDING
BYGONE	PREVIOUS
DAYS OF OLD	PRIOR TO
DEPARTED	QUONDAM
EARLIER	YEARS AGO
ERSTWHILE	YESTERDAY
FORMERLY	YORE

DAY Ending

```
A V S D X S S J W V R W I O L
R C O C N J P B E I D O O M S
N O I C O E G R W O Q E B R C
G S S T O M I F E A S T S A R
Z G E E N P M P D S S F F L L
F E S N M E G O T L E H E A G
S L T E I Q M N N L O N I G G
P V A B N T E G I W U O T N B
N Q N G Y D N S D X E N H I G
W E D D I N G E L U O A A C B
P Y R S Y V W N L A J B L R S
G F E S P E E C H A T E I T G
B R W P Z P E F D X V T V A H
P L S I O B K L I N L H E Y B
S T D A V I D S G X F G O R G
```

BOXING	NOON
COMMONWEALTH	OPEN
DOOMS	PRESENT
EMPIRE	PRESIDENTS'
FEAST	SCHOOL
FLAG	SPEECH
GOOD	ST ANDREW'S
HEY	ST DAVID'S
JUDGMENT	VALENTINE'S
LABOR	WASHING
LATTER	WEDDING
LUNAR	WEEK

Antonyms

```
Y O D R A W K C A B E P E P A
L T E A N T O N Y M Y T U M Y
R H R T C I C R F L A B G N D
O I E E D C A I D V L E N L I
I R W B V R B R I I A L I E D
N O O L O O A R C L E W R D T
U I L P Y W P W E G K T O E N
J N M F O B H F R J G T B S E
H E C C L U T M Z O V M H I N
T S P E N D T H R I F T A A A
L T Y E N H M Y N O N Y S R M
A L C C G E I S E R X W V B R
E Z M I S E R A P T B R A V E
W B R S M D E M A T M N R H P
U G N I T S E R E T N I K B C
```

ANTONYM	LOWERED
SYNONYM	RAISED
BACKWARD	MISER
FORWARD	SPENDTHRIFT
BORING	PERMANENT
INTERESTING	TEMPORARY
BRAVE	POVERTY
COWARDLY	WEALTH
JUNIOR	PRIVATE
SENIOR	PUBLIC
LEFT	TAMED
RIGHT	WILD

Shapes

```
N E R A T S C E S S O R C E Z
E O V A L H G U N P W S X P C
K D G R V D R E S H L W Y U N
O F C A E O L V V E R T B T K
W R R W T G M S I R P O R S Y
A T R G N P R K C E I E I X X
D Z R A L S E H I D W D V Y D
N K I A I Z Y H R T G T O E P
E R C D P A D E C C E P X R E
T I V C D E G R L Q V O I S B
W I O T T N Z U E H I L L G H
F N K R E D N I L Y C Y E L E
E L C Z I Z J X U A G G H O A
F Q O R V X K S A M H O G B R
J L T D N O M A I D M N P E T
```

ARC	KITE
CIRCLE	LOZENGE
CONE	ORB
CROSS	OVAL
CUBOID	POLYGON
CYLINDER	PRISM
DIAMOND	SPHERE
DISK	STAR
GLOBE	TORUS
HEART	TRAPEZIUM
HELIX	TRIANGLE
HEPTAGON	WEDGE

Peter Pan

```
U M B R E L L A F T N Y Y A M
D R O W S O Z E K I R L U F N
Y E Q S Y S A T N A F E N Z E
Y P S Z B T S D M N L R B E E
L J M I H O I Q A S R U J A R
R X N E G A R C W A O T J N G
U E R K N E U U E Z T N E A G
C B L S A O O B T S A E Z N N
C G S I Y U Y R T O R V K E I
M U D I D D P O G O R D R W L
R X V Y D O R S N E A A E B R
S H M E C Y C A P Y N N F V A
M L T N E W F O U N D L A N D
E A N H O J U X R Y O C F V X
E E S E T A R I P C K C O L C
```

ADVENTURE	MR SMEE
CLOCK	NANA
CROCODILE	NARRATOR
CURLY	NEWFOUNDLAND
DARLING	NIBS
FANTASY	PIRATES
FEATHER	STORY
GEORGE	SWORD
GREEN	TEDDY BEAR
INDIANS	UMBRELLA
JOHN	WENDY
MARY	YOU CAN FLY

Weeding

```
X A L F D A O T R J Z C W E O
N T S U L U V L O V N O C D R
N L E L T S I H T Z E C C L M
S Z I H C B O H S E L T T E N
D S K O X A L I S O Z K C W L
D Y A G F H Z A V Z E V L H E
E G N R S E A E C C N L Q R R
E R I O G B R W H K A F K A R
W O A U Y H R T K E B T R G O
R U T N L R C A G W N E D W S
E N N D Z U B U C D E B R O E
V D A I S I E S O K H E I R L
L S L V R P A K K C E L D T Y
I E P Y B F L E A B A N E H T
S L K N O T W E E D K H R B F
```

BLACKBERRY

BRACKEN

BRYONY

CLOVER

CONVOLVULUS

COUCH GRASS

DAISIES

FLEABANE

GROUND IVY

GROUNDSEL

HAWKWEED

HENBANE

HENBIT

KNOTWEED

NETTLES

OXALIS

PLANTAIN

RAGWORT

SILVERWEED

SORREL

THISTLE

TOADFLAX

TREFOIL

VETCH

```
N O E R F F X E T Q U D E M N
H F V C N X Q H C T U A L J O
G E C D A U Z E A U X E L R I
N R E I I E N U T A R L I M T
O M X N N C S S M H T I Q U C
B E I E Z O A I T G E Z U I A
L N E X N Y I C U A J R I M E
E T R S A O M R I M B N D D R
G A B U T A N E B R O L R A N
A T C X B E N O G R A X E C I
S I O L F U R I G Q G T B P A
Y O E I A O N A L I M E R I H
G N O Y N T N S I R U J F A C
G L E W K I Z R E U M A X Y T
V D J R C P L L Y N I F G P H
```

ARGON	FREON
BORON	INORGANIC
BUNSEN	IONIC
BUTANE	LEAD
CADMIUM	LIME
CAESIUM	LIQUID
CHAIN REACTION	NOBLE GAS
CURIUM	QUININE
ENZYME	TALC
ESTER	TARTARIC ACID
ETHER	UNSTABLE
FERMENTATION	XENON

Headgear

```
J T A R E D S S T E R N E Q A
U E D E R T A Z N H O N N K X
I N E S T A Z V O O H K L C C
T N E B S F P M A S O U A D B
S O R D E R B Y F L M D X H N
A B S N E U N F S R C P O A S
I P T O R D U O A Y A A B W R
L U A G P M E Y S N B R L E K
O A L K R F F R A T U L L A N
R R K A H E L M E T E W I K B
H O E Q H W A A T T O T P R S
A D R A I N H A T B A H S C T
T E H A I R N E T C B O A E O
F F N E I P K R O P A R B Y U
R A F T D O O N B A F P S U E
```

BALACLAVA	PANAMA
BOATER	PILLBOX
BONNET	PORK-PIE
BOWLER	RAIN HAT
DEERSTALKER	SAILOR HAT
DERBY	SCARF
EARMUFFS	SHAKO
FEDORA	SNOOD
FLAT CAP	STETSON
HAIRNET	TRILBY
HELMET	TURBAN
HOMBURG	YARMULKA

Words Containing TEA

```
P L T E A T L U U R V N G K T
T R A O W A A N T E A T E R E
E Y O E E E S S E E R B A A
A G U T T T Z T T A M E T V R
V A S A E C E N R E D E U P E
R O G A L A A I K S A S X G T
A O D U L L N R T L T R L L S
T Y H T T G J E B R C E A U M
E C H A T E A U I I E M C T A
A Y T E A D Y P E T T A T E E
B T P P L A T E A U U E E A T
L R H O M E S T E A D T A L E
E S T E A L I N G T E S L J A
E I N S T E A D F A S T M E S
A T E P G N I S A E T E A D T
```

ANTEATER	PROTEAN
ATLANTEAN	RATEABLE
BEDSTEAD	STEADFAST
BRACTEAL	STEALING
CHATEAU	STEALTHY
GATEAU	STEAMER
GLUTEAL	STEARATE
HOMESTEAD	STRIPTEASE
INSTEAD	TEAMSTER
LACTEAL	TEARING
OSTEAL	TEASING
PLATEAU	UNSTEADY

Crime

```
Y E Y M S I R O R R E T R Y K
Y T C M S V X J T F S F V R L
Y I O I A A M I S D E E D U F
C A J G V G B P J C O H F J L
N S O P E A I O Y M V T W R Y
E S G H N D F B T M U R D E R
C A N N T O E V B A F G M P A
E U I K B R I J I J G N Q P L
D L H K C A T T A L O E A F G
N T S R J W R W I S L N X E R
I P I R A C Y R A D D A Z L U
Q M H H V U P E A I E N I O B
E G P D U A R F K T G S J N E
L S D Q B T Y R E G R O F Y Y
E D I C I M O H Z J E Y T D R
```

ASSAULT	MISDEED
ATTACK	MURDER
BARRATRY	PERJURY
BIGAMY	PHISHING
BURGLARY	PIRACY
CYBERCRIME	SABOTAGE
FELONY	SEDITION
FORGERY	TERRORISM
FRAUD	THEFT
HOMICIDE	TREASON
INDECENCY	VICE
KIDNAP	VILLAINY

Twice the Fun

```
R O C S U O I R A F I B D E D
E E T L D L O F O W T E U I E
E T E W W D E R D U A S A A R
C A O K O A M Y E E N O L C O
I C B U R F C N M P T E R Y R
W I B R J N O I T C E L F E R
T L R V E L U L N E G A P D I
E P M E C F P L D E O S T A M
D E S E P N L B E A L A A O E
O R Y A I E E E T W I P L N N
U H E W R C A E C I W T U I S
B A T S E K W T O T S D W O B
L M I R R O R E D A I T U E C
E T S U O I R A F I B O T A F
J E T A C I L P E R S N N P L
```

BIFARIOUS	REFLECTION
BIFARIOUS	REFLECTION
CLONE	REPEAT
CLONE	REPEAT
COUPLE	REPLICATE
COUPLE	REPLICATE
DOUBLE	TWICE
DOUBLE	TWICE
DUAL	TWIN
DUAL	TWIN
MIRRORED	TWOFOLD
MIRRORED	TWOFOLD

Go

```
R L V Y D H P M E L T A W A Y
V T R A V E L M O R S D L I F
M V E L R E A L A Z C V E C H
R H A C U R W P I E I A V F Q
E P P M N U E H S Y B N A F R
S R B K O D S R S S T C E O R
A O R S F O E I C I Q E L E E
E C S K F T S O X R N M E V S
L E C J R L N E R F S A J I R
E E R E T D N Z S Z Z O V R E
R D A V P A S S O N U S T D P
J T M S E T O F F R F T Y G S
H T M K U U K U N B E A I S I
E M A H S S S E R G O R P J D
E M B A R K Y L T U O T E G Q
```

ABSCOND	PASS ON
ADVANCE	PROCEED
DEPART	PROGRESS
DISPERSE	RELEASE
DRIVE OFF	RETREAT
EMBARK	RUN OFF
GET OUT	SCRAM
HEAD	SET OFF
JOURNEY	START
LEAVE	TRAVEL
MAKE AN EXIT	VAMOOSE
MELT AWAY	VANISH

Safari Park

```
E M A S R E G I T C B E N F C
M D B M E E R K A T L D O D S
F D E F A V L S H B P Y O V E
Z B U R R L E E A S R N B I E
R W U W E D L R X N B O A S Z
W A Q F I G E O W O I I B I N
S R N U F N N U I I G T N T A
L D G G L A H A L L G A A O P
A E P U E A L C D S A V T R M
M N V B B R M O L N M R U S I
I S I I L O G N I D E E R B H
N A T B N K Q O F N L S A D C
A A V K E E X H E P A N L T Y
T P E L I C A N L J N O F X H
C Y Y R A D E M O R D C A T E
```

ANIMALS   LIONS

BABOON   LLAMA

BIG GAME   MEERKAT

BREEDING   MONKEY

BUFFALO   NATURAL

CHIMPANZEES   PELICAN

CONSERVATION   RANGER

DROMEDARY   TIGERS

ELAND   VISITORS

ENDANGERED   VULNERABLE

GUIDES   WARDENS

HABITAT   WILDLIFE

Train Ride

```
S H W T G L S W S L I A R H A
K E V H E L F C R D J N O C W
C A S V E P S E N I G N E N N
A D A E H E G E T K F O V N O
R R P T A N L H L E L U I N I
T E U T E T Z S Y U K N S Y T
R S C S R F S Y G N D C R R A
S T S Q H S F G G I F E I L T
H A U E R H A U W S N M H T S
P I E O R G O O B E E E M C H
D V O R E A D U C W U N O H S
F D G I D N F S R V G T M D G
H N V W I G N I R E T A C K L
E M R W E T U O R E V I R D U
N A R E D M Y E N R U O J D G
```

ANNOUNCEMENT	ROUTE
BUFFET	RUSH HOUR
CATERING	SCENERY
DOORS	SCHEDULE
DRIVER	SEATS
ENGINE	SLEEPER
FARES	STATION
HEADREST	TICKET
JOURNEY	TRACKS
LUGGAGE	TRAVEL
PASSENGER	WHEELS
RAILS	WINDOW

Pokemon Characters

```
H S I D D O X J S Q C J F Y A
B N L P R I M E A P E M L M H
P H X C P B D R A Z I R A H C
B E L L S P R O U T E H R R H
P Z U E L Y T C A D O R E A I
Y V A F D R A A N P O M O R T
E G N A M T M A N K E Y N C M
G E E I E P M P C U L S Y A O
D H F R T R O W E D K E Q N N
I Z P Y A B P N U R D A Y I C
P I O H P P Z G Y A S K K N H
E L C G O K T A D T Q I O E A
L B E E D R I L L I A N A O N
L I C K I T U N G N H G L N Q
Q O D O D R I O Q I K J J U I
```

AERODACTYL	HITMONCHAN
ARCANINE	KAKUNA
BEEDRILL	LICKITUNG
BELLSPROUT	MANKEY
CATERPIE	METAPOD
CHARIZARD	ODDISH
CHARMANDER	PERSIAN
CLEFAIRY	PIDGEY
DODRIO	PONYTA
DRATINI	PRIMEAPE
DUGTRIO	SEAKING
FLAREON	VULPIX

Armistice

```
L A S T P O S T E J B W Z N Q
E C R O F R I A U B C R V T A
T R P Y A D H T N E V E L E H
R R B A S U P P O R T A S N A
E C N A R B M E M E R T E I L
N S M C K M R H R C X H R T F
C W E J E P I A W N Q W P K M
H E N R R A N S B E L H Y D A
B L N A V S S Y T L O O R S S
B E Y O M I D E Q I T J O A T
W E L S T R C Y F S C L L L F
R J P G A A I E U I D E I U Z
R O W S I C P A P I R L A T W
N V E R D U N H E O V E S E I
Q E M M O S M R B A T T L E H
```

AIR FORCE	SAILOR
AIRMAN	SALUTE
ARMISTICE	SERVICE
BATTLE	SILENCE
BELGIUM	SOLDIER
CEASEFIRE	SOMME
CENOTAPH	SUPPORT
ELEVENTH DAY	TRENCH
HALF-MAST	VERDUN
LAST POST	VETERANS
PRAYER	WREATH
REMEMBRANCE	YPRES

Catch

```
A X H C T A N S H E H D M N E
N E P O T S C F T E A Z W Y N
G L A T C H O N T O C O P L T
N R H C O L L A R A D W X W A
A B A O T G U U P T D P H E N
P E K S E R W T N N U I A K G
P T G H P X I U C P H E N A L
R I S Y D V H S A H I C G T E
E O F E A A C N C H O E O R N
H H U T R A S T E R O E N E S
E S E N P R I E N E Y L F V N
N X E T D H A E A G Z G D O A
D D U I J U R V E N T R A P R
Y R T O Z U P U N M A S K U E
E C U I J E W B H J N W L E X
```

APPREHEND	HITCH
ARREST	HOLD
CAPTIVATE	HOOK
CAPTURE	HUNT DOWN
CLUTCH	LATCH ON TO
COLLAR	OVERTAKE
CORNER	ROUND UP
ENSNARE	SEIZE
ENTANGLE	SNAP UP
ENTRAP	SNATCH
GRASP	STOP
HANG ON	UNMASK

Ghosts

```
L A R U T A N R E P U S L I W
N U N T Y U Q E G S H C A N T
A M N N S V L L R P T K R C I
M E G O R I I I E I I O T O E
Y I A I I E E S A R A O C R Q
E B E T W T V G I I R P E P G
G M S I K O A E R T W S P O Y
O O S R L P D T N E A T S R T
B Z E A R U R A S A T N W E R
O V N P T T O E H E N L T A A
F R C P Z N S H S S F T O L S
A F E A B W A O G E B I L P H
P H A N T O M H H Q N U N V E
G N I T N U A H P G O C C A R
E E H S N A B F C S V S E P M
```

APPARITION

BANSHEE

BOGEYMAN

ESSENCE

GHOST

GHOUL

GYTRASH

HAUNTING

INCORPOREAL

MANIFESTATION

PHANTASM

PHANTOM

POLTERGEIST

PRESENCE

REVENANT

SHADOW

SOUL

SPECTRAL

SPIRIT

SPOOK

SUPERNATURAL

VISITANT

WRAITH

ZOMBIE

US State Capitals

```
X A U G N L O C N I L E D N E
I F H O E A U R O N E R R O S
N A D J K C M R S N C S O T E
E F N I A H N B V A C D F S N
O R O M N C F E H G N O T O I
H A M E O D K G D N K T R B O
P N H D A N I S D I M E A D M
J K C E O E T A O S V F H F S
U F I K L M E P N N U O T A E
N O R A J E A D E A Y O R E D
E R R E I P N D M L P S E P M
A T N A L T A A I E I O S H E
U N O T N E R T K S J E L L E
S T O R E O D A C M O E R I G
C E G U O R N O T A B N N E S
```

ATLANTA	LANSING
BATON ROUGE	LINCOLN
BOSTON	MADISON
CONCORD	MONTPELIER
DENVER	PHOENIX
DES MOINES	PIERRE
FRANKFORT	PROVIDENCE
HARTFORD	RALEIGH
HELENA	RICHMOND
INDIANAPOLIS	SANTA FE
JACKSON	TOPEKA
JUNEAU	TRENTON

Examination

```
I  I  R  U  I  R  W  X  S  Z  S  B  C  L  M
S  J  S  G  N  L  Y  P  D  C  H  A  I  R  N
N  S  L  N  C  I  A  D  F  I  N  A  L  S  O
O  V  S  I  C  S  V  R  U  I  F  U  T  C  I
S  R  I  T  S  N  R  E  R  T  A  B  E  A  T
S  A  X  I  R  F  E  H  R  E  S  U  L  T  S
E  S  U  R  V  E  Y  R  R  S  W  L  I  C  E
L  S  T  W  S  Z  S  E  V  R  I  H  T  A  U
P  E  N  C  I  L  A  S  G  E  B  T  T  N  Q
G  S  M  X  E  D  B  D  R  V  S  R  Y  D  M
R  S  D  K  I  J  Y  P  A  I  R  E  O  I  Z
E  M  F  N  F  L  B  G  D  S  W  P  B  D  Y
P  E  G  R  B  U  S  U  E  I  I  O  C  A  T
A  N  E  C  N  E  L  I  S  O  I  R  W  T  X
P  T  K  S  E  D  U  A  L  N  W  T  Y  E  I
```

ASSESSMENT	QUESTION
CANDIDATE	READING
CHAIR	REPORT
DESK	RESULTS
FAIL	REVISION
FINALS	SILENCE
GRADE	STRESS
LESSONS	STUDY
NERVES	SUBJECT
PAPER	SURVEY
PASS	UNIVERSITY
PENCIL	WRITING

Capital Cities of Africa

```
K T U K A A L A P M A K H F I
E R A E D K M S H E R A R A H
O I P R I O S M D G R E N A H
H P F G D E A A J B E S H T M
D O A O P L C R W T A E V R A
N L D E A B S A O C I M U V P
I I U B X R I W M E M D A T U
W E O S E Y N I A M E Y E K T
R A U I A C A L B A S E V D O
S A G O R K U O S S U O M A Y
C L K K N J A C U B A N G U I
A N S A N L I L O N G W E B S
I Y H A D N U H S I D A G O M
R A B A D N A U L Z A E N F E
O R S A B A B A S I D D A S K
```

ADDIS ABABA	KIGALI
ALGIERS	LILONGWE
ASMARA	LUANDA
BAMAKO	LUSAKA
BANGUI	MALABO
BANJUL	MAPUTO
CAIRO	MOGADISHU
DAKAR	NIAMEY
DODOMA	TRIPOLI
FREETOWN	WINDHOEK
HARARE	YAMOUSSOUKRO
KAMPALA	YAOUNDE

Shades of Pink

```
E  I  G  N  I  K  C  O  H  S  H  C  A  E  P
S  L  B  E  P  O  W  D  E  R  E  R  F  E  E
I  T  V  O  W  N  E  L  M  D  T  U  C  Z  G
R  A  H  I  U  S  A  L  Q  L  C  H  H  E  N
E  M  R  U  O  G  A  I  U  H  E  F  T  N  A
C  A  E  R  L  R  A  Q  S  R  U  E  N  D  M
U  R  D  P  O  I  D  I  R  R  V  H  A  E  C
A  I  N  C  U  J  A  Y  N  O  E  O  R  M  N
P  S  E  E  R  V  B  N  L  V  G  P  A  I  A
R  K  V  N  A  L  S  G  P  N  I  G  M  A  L
I  N  A  S  O  A  X  C  A  E  E  L  A  N  B
C  I  L  S  L  O  H  D  Q  N  O  C  L  G  E
O  W  S  M  F  I  N  R  T  R  Q  N  C  E  A
T  O  O  X  N  A  T  A  E  G  A  M  Y  R  A
M  N  T  A  F  N  O  I  T  A  N  R  A  C  E
```

AMARANTH	LAVENDER
APRICOT	MAGENTA
BLANCMANGE	PEACH
BOUGAINVILLEA	PEONY
CARNATION	PERSIAN
CERISE	POWDER
CHERRY BLOSSOM	ROSE
CHINA	SALMON
CORAL	SHOCKING
FANDANGO	TAMARISK
FOXGLOVE	THULIAN
FUCHSIA	ULTRA

Man's Name in the Word

```
M D E L I C A T E B R E H S J
G E E U A L L G N I Y A R P S
D S M B A L T I M O R E A L Y
S N E P E S C H A R C L D R K
M L A K A N D L E S F X E F T
A A D I U T T E E R Q S M R R
T B M Q R L H U E R I V A O I
T R S B A B F Y R S I V R N C
E A L S I L U W T E E C C T K
R D E A E A I A U I K W A A L
I O H U B L N B E W M C T L E
N R A L D C N C E T E R I A V
G V Y E E V P U E R A Q O N U
P G S D E C N A L G T H N N S
E T H A N K F U L B M Y C E E
```

AMBIANCE

BALTIMORE

CHATEAUBRIAND

CLERICAL

DEBENTURE

DELICATE

DEMARCATION

EMPATHY

ENORMITY

FLUKES

FRONTAL

GLANCED

LABRADOR

LIBERTY

PALFREY

RESISTANCE

SHERBET

SMATTERING

SNICKER

SPRAYING

THANKFUL

TRICKLE

UNLESS

WILDEST

More or Less

```
F D D Y L T P E C X E Y Z W Y
T E R A P S U T R E T D J P T
R B F S O U D Q Q Z U U M D N
E V I T A N R E T L A K S M A
X L H A U D S S T N O C H D C
T E S C A R C E V A R I O U S
R N M K S Y Z C L B E C R F M
A K U S S U L P A U L P T U A
C B L M C E M O S N J Y E V L
O M T Z E O T G H D E R A R L
P D I V E R S E I A G R U N E
I A P N E N O N N N D E Y B R
O Q L C U T A U G T F W R V M
U N E X D S T L S H S E R F Q
S M A V G B I I K H J F F G Z
```

ABUNDANT	OTHER
ALTERNATIVE	PLUS
COPIOUS	RARE
DIVERSE	REPEATED
EXCEPT	SCANTY
EXTRA	SCARCE
FEWER	SHORT
FRESH	SMALLER
LASHINGS	SPARE
MINUS	STACKS
MULTIPLE	SUNDRY
NUMEROUS	VARIOUS

Herbal Remedies

```
O Y L I L A N N O D A M V G Z
Y E E R E S T I N E P Q I N E
E E G R B G A R L I C N O C L
L I R A T I F Y L R G R L O I
S R O F V A K S N E F W E R M
R E X T M O W M R F G W T I O
A G E I W O L L A M H S R A M
P I Y H C K C S U N D E W N A
Y N E T N N O I L E D N A D H
R S D E Q H A L H B L R D E C
O E A O G K N I G E S P A R E
R N I A M A B J R L C E R K E
R G S J Q Y R R E B N A R C E
I N Y I M J O O H E M L O C K
S E Y M A S L A B A L S E M V
```

BALSAM

BORAGE

CHAMOMILE

COMFREY

CORIANDER

COWSLIP

CRANBERRY

DANDELION

GARLIC

GINGER

GINKGO

GINSENG

HEMLOCK

LOVAGE

MADONNA LILY

MANDRAKE

MARSH-MALLOW

ORRIS

OX-EYE DAISY

PARSLEY

SAFFRON

SORREL

SUNDEW

VIOLET

Bend

```
E V R E W S L C R O U C H A E
W S A G J E T R E V R U C E K
O A I V E S H T E B L I O O D
B W T N I D U T U D N O O S E
L E K W Y L I C T C N R W E F
E N T L O E K V L C C A D E O
A E I V O L A I E R Y A E A R
E Z N G E T N D A R U R S M M
U O T X C E G N I S G F L A X
C J E R A V L J R S A E I T E
P R P F O P Y E C U T A M L P
T K F D O T P B Y B T O G T X
F L I O W T N L I M X N R E D
E P T N E C E O M I A R L T L
R S L D K G V A C T S F A O P
```

ANGLE	FLEX
BUCKLE	INCLINE
CONTORT	KINK
CONVOLUTE	KNEEL
CROOK	LOWER
CROUCH	MEANDER
CURVE	PERSUADE
DEFORM	STOOP
DISTORT	SUBMIT
DIVERGE	SWAY
ELBOW	SWERVE
EXERT	TWIST

HALF Words

```
A R U O H I L I F E R O Z T U
U T E T P P E E L S A Q N S M
N I U F T T Q I N S F P O A W
H M C O C K E D I K P S S S H
D E D M U T R S O F K T L C T
O E R G S W T R D Z H I E H U
B L E A D E E L I D E P N I R
T B P P R T T D E B Q N L B T
N E Y T S W E P A B M O F Q T
I C E E C T B C H E I O Q A U
P I R S R H K A W H C M J V B
T R D A A O O S K I Z A G T K
O P E D E M E B A E E D P N C
N H J R E H T O R B D C O S D
E R U S A E M E W I T T E D J
```

ASLEEP	MOON
BACK	NELSON
BAKED	PAST
BROTHER	PINT
COCKED	PRICE
DOZEN	SISTER
HEARTED	SPACE
HOUR	SPEED
KNOT	TIME
LIFE	TONE
MAST	TRUTH
MEASURE	WITTED

ALL Words

```
U T U O L O P D N U O R A Y D
R R H L G G L E C S P I C E L
I X A G W S C G Y T R A P F O
F N Q N A U M B N Z R C B K T
I A B O A R D E M O I N R P V
X T C B A Q F C T R L O N G R
G T P T Q L F O T S W A E N V
I H S W X J W C O Z Y C D I S
R E V O O M E E Q L F S D W R
E B Q V Q L C I F R S T U O U
S E V E E C E O O Y H D S N O
A S Q U A R E M M G W O A K Y
F T S T A G I R I E R N F Y W
E S O P R U P R F T R R O X X
P O W E R F U L S U N S X I S
```

ABOARD	PURPOSE
ALONG	RIGHT
AROUND	SORTS
COMERS	SPICE
ELECTRIC	SQUARE
FOOLS' DAY	STAR
IN ALL	SYSTEMS GO
KNOWING	THE BEST
OF A SUDDEN	TIME LOW
OVER	TOLD
PARTY	WORK
POWERFUL	YOURS

France

```
N R E W O T L E F F I E T E D
T C R N E S K T M D B S P V E
X U A E D R O B C A N C A N D
N H E A T U T A A G L A R B G
P S A V L R E N S E C R I U R
A P E O I M A X F R F G S R U
R Z N R E N C U H N B O B G O
E W S L T A D O Q R A T G U B
S J L E L R N E A N P N S N S
H I S A I E A S P N I T C D A
L I I N L N S H O A L T G Y R
R S B S R E E J C R Y O A F T
E B T W R O I R E E U S I L S
A O Y I K D E K R O U E N R V
N S E I Y C O G N A C K B R E
```

BORDEAUX	LILLE
BRASSERIE	LOIRE
BURGUNDY	NANCY
CALAIS	NANTES
CANCAN	ORLEANS
CHARTRES	PARIS
COGNAC	RHONE
DIJON	ROUEN
EIFFEL TOWER	SEINE
ESCARGOT	STRASBOURG
EUROS	TOULON
LATIN QUARTER	VIN DE PAYS

Citrus Fruits

```
D D T V I T I U R F E P A R G
O Y L L Y I O R T A N I Q U E
L Q G I L E M O N Y N P H K Z
E U W C I T R O N X W G I Y P
G G F A E M E L Y E K N P U L
N C A L A M O N D I N C S U A
A O Z O I E Z V A O K T Q O R
T R R L X P G K W N A K R Z A
P O P O J L Z N A N A W S X H
P G V I B S L G A B Z K V A A
O N I C X L O M S R O T O D P
N A C I T R A N G E O S H Y A
K T R O T B I N D F Q L U F I
A O L E M O P V C X E Z M A W
N P O N C I R U S O U J Z V M
```

AMANATSU	LIME
CALAMONDIN	ORANGE
CITRANGE	OROBLANCO
CITRON	ORTANIQUE
ETROG	POMELO
GRAPEFRUIT	PONCIRUS
IYOKAN	PONKAN
KABOSU	RANGPUR
KINNOW	TANGELO
KIYOMI	TANGOR
LARAHA	UGLI
LEMON	YUZU

Astrology

```
D P G A R B I L F C M B R S C
X W S M C A Q H L K A O E B A
I T T H N S O I B U R C T C N
E B A Z K G U T L T B S A F C
K R R Q R H W R N I I A W J E
T C E I T I D E U H O U S E R
R M V R N M M Q C A Y N C U N
S N A S L E E C S T T G A Z W
T E S S L W S E Y G B I L O D
E W T E S Z C O R F A S E D R
N M A Z I S N B Q I R R S I V
A D O N I R N N L R C I G A E
L C G P N M A J E E A A N C S
P T L J Q C M T O A D E P F K
Y K N O I T C I D E R P I Y J
```

AIR SIGN	LIBRA
ARIES	LION
BULL	PISCES
CANCER	PLANETS
CHART	PREDICTION
CRAB	RAM
EARTH	SCALES
ELEMENT	TAURUS
FIRE	TWINS
GOAT	VIRGO
HOUSE	WATER
LEO	ZODIAC

Sauces

```
E T A L O C O H C F S G E P J
P B R I P U O S L O H U I E D
D Z I E O S F E U H C R T P A
H F S J P L M B G E I U L K W
M T W V B O I S B P O F R Z H
O Y E R N S E R I L S S F R E
M V E P E M A R E M A U R T Y
E A T N R B I V N U H F I J I
D R A W A I A P P L E H K I K
G G N O T A M O T P W H D C A
A R D R X Q I A K N F I H H Y
R R S B R V R A V I G O T E I
L G O T R R T O M E F J H E R
I H U E N F S D Z J R P S S E
C F R R U E S S A H C A F E T
```

AIOLI	LEMON
APPLE	PESTO
AU POIVRE	PIRI-PIRI
BARBECUE	PLUM
BREAD	PRIMAVERA
BROWN	RAVIGOTE
CHASSEUR	SOUBISE
CHEESE	SWEET AND SOUR
CHOCOLATE	TERIYAKI
CURRY	TOMATO
GARLIC	VELOUTE
GRAVY	WHITE

Animal Food

```
E M E R I M A R A K S E N O B
O R R B E R R I E S G S A M O
S F A E O S W V E M T R S E E
E Y O T L S E H H C G R A E S
T B F D C B T A E G A L I S Y
I A Y C D E B S G A K G P U S
M R F S R E N I U L T L V A V
R L S M M I R L K C A H P N I
E E E R A S C E Z N O N E H A
T Y I O I F I K K M A L L J E
S A L W Z B G T E M I L L E T
D J F X E G O H E T I W E G O
E B E A J N E A I A S E T W L
E G A W A R T S G R U B S C R
S B L E A S E V A E L E S A E
```

ALGAE	LOCUSTS
BARLEY	MAIZE
BERRIES	MILLET
BONES	NECTAR
CRICKETS	PELLETS
FLIES	PLANKTON
FODDER	SEEDS
GRASS	SILAGE
GRUBS	STRAW
INSECTS	TERMITES
KIBBLE	WAXWORMS
LEAVES	WHEAT

Varieties of Tomato

```
R I H J M Q Z L C D E N F V N
N A N A E K L C Y J U H G X W
M O L C T N Z E E Q R X R N X
R I V O A A N P L U M R O M A
O Z L O R S L Y R D Z K U I O
V A L L E R E G I T C V C C D
A L I O E C E Z H A N I L A G
N L Z C D F Y H S N T Q Y L D
A L Z C A Y L S C E F V J O N
T O A I I D O E I W O L R S O
L S N P R C A L U N Q E A R A
U E O Q Y G U S N R P K A M U
S T K M M J V A O A U M A G E
A T S A R A P P I R A N T O X
V O Q Y X V K U A O Q N B A P
```

APERO	MILLEFLEUR
ARASTA	MYRIADE
CHERROLA	ORAMA
COSSACK	PANNOVY
FLAME	PICCOLO
GALINA	PIRANTO
INCAS	PLUM ROMA
JENNY	ROSADA
JULIET	SAKURA
LATAH	SHIRLEY
LIZZANO	SULTANA
LOSETTO	TIGERELLA

Strong Smells

```
C H O N E Y S U C K L E N S Y
A R S U T P Y L A C U E E G N
L R P A L S K V A E E J A G E
I Y B U R N I N G R U B B E R
L M W M A N W A G I A D B D O
C O F F E E S R T L Q O O A L
A A H G H T E E L S C I R B I
I A A E W T H I P C O E O S W
N R T P N A N A A E V P D X M
O M C I T A S B N I A I M K I
M A W L V E O A T E H C Z O R
M N D K O T G E Z C R J H M C
A U I S N V V H R B Y I A E H
E R M U R B E O K N U K S N S
I E L M Z D Q S I A N A N A B
```

AMMONIA

BAD EGGS

BANANA

BURNING RUBBER

CLOVES

COFFEE

COMPOST

EUCALYPTUS

HONEYSUCKLE

LILAC

MANURE

METHANE

MUSK

MYRRH

NEROLI

ORCHIDS

PEACHES

SAGE

SKUNK

TOBACCO

VANILLA

VETIVER

VINEGAR

WINTERGREEN

Orchestral Music

```
U S I A L G N A R O C I P A S
N E L Y Y I C I S P N I E O S
R E D A E L T H B U C I N I A
O V E I B O X H A C R A S Z R
H B E R R M X A O M R O L O B
H C O Y O C I L M P B M H E R
C O X S A C O T O M H E N C G
N N K T B Q S S I B E O R J R
E D E R U T R E V O T L N O A
R U P E R C U S S I O N L E N
F C W C S G N I R T S L N C C
T T U N I N G A Y N E G V Q A
M O Z O I C B S E C T I O N S
Z R E C N A M R O F R E P N A
T R O M B O N E N K I V W R V
```

BARITONE

BRASS

CELLO

CHAMBER

CHORUS

CONCERT

CONDUCTOR

COR ANGLAIS

FRENCH HORN

GRAN CASA

LEADER

LITHOPHONE

OVERTURE

PERCUSSION

PERFORMANCE

PICCOLO

ROSIN

SCORE

SECTIONS

SOPRANO

STRINGS

TIMBAL

TROMBONE

TUNING

Wet

```
Y M M A L C W S Y Q T Y S N J
H V Q N G S H N G P G D M E D
C V Q D J T S A R G P U Q D E
L W P E K E L H U Q D O I D Y
E C T N D A D M O D D I L O A
U M A W E M W E Y W J D L S R
Q D O O D I W A S H E D E I P
S A E R O N C N M R M R R W S
Y W Y D O G K B I A E R Y L Y
S N A I L F I S R M I M M R C
L O W M F K H S Y G Q O M A T
X I A H P S H S A I I G U I A
B B K K L Y Q T C S E E L N C
C D F N E J E D T D Y L S Y K
E P Y P J D D E I R D N U M Y
```

CLAMMY	RAINY
DANK	SHOWERY
DEWY	SLOPPY
DROWNED	SOAKED
FLOODED	SODDEN
IMMERSED	SPRAYED
IRRIGATED	SQUELCHY
MARSHY	STEAMING
MIRY	SWAMPY
MOIST	TACKY
MUDDY	UNDRIED
MUGGY	WASHED

Walk in the Woods

```
E O I B Q X Y Y H P G A A O C
M N H D E E R V F E N C E R B
K S I K B E P I L F D M O T E
L N C D B K R Y W W W W M N E
L E U W N E E T Y K O H O V T
A L G R X A E L K I Y T S Z L
P S M A T V L C P A T H S Z E
C E S S I O F E H A O R E V N
B H C E H L A F C N M X S E A
V C R V I G O D Q E I C H V O
Z N E A Y R N F S T B C L N R
T A E E K B R D L T I I H T W
H R P L C F G E U L O K R T R
E B E S G I W T B E E O F C I
O Y R A I S K V Y S Q V L L H
```

BEECH	IVY
BEETLE	LEAVES
BERRIES	LICHEN
BIRCH	MAPLE
BRANCHES	MOSSES
CELANDINE	NETTLES
CREEPER	OAK TREE
CROW	OWL
DEER	PATHS
FENCE	TOADSTOOL
FOLIAGE	TRUNK
HOLLY	TWIGS

Ending UP

```
P U P E E R C U L O I T S U P
M F K E E P I N G U P E T G U
P Y U S C R U B U P U O R P P
U J C P U S N E V I L O A L U
T L H F U H A S R R W E I U N
U G E U P L Y P U U H P G M E
I P W T D D U P P F S U H P T
B U U U T D L Y I U P A T U T
P R P P E I B U R N U P E P I
U E I P U G N A G P G Z N M R
D V P C D R A G U P N U U U W
E O P U K U W N U F U T P R C
P C P U M U R D U P O V U T L
I G S C O O P U P U G S B D U
P U L K T P U D E D A E H U P
```

BRICK UP	LETTING UP
BURN UP	LIVENS UP
CHEW UP	MEASURE UP
COVER UP	PIPED UP
CREEP UP	PLUMP UP
DRAG UP	POPPED UP
DRUM UP	SCOOP UP
GANG UP	SCRUB UP
GROW UP	STRAIGHTEN UP
HEADED UP	TORN UP
HYPING UP	TRUMP UP
KEEPING UP	WRITTEN UP

Rivers of Britain

```
J E I L R S T H E P S L D E E
C O Q U E T L S V R E W O L D
E N O E K E U M L K A P D A J
C T D W F O F O W E Y M A W N
S N E U T K S R M N B E R S R
R A T A V S G I K N Y D W L E
R I E W I T J S V E B W E A V
A R L E E N K T V T A A N J E
G N B N H E V O Z N C Y T R S
I R B A J R D N Z C W L A G Y
E R I S C T W I T H A M Y M Z
V E R B Y C G J A D A R R D J
D L N W P A R R E T T G R S E
V P O D A R F L L C A P E O P
H T L A L E T N E W R E D H N
```

CARRON	PARRETT
CLYDE	RIBBLE
COQUET	SEVERN
DERWENT	STOUR
DOVEY	SWALE
FOWEY	TAMAR
GREAT OUSE	TOWY
KENNET	TRENT
LOSSIE	TWEED
MEDWAY	WEAR
MORISTON	WHARFE
NAIRN	WITHAM

Washing a Car

```
Q W A X I N G P Y V P H O S S
B Y E E M O R H C S S E P I H
O R U W R C E B F I D A O H E
S Q U E E G E E L O C M N S L
S R M S F F M O O B A L O I G
A H I S H I P R U H M H G V N
L H S N R B S H C T N H W A I
G K E R S B U C K E T W A H B
F F O G N I Y R D S H E T I B
S R P U P U N R T E P B E C U
S F E A R D A G E R V O R L R
U K K M O G N L H M U R N E C
E N I H S S S W R H I Y C G S
K F D S W O D N I W I R Y F E
E L C I H E V A R E W A G E R
```

BRUSH	POLISH
BUCKET	RINSING
CHAMOIS	SCRUBBING
CHROME	SHINE
DOORS	SOAP
DRYING OFF	SPONGE
GARDEN HOSE	SQUEEGEE
GLASS	VEHICLE
GRIME	WATER
HUBCAPS	WAXING
LIGHTS	WHEELS
MIRRORS	WINDOWS

Famous Golfers

```
D Z A I H C C E V A C L A C S
R O D P M J S M G S H P Z T C
G V A U R H A R R Q G W U F E
O E J Y V I A M E L N D X H V
S N E A D A C Y E P I H A Q W
E T B N A G L E N S S D A L P
S U A L K C I N E I O A O S Y
O R Y R T L O B N E E N C V D
R I I X Q Z M A G W I Q D S J
E E X I R W I N E F W M H E E
W L F G T V A Y L O P E Z N L
E Y T D T R N I H Z C R L R O
R L I T T L E A O E H T V A C
B C H S U C D H R U J C J B K
I R L Y A O Q I N O P M H X E
```

BARNES	LITTLE
BOLT	LOCKE
BREWER	LOPEZ
CALCAVECCHIA	LYLE
CASPER	NAGLE
DALY	NICKLAUS
DUVAL	PRICE
ENGELHORN	SINGH
GREEN	SNEAD
HAYNIE	STRANGE
IRWIN	VENTURI
JAMESON	WEIR

Moon Craters

```
S I E Y I P K N I H M B I T T
M H D V Z A S S T O C P T A H
A K E B Y R A L L E P A C F B
D G V G S R I S I S W I M S Y
A N O I M Y D N E G T N E O R
A E N C I F I N O U R N R X D
A S O A D I I H S R E G I E G
R A E R J E C Y S H Y E L C G
Q K L U T Y O G T O Q H D A L
M G X S T V A S R T G K U H C
K B N T E L O T R B A S D T Q
D I Z Y V T J L N E S N A N K
E N L A A K S I K O R S K I Q
K G N R W V O L R O C S N R Q
X I E X W T O V O H V B R X V
```

ADAMS	MACH
BYRD	NANSEN
CAPELLA	ORLOV
EINSTEIN	PARRY
ENDYMION	ROENTGEN
ERATOSTHENES	SIKORSKI
GALVANI	TACITUS
GAUSS	TESLA
GEIGER	TYCHO
ICARUS	VEGA
ISIS	VOLKOV
LEONOV	WATT

Words Reading Either Way

```
M R R G E A R E S R G F U R E
D G E P S L E E K E E H O E B
S B I A K I E N F R U V Z M C
E D N R A N I M A L E S E G X
R E E T Q T J J G Q T P A L N
I E D S S B T L R R E T A L P
F Q W R Z E N F A Q E G O I R
R E C A P S E W L M D T U C D
S S F U R Z R C A I Y L O L O
D Y T A H D G N G C I A G O P
C L I R D E S S E R T S K O L
E E M T O Z B Z R E I B O K T
B V E Y R P A U A B U L E T A
S J R D B L S Y I U S N A P S
H F D E L I V E R T R A M S U
```

DELIVER	PLUG
DENIER	POOLS
DRAWER	RECAPS
FIRES	REMIT
GATEMAN	REPAID
KEELS	REVEL
KNITS	SMART
LAGER	SNAPS
LAMINA	SPORTS
LOOTER	STRESSED
PACER	TUBER
PARTS	WARTS

A, E, I, O and U

```
X X E B U E U P H O R I A C E
S I N O I T A D U X E T I O L
D U O D E C I M A L Y T G N B
I G N I T L U A S R E M O S A
A N X I O U S N E S S I L U T
M M A U T O F I R E T L U L R
E E N I R U O B M A T B E T O
S N E X H A U S T I O N T A P
U D D I S C O U R A G E A T P
O A E L I H P O I D U A L I U
H C I P N E U M O N I A U V S
L I D O D S E Q U O I A C E N
I O T E N A C I O U S W O I I
A U C I T U A N O R E A N V H
J S X N L S E E Q U A T I O N
```

AERONAUTIC	EXHAUSTION
ANXIOUSNESS	EXUDATION
AUDIOPHILE	HOUSEMAID
AUTOFIRE	INOCULATE
CONSULTATIVE	INSUPPORTABLE
DEPUTATION	JAILHOUSE
DISCOURAGE	MENDACIOUS
DUODECIMAL	PNEUMONIA
EQUATION	SEQUOIA
EULOGIA	SOMERSAULTING
EUNOIA	TAMBOURINE
EUPHORIA	TENACIOUS

Bread

```
A O E H C O I R B R H D E T T
S L L O R G H E M E A L R Y N
Z D U A K D U P I K E L E E N
W V N Z T N Y N L A W A V E I
I O O H A T W N L B S O C A A
E X Z A S O E W E T I R Z A R
B C N T R N H L R T O H R U G
A K I B A C M W U U U C O P E
C C N E N M H U T F E L P G L
K N L E T E G O T G F I G D O
D L R H A I N O H N J U Q R H
A F E T J D H Q V I L M M A W
S B R G T I I W L S M H V O K
S Y P R A R T N V I Q R T B U
E J B Y T B H D G R M E P N Y
```

BAGEL	MUFFULETTA
BAKER	NAAN
BOARD	OVEN
BRIOCHE	RISING
BROWN	ROLLS
CROUTON	RYE
FLOUR	STICK
FRENCH	WHEAT
GLUTEN	WHITE
KNEADING	WHOLE-GRAIN
MATZO	YEAST
MILLER	ZWIEBACK

TV Quiz Show

```
I S R E W S N A P P L A U S E
O Y L D V A G N I R O C S N G
Z Y Y C T N A P I C I T R A P
S E M E H T S R E Y A L P I E
C C A L J A O E J F G S L V N
K M S L R U L S I W R B S I T
S E Z U N R P L G L U D E R E
N E R D P E I N E Z P R Z T R
Y O S U E P I V Z N E E I S T
R E I D S N O E A C G D R T A
O C M P N S R R A L R E P N I
T G I I M U E L T U S Q F I N
C U W J R A L R A E Q N T O I
I A G L V Y H R P F R Q Y P N
V O S U B J E C T S Q S N F G
```

ANSWERS	REPLIES
APPLAUSE	RIVALS
BUZZER	ROUNDS
CHALLENGE	SCORING
CHAMPION	SPEED
ENTERTAINING	SUBJECTS
PARTICIPANT	SUPPORTERS
PLAYERS	TEAMS
POINTS	THEMES
PRESSURE	TRIVIA
PRIZES	VICTORY
RECALL	WINNING

Animals' Young

```
X T U F O A L A K J Z K Q D U
N L I Z E R I J C C D M U V B
W O C U E R M H D O I C Z N B
B C G V C R D P M G K J W J Y
Y G L B F E R M D L N A X Y R
M E A J P K O Y I S F Z L Q F
H M O L W A M N X L N L V D U
M A E J M E G O S L I N G A I
R H T A X U A S M F T B U R G
W T P C Y Q O G N E N T I A H
R D L P H S O N L D F L Q L Y
W R P U D L J G Q E U O T A U
C U A X O F I D R T T M S R S
P U I P Y P Q N W D D S K V V
N O B I F Y G A G M F R N A V
```

COLT	HATCHLING
CRIA	JOEY
CUB	KID
DUCKLING	LARVA
EAGLET	NYMPH
ELVER	PARR
FAWN	PIGLET
FILLY	POULT
FOAL	PUPPY
FRY	SMOLT
GOSLING	SQUEAKER
GRUB	WHELP

Insurance

```
B O H C M U I M E R P H V Y Z
N L E C N A R U S N I E Y N J
O O N L X U E I G E R A R A S
I A I C Y Y I R K U E L A P C
S D T T O T Z O V J M T U M S
R I N I C V R T E A I H T O T
E N O I N E E A G Y N P C C N
V G T T V D T R P L D R A L E
E P P W N S E O A D E O C A M
R E O D S E E M R G R F L I U
N I Q L M B D S N P E I P M C
Q P S E I E O I S I H T H U O
W P N K Y C R N C O T S G T D
K T V V S P Y P U C L Y K B K
R E O H L S T E S S A G U L P
```

ACCIDENT	LOADING
ACTUARY	LOSSES
AGREEMENT	MORATORIUM
ASSETS	POLICY
BONUS	PREMIUM
CLAIM	PROFITS
COMPANY	PROTECTION
COVERAGE	REMINDER
DOCUMENTS	REVERSION
HEALTH	RISKS
INDEMNITY	THIRD PARTY
INSURANCE	TONTINE

Northern Ireland

```
A N T E P E H Z C S S G B O H
S R B G N C X E R S U L E V L
Y X G R L H N E A R O G N A B
E R A A W O S L I U V K T A G
W L U N R C G E G L I S H R A
C D J Y T D S H A M R W O Y R
Y O T X R R F N V P L O S A V
E O M A H O I O O A M H X N A
L W A B Y M M M N S E C U O G
G Y F L E A E L P N R R T T H
I L E A T R Y O Y A O U L N C
R O L X O A R J R R O M D I H
H H B Y S T Q A W R N L O F K
S Y O L N U D U E U P I W K W
Q R I C H I L L N C W N N H V
```

ANTRIM	FINTONA
ARDGLASS	GARVAGH
BANGOR	GROOMSPORT
CLAUDY	HOLYWOOD
COMBER	KILREA
CRAIGAVON	LARNE
CRUMLIN	LOUGH FOYLE
CURRAN	NEWRY
DOWN	POMEROY
DROMARA	RICHILL
DUNLOY	SHRIGLEY
EGLISH	TYRONE

Diamonds

```
J P X T D W R Z H M W R B G T
I S T U G T A O B E E O M P U
Q L A C X E E K U T I W S R C
S A B N O E P C T G G N K I I
T E L U C X C U A V H E N N Z
A P E F P A C N P F T C I C Z
R O C M R I N G S T O K L E U
A L U A K P T V Y M I L F S R
I I T F F O A H P Y G A F S E
T S I M N L H A T E H C U C P
W H H Y U C R I R O S E C U T
T E M A Z A R I N C U T F T T
I D B J B A Y Q N O N W O R C
C L F L L E W E J R O U S H J
E D E C U L L I N A N R G E I
```

CARATS   NECKLACE
CLARITY   PERUZZI CUT
CROWN   POLISHED
CUFFLINKS   PRINCESS CUT
CULET   RINGS
CULLINAN   ROSE CUT
CUTTER   ROUGH
FACET   TABLE CUT
INCOMPARABLE   TIARA
JEWEL   UNCUT
KOH-I-NOOR   VALUABLE
MAZARIN CUT   WEIGHT

Costume Party

```
T Y L D B E T A R I P Y H J Q
G H O S T A O W Y C N M I F B
N U G P R I N C E S S M N J W
Y A L I E N V S N L A U C T O
H Y M O N I U O H N C M R B R
M K R T K K W B G E N I E D C
H K S I A M N E Y U E T D C E
Q I N O A B L G R A T A I Y R
B G P N L F I S L Y G W B O A
J N J P Y D E L R S M G L B C
S M O Y Y W I U G B J I E W S
I P I A I R B E G D A N H O M
B E W T O B M F R S G D U C G
B H C G L N A M E V A C L X P
V H Q E V C F T P L R Q K E V
```

ALIEN	INCREDIBLE HULK
ANGEL	KNIGHT
BANSHEE	MUMMY
BATMAN	NURSE
BETTY RUBBLE	PIRATE
CAVEMAN	PRINCESS
COWBOY	SAILOR
FAIRY	SCARECROW
GENIE	SNOWMAN
GHOST	SOLDIER
GORILLA	VIKING
HIPPY	WITCH

Six-letter Words

```
V W F T H D C A P Y N F D O L
S T A N C E G R U A N F E E T
G K O O H L B P A K R K A R I
O D Z T E Y E A R G I E P J M
R J E P N H O Z B T E I N U M
P E S U O Y V Y T O R K D T O
S I J E R G N E H A O U O O C
D D M L W E N O T T J N G L I
R H E T A F Z E L M R E B O Z
E E E S Y L A V I E L O T D Y
B B D E I I I D K D F K W A O
D R E N M G Z W I T H I N Y L
R E R Z I H N R L N P H Z O P
A W T E F T B Y C O G N A C M
K A I N I M R E V Y E S A M E
```

BABOON	NESTLE
BRIDLE	NORWAY
COGNAC	PARENT
COMMIT	PIRATE
DESIGN	REDEEM
DISPEL	SEETHE
EMPLOY	STANCE
FADING	TINDER
FELONY	VERMIN
FLIGHT	WITHIN
HEBREW	WORTHY
KITTEN	YOGURT

In the Mail

```
T N E M E C N U O N N A E C E
E D R A C T S O P E R T V C U
I U R N O I T A T I V N I O R
S T N E M E T A T S G O S S A
T P I E C E R W Z T V J S U L
G O R C V R M Y C N Q I I T U
H K A E K V E G I F T S M C C
R R G R S E S T R E V D A E R
E L E U G E T R T Q S C Q P I
D S E H M J N S R E L O M S C
N E K C C N I T E L L U B O F
I J A O R U E S F T I P E R O
M E G R O A O A F R B O B P H
E Y E B M B P V O R S N H Y V
R H S M E T P I R C S U N A M
```

ADVERTS	MANUSCRIPT
ANNOUNCEMENT	MISSIVE
BILLS	OFFER
BOOKS	PARCEL
BROCHURE	POSTCARD
BULLETIN	PRESENT
CIRCULAR	PROSPECTUS
COUPON	RECEIPT
GIFTS	REMINDER
INVITATION	STATEMENT
INVOICE	TICKETS
LETTER	VOUCHER

Three Times Over

```
Y T I N I R T O T T E Z R E T
E T I O R T Z A E C I R H T E
D C W S C J K T R E B L E T L
L F I T R I P L E A S O A X P
O T G R O L E A T M K K R Q I
F F Q R H X T U X H I I R T R
E E T M T T J E O O R N O H T
E T T R Y R A N R E T I A R Y
R E E R B V E T Y N Y T C E T
H R R I V T B T O A C H E I
T Z Z H N N B R L R G R A F N
T E E A N A I Y E E I T Y O I
U T T D J P R T M B E A Y L R
T T T T L X F Y Y I L Q E D T
B O O E X C D L O F E E R H T
```

TERNARY	TREBLE
TERNARY	TREBLE
TERNARY	TREBLE
TERZETTO	TRINITY
TERZETTO	TRINITY
TERZETTO	TRINITY
THREEFOLD	TRIPLE
THREEFOLD	TRIPLE
THREEFOLD	TRIPLE
THRICE	TROIKA
THRICE	TROIKA
THRICE	TROIKA

Sold in Boxes

```
A P S W E R C S S T E R C S W
E V F S E L I T T R A U O H Y
Z N P P A D C G S E C C I O T
J H A J R A S S D R L I K E I
A P P I T X E N W R A B J S S
E H G F L H P O C J I G A E S
K S O Z C S O Y I O A L I T U
X O M T K W L A U S O R L C E
D I A C Q G E R S E E K W S S
R M M E E Y V C T T V P I R O
E R P E D R N A T A E W P E M
W A V I K U E A R D T V S B S
P E F S G A B A E T V O I L O
S G G P E N C I L S A L E R I
S N I S I A R P J P A B E N D
```

BATTERIES	PAPER
CAKE MIX	PENCILS
CAT FOOD	RAISINS
CEREAL	RIVETS
CIGARS	SCREWS
COOKIES	SHOES
CRAYONS	SOAP
DATES	TABLETS
DRILLS	TACKS
ENVELOPES	TEA BAGS
MATCHES	TILES
NAILS	TISSUES

Opposites

```
M I A N G K S U E Y O Y I S H
E V A C N O C S H M O R E N B
T T S E O U R E L U C T A N T
C H L N R O C O N T R A C T B
O S I I W L A G D P O Q S R E
N I M N S P E N D T H R I F T
S L I I X R T E S I O G C B T
T O T M Y E I N G C H T U O E
R M E E R P V H A T G E D U R
U E D F U E E N K C R E N N U
C D D C K S S J O E A G A D K
T G C L T I D I G C N V P L R
R O G N O E I A M U V E X E E
E N I B E A E E R L O W E S T
E N I L U C S A M Y C U D S L
```

BETTER	FEMININE
WORSE	MASCULINE
BOUNDLESS	HIGHEST
LIMITED	LOWEST
CONSTRUCT	MISER
DEMOLISH	SPENDTHRIFT
CONCAVE	OLDER
CONVEX	YOUNGER
EAGER	RIGHT
RELUCTANT	WRONG
CONTRACT	OCCUPIED
EXPAND	VACANT

Chickens

```
B M O C E S O R B R Z F N O E
C O A Q I J W M N I A I S G U
F T R A N O M A L V K C S A L
H X E S S U S E Y E K C U B B
R A L P Z U G S P I O M S E A
E S C Q M H I E A T R N O N W
D H E A O W Y M S S A A F N O
S T T R P T Y D U R E K O I I
H R N N A S U A A O V S R W S
A O A O I M U M N O Y I L S I
V W H K P H Y L R D V A O N L
E X C Y I I C W T D O Y F B K
R I H L F G E O H A E T F Q I
P A M H A R B U C K N D T J E
A X J Z K D O M I N I Q U E G
```

BRAHMA	PEKIN
BUCKEYE	RED SHAVER
CHANTECLER	ROSECOMB
COCHIN	SASSO
DOMINIQUE	SCOTS DUMPY
FAYOUMI	SILKIE
IOWA BLUE	SULTAN
IXWORTH	SUMATRA
LAMONA	SUSSEX
LEGHORN	VORWERK
MARANS	WINNEBAGO
ORLOFF	WYANDOTTE

HA, HA, HA

```
A H A R E S S E R D R I A H G
S A A S L S H A C I A H A O N
M B B H A M B O N E L H R D K
R E D I L G G N A H A E H U H
Y R R I L H A D A M T A Z A Z
P D H I A O H I M L R H R A E
R A A A H A L E A V O M J T H
A S H D L S R H A L I F A X H
H H A B T H P R I N W T A A I
R E E O E M D M G N I H Z H H
Z R N A T A H T A L B A H H A
D E D H A H D A I H R D A A V
D E T N U A H B V D V R S U B
A A P V Z H A T B O X O T L A
H A E B G H A R S H C N Y M H
```

HABERDASHER	HANG-GLIDER
HABILITATE	HARMING
HADRON	HARPY
HAILSTONE	HARSH
HAIRDRESSER	HARVARD
HALBERD	HASTY
HALIFAX	HATBOX
HALLAL	HAULM
HALTER	HAUNTED
HAMBONE	HAVOC
HAMMERHEAD	HAZARD
HAMPSHIRE	HAZEL

Double N

```
B A I S N N E S E N N E I V Z
I U A I N N P M O K E N N L F
N N N N H A L G L N I N J I Y
N N N N C S A V A N N A H N N
S O E E H E N N I L M E C N N
K T E T E A N U N N I O T E A
I I C R N N E T N O N P T T R
N C N Y N N R E E N T E W A G
N E U N A U N M I N N A L P Y
Y D O N A T E V B N N U T D I
C N N O I T A V O N N I I E N
Y N N U S N E B E N U N A R N
V E A A C E S I A N N O Y L A
E R D E N N E A R E N A N E N
T E N N E S I Y R E N N A W S
```

ANNOTATE	LINNET
ANNOUNCE	LYONNAISE
ANNULAR	NANNY
BIENNIAL	PLANNER
BONNET	SAVANNAH
CENTENNIAL	SKINNY
CONNIVANCE	SONNET
DINNER	SUNNY
GRANNY	SWANNERY
HENNA	TENNIS
INNATE	UNNOTICED
INNOVATION	VIENNESE

Words Derived from Arabic

```
G K I L A K L A M L Y N R M N
A N C A L E A L I S Y R U P O
Z A R S T A R B O O S H J K T
E T I S A C R A M N G U E T T
L D D S A E Z L T Q M L E L O
L A A O G E G M E P Z R O S C
E M N R E K A T E M A H S C D
N A B T S T P R H N O P D A O
I S P A U E A A I C T N R R Z
M K A B Z G N M L L V S A L O
S P E L E E M A K B Q N Z E F
A U J A U U N R L C G H A T D
J Z F P M K D I S E E O H Q Y
A C Z M H S I R T P I H C E Q
F R Y I R A F A S H R J C B W
```

ALBATROSS	LEMON
ALCOHOL	MARCASITE
ALKALI	MINARET
ARSENAL	MUMMY
CHECKMATE	NADIR
COTTON	ORANGE
DAMASK	SAFARI
GAZELLE	SALUKI
GERBIL	SCARLET
HAZARD	SYRUP
JASMINE	TARBOOSH
JUMPER	ZENITH

Not on a Diet

```
E C B S M G V H U Y B D C Z Y
G R P U R Y S Y U L D W A W X
D M A G C I L J A H K N Z O F
U F C H H L A S S H K B A R W
F W I N E O A L C I O U E C J
Y P E J Q G T Z C E A N E E Y
S C A S N B R D S E C R J B R
X A S E K Y A I O H X E Q B N
S R U D W Z A C F G D T R A I
N A G B U N S R O G S T O G I
I M A S N B I X O N M U L E M
F E R O R E B H Q C L B L L A
F L Y E S H K X A C E M S S L
U A A C S T N A S S I O R C A
M D J X M H A M B U R G E R S
```

BACON	FUDGE
BAGELS	HAMBURGERS
BEER	HOT DOGS
BREAD	JELLY
BUNS	LASAGNE
BUTTER	MAYONNAISE
CANDY	MUFFINS
CARAMEL	ROLLS
CHIPS	SALAMI
CROISSANTS	SUGAR
ECLAIRS	SYRUP
FRENCH FRIES	WINE

Racecourses for Horses

```
P R V G O A K L A W N V V F C
W M Y S O R E Q H M T J T O O
B Q L B O T X D A A H F E X L
N E Y C J O W S V H E I K T O
K Z F H A G H E H N C L R O N
I C N E W B U R Y E U A A N G
Z H I O U O H G N K R L M I C
K U L R T V T A B A R E L O H
N W T E E T G R N F A B E R A
T O Y H D M I A A S G E D O M
N I D A P G I N L M H J D P P
U B K E H J G L G W O I R P U
O Y R T E B G D B H A R N A M
T T O S A R A T O G A Y E S I
H N V S O T I L L I R M A R Q
```

ASHBURTON

BRIGHTON

CORK

DEL MAR

DELHI

FAKENHAM

FOXTON

GALWAY

HANSHIN

HIALEAH

JEBEL ALI

KELSO

LIMERICK

LONGCHAMP

MYSORE

NEWBURY

NOTTINGHAM

OAKLAWN

PERTH

RILLITO

SAPPORO

SARATOGA

THE CURRAGH

TRAMORE

Tropical Fish

```
U S I S N E B I R K E R M S A
C N A R T E T N O E N U I R H
A K S N A D U C A R R A B C I
P R U I C E N O N E M E L W B
D P C U S I E D V E Z O Y L A
E U S Q N J Z E S D W P A S R
R F I E E U S E E N P C B W O
A F D L E L F R L U K I R O B
S E C R R I Y O G M I M A R S
O R H A G E A L O G P A B D A
T P Y H T C P L E C O R Y T R
N S T T H F L L P T R U S A I
O E Q M A Y I C C L E O O I A
R F U I Z L P S A R M G R L E
F O S C A R P Y H W I L Z L I
```

BARRACUDA	NEON TETRA
BLACK MOLLY	OSCAR
CATFISH	PLATY
CLOWN LOACH	PLECO
DISCUS	PUFFER
FRONTOSA	RASBORA
GOURAMI	RED PACU
GREEN SCAT	RED ZEBRA
GUPPY	ROSY BARB
HARLEQUIN	SEVERUM
JULIE	SIAMESE FIGHTER
KRIBENSIS	SWORDTAIL

Retirement

```
H T L A E H P U L Y J L O V L
J E N Y P Y T I R U C E S F O
Y M O R A I L M E N T S H T P
C O I W B V F R E E T I M E P
S D S A F E T Y T W X R K C O
E E N O D K Z G N I D A E R R
N R E C A L L Y U P L C P O T
I O P B M A T E L P E U S U U
O B G M I I Z Q O J Z I X T N
R W G C N I L E V Z H E A I I
S I O G S K I L L S D Y I N T
V S I N D E P E N D E N C E I
C D W S L I S I L L N E S S E
I O R S T S E R E T N I Q Y S
D M X Q H N L E V A R T E N V
```

AILMENTS
BOREDOM
DIGNITY
DOWNSIZE
FREE TIME
HEALTH
ILLNESS
INDEPENDENCE
INTERESTS
OPPORTUNITIES
PENSION
PRIDE

PUZZLES
READING
RECALL
ROUTINE
SAFETY
SECURITY
SENIORS
SKILLS
SOCIAL
TRAVEL
VOLUNTEER
WISDOM

B Words

```
L B E M B A R C K E D B Z E B
S E J I A B B L A T U R B H A
B F B B L B N G E I L J A S N
I N F A C A E C L A I Y L O D
A K N K B S H D B H B G T E B
B D B N B E A B L V F G I Y R
N B R U L B B L N A N U M D R
F L L B R A H E A I M B O N L
W E L B L L O S H T O X R E A
D N F V Q L E S E T A F E L B
Y C M I E B I S B R I S K B S
B H U T A N E B Q E G L I B S
K E G I R B L I U U H D B T K
E V E U N U S J H O E B A B A
B I B A B N A B A R Y O C E B
```

BABEL	BLEW
BALTIMORE	BLITHE
BASEBALL	BLURB
BEDLAM	BOARD
BESET	BRISK
BHUTAN	BRUTAL
BILGE	BUGGY
BLAND	BUILD
BLEAK	BULB
BLENCH	BUOY
BLEND	BURLESQUE
BLESS	BURNISHING

Auction

```
J D K R E L C M D E N I L N O
R E L O T T R A N S F E R B D
E A V I E Y A E N A T K U Y R
S L R O K X R D A H L Y W H E
E E B W C O I I M C E V L X E
R R N I I R T U I R N F C E N
V S G M T P Y G S U A I K M O
E Y D G Y C R B A P T A C W I
J V E W A V E E M E T Y H M T
W W N N C V K L M R M V I I C
O T I O O S E E L M P Z N H U
T W U R T M N L M O A R A Y A
E S N A N T I Q U E C H I D B
R A E E G N I W E I V Q A C D
M B G I R E K V I Y W M W R E
```

ANTIQUE	MONEY
AUCTIONEER	ONLINE
BUYERS	OWNER
CHINA	PRICE
CLERK	PROXY
COLLECTIBLE	PURCHASE
DEALERS	RARITY
EXCITEMENT	RESERVE
GAVEL	STYLE
GENUINE	TICKET
GUIDE	TRANSFER
HAMMER	VIEWING

Eating Out

```
S E L B A T F N M F H S E R Y
S I D Y E S T R N O D G H E E
A H I T U A E C R I N E E H N
L S N R R H R S U I K C T A S
G U N A G O D V T C I P R L N
L S E P F O T A C V T A A J O
L E R O E S E I R O S E C N E
I K K U D S I E S C M A A O H
R D V S I A S H N S Y T L D C
G R Y N N G E R A E E E A C N
E I Y R E L T U C R K R S O U
V N U O R T S I B F F Y I V L
E K M L S A E S N L O Y L E R
T S P E I R E S S A R B T R E
G N I P P I T C O F F E E S D
```

A LA CARTE	GRILL
ALFRESCO	HORS D'OEUVRE
BISTRO	LUNCHEON
BRASSERIE	MEALS
COFFEE	NAPKIN
COVERS	PARTY
CUTLERY	ROTISSERIE
DINERS	SEATING
DINNER	SERVICE
DRINKS	SUSHI
EATERY	TABLES
GLASS	TIPPING

Cleaning

```
E M I R G E K M S W N O T F X
G B E E T S R A H S I L O P Z
N X O V P J N O Y U H P R C R
I O H O W I S F C D Y U E E J
B K M R T R Y M X S D P H S P
B G A A T E D O P Y Z T C Y D
U V R O L E W O T B A Q N E I
R Y F M S F Y R V E G R T T U
C R B W S O S B L E T E P S S
S A V Q I W F H U E R N T S S
H Z X T S W S T K G O A P P O
B E E S W A X C E R I O L Q D
C N F F W K U N P N N J A L A
H T O L C B T A S G E C M A S
K C N B N E H S E R F R M G P
```

APRON

BEESWAX

BROOM

BUCKET

CLOTH

DETERGENT

FOAM

FRESHEN

GRIME

MOPS

OVERALLS

POLISH

SANITARY

SCRUBBING

SOAK

SODA

SOFTENER

SPONGE

SPRAY

STAINS

SUDS

TOWEL

WASH LEATHER

WIPES

Scottish Islands

```
Y S W I T H A D V M J A A K I
A L D E H I A F B V B A R A R
M B Y A S N E F A R A E S N G
V O M O N T V T A B A A A I G
N C U A R D R C E S H R P Z V
E F S S L A S A G N T V J W E
Y L J L A F W A Y E S K P Y R
A O S L C H G X M A H T T N O
S T B I O C C O S R U O O A M
L T O Y R N G R U I N A R D S
I A R R T I O J H U A S S L I
G S E I L E A N S H O N A O L
E R R A I D A F S E R A J T A
N Y A S U O R V R A G I A Y Y
H A Y E L U T S W H A L S A Y
```

BORERAY	LAMBA
DANNA	LISMORE
EGILSAY	MOUSA
EILEAN SHONA	OLDANY
ENSAY	ROUSAY
EORSA	SCARBA
ERRAID	SHUNA
FAIR ISLE	STULEY
FLOTTA	SWITHA
GOMETRA	TORSA
GRUINARD	WESTRAY
INCHFAD	WHALSAY

Pies

```
U P E Z S S P T A M C E A W E
Y O L N R H S K M B F U T G L
T T P P Z U E P O R K L E R A
P A P R R I A P C H E E S E M
E T A C A L K D H M V R P L A
C O M N A I E C O E S G E A T
A O M M I S S N H U R U F T V
N N O C S K X I O I G D E T E
H D E E J Y P C N N C H S I G
E C R O E J R M I W A K K C E
E T A V S E F R U E X C E E T
K C M E A P E R E P O A M N A
S Y R M P M R Y U H W G F B B
R A S P B E R R Y I C E R A L
P D R A T S U C O P T E D Y E
```

A LA MODE   LEMON
APPLE   MERINGUE
CHEESE   PEACH
CHERRY   PECAN
CHICKEN   PORK
CREAM   POTATO
CRUST   PUMPKIN
CUSTARD   RAISIN
DESSERT   RASPBERRY
DOUGH   SHEPHERD'S
FRUIT   TAMALE
LATTICE   VEGETABLE

NATO Members

```
H C I L B U P E R H C E Z C L
A U H I G G E R M A N Y U K P
I J N F U R F W H U A B S V O
N F T G P N U U Z P I D Z N L
A A R E A Q B O F G N G M Y A
B A I A K R D G B A O B L A N
L I K K N Y Y E L M U R I E D
A N J A A C T R N L E N O N B
C A N W F V E G G M E X A F A
V M R A T H O A K V A L U D I
B O W T T U R L O N E R A L V
N R N E K I R L S C E N K D T
N R N I A P S K I T A L Y Z A
P O R T U G A L E C E E R G L
A I T A O R C S B Y U I R E F
```

ALBANIA	ITALY
BELGIUM	LATVIA
BULGARIA	LUXEMBOURG
CANADA	NETHERLANDS
CROATIA	NORWAY
CZECH REPUBLIC	POLAND
DENMARK	PORTUGAL
FRANCE	ROMANIA
GERMANY	SLOVAKIA
GREECE	SLOVENIA
HUNGARY	SPAIN
ICELAND	TURKEY

Made of Wood

```
M T S X N N R H S E G P P E W
G Q I S K C I T S M U R D O I
N H L X D C L K V K Z E C H P
I C L E L B A T Q T S R H A D
W O E Q S D I B E K O Q O N I
S B R D E B Q G I C L I P D I
U I T F E V M R K N E F P R K
H N M B S U I I C G R V I A C
N C E K A R N O O A R S N I A
T A T M W G A P L E A G G L R
M F G U H W Q F A I B A B I E
Q D U O H L D S T P N T O W N
D N R R C H E V E G E E A K I
T S T F P L A Y P E N R R N W
E P I N O C C H I O Q X D U O
```

BARREL

BEAM

CABIN

CHOPPING BOARD

DESK

DRUMSTICKS

EASEL

GATE

HANDRAIL

HUTCH

OARS

PAPER

PEW

PINOCCHIO

PLAYPEN

RAFT

ROCKING HORSE

SEESAW

SWING

TABLE

TRELLIS

TRUG

VIOLIN

WINE RACK

FOOT First

```
R M S R A E W K B K R O I L C
A F L M W R R E P S X F H S K
C I A L L A E C S T Z R T N A
E S D I M L E V B O T R A R S
S J E G F E A S E O O E B G V
A F P H E K Z L B L L L N N T
C C S T H A E O F Y V L M P P
E I O S R R R G R B O A R D E
V L F X T B P G T B E B M H K
F L E F P E P I D N G E F E P
A A S A A N P N W F A U L T U
U T E X D R B G O J S S N I R
Q S T W W R T B R I D G E K D
R G H G A Y J C K K A S U M L
C J D H D Y F A L L S E T O N
```

BALLER	NOTES
BATH	PAD
BOARD	PEDALS
BRAKE	RACES
BRIDGE	SLOGGING
FALL	STALL
FAULT	STEP
GEAR	STOOL
LEVER	TRAFFIC
LIGHTS	WAY
LOOSE	WEAR
MARK	WORK

Bridges

```
K B X J S U R O H P S O B X R
U A D J A M S U S T B N O I U
E H O W R A H C J L R K H L O
U P G N A Y L N U Z J O S E B
L K T R L I B E R T Y B F H R
Y H Z H F O W A T E R L O O A
Q Y F T P O D B R O V P P L H
J E O N N F R L O R D E C V Y
A N A D T S R K A U O A S U E
D B E T S E L E N H N V C J N
U R F O I Y I I M T A S A A D
K A W W N H M N A O A T W H Y
A P T E G W O R A K N Y Y K S
T L S R M F A M I N A T O N J
A G R E A Y M J T Y R I Q Q E
```

ALCANTARA	JAMSU
BANPO	KHAJU
BLUE WONDER	KOTHUR
BOSPHORUS	LIBERTY
BROOKLYN	MINATO
CLIFTON	SEVERN
DONA ANA	SYDNEY HARBOUR
FORTH	TOWER
FREMONT	TSING MA
HELIX	TYNE
HOWRAH	WATERLOO
JADUKATA	YANGPU

Cat Breeds

```
V E U L B N A I S S U R T Q R
H I M A L A Y A N M R O A P M
I F S D E M R E P A L E C E L
B U R M E S E U G I O Z I R G
T D N K I B I D P H T Z C S N
A E I A A A O F S A S E O I U
C V K L F L P W J Z G M N A L
N O H A L I O L V P A N Z N E
O N C H A N T I L L Y D I O B
L R N P S E E G I O M D I S E
Y E U U R S K U R I L I A N N
E X M S I E O X N Y H P S L R
C E S E N I K N O T Q V R W L
P I X I E B O B S I A M E S E
N A I N I S S Y B A P Y J T M
```

ABYSSINIAN	PERSIAN
BALINESE	PIXIE-BOB
BURMESE	RAGDOLL
CEYLON CAT	RUSSIAN BLUE
CHANTILLY	SIAMESE
DEVON REX	SINGAPURA
HIMALAYAN	SNOWSHOE
KURILIAN	SOKOKE
LAPERM	SOMALI
MUNCHKIN	SPHYNX
NEBELUNG	SUPHALAK
OCICAT	TONKINESE

Writing

```
L N O I T A M R I F N O C V S
I T F O C U E R Q F X F O O G
C H E A D I N G E A M T M V D
N A L Y I A P N O A D E M E Y
E N T T F T V U R A M N A R C
P K T H S E H G A D D R E S S
P Y I Y L L E F U S S V S U T
R O P O V L E U U I I C Q G H
I U P Z E W O O R L I T O V R
N E S T A M P S E L L U Y L E
T U W Q O E S D A I X Y S W C
I I X T N L E T T E R S O X E
N T N E P N I A T N U O F G I
G T R X L L L Z M I N U T E P
W R I T T E N E C I O V N I T
```

ADDRESS
COMMA
CONFIRMATION
DEAR SIR
DELIVERY
ENVELOPE
FAITHFULLY
FELT TIP
FOUNTAIN PEN
HEADING
INVOICE
ITALICS

LETTERS
MEMOS
MINUTE
OPENER
PENCIL
PRINTING
RECEIPT
STAMPS
TELEGRAM
TEXT
THANK YOU
WRITTEN

US First Ladies' Names

```
I A E C A R G A I N A L E M U
M A R M I N A R A B R A B Y H
M A M S A C E A S C M I C T F
S E C N A R F O H I D N E K E
U A E V E S T I C T A B J U L
F L Z N J D L H S N A U H O E
L L T K I L E E A Z L A U R A
O I G D A L Y D I I R I T X N
R C F R L L E L A A S I A A O
E S Y E M R E U S A U R Y I R
N I F A T A U H Q D H L E T F
C R T H E L M A C C K E L I M
E P A T R I U I W A A B L T B
L E T A R I A K E G R J O E Y
B N O H A I T E R C U L D L N
```

BARBARA

DOLLEY

ELEANOR

ELIZABETH

FLORENCE

FRANCES

GRACE

HELEN

HILLARY

JACQUELINE

JULIA

LAURA

LETITIA

LOUISA

LUCRETIA

MAMIE

MARTHA

MELANIA

MICHELLE

NANCY

PRISCILLA

RACHEL

SARAH

THELMA

On the Edge

```
X K T K N O Z I R O H H H X O
M I R S T R I K S T U O C F A
L P E R I P H E R Y X O R D W
T P E C B O R D E R N I N P B
K Q N K N A L F Q F N O B L X
B R I N K E G R I G I E A K C
O T L T T O R N E T L D J R M
U R T E F H E E A G E I E U Q
N E U G A S R C F U D S M M B
D N O R T S R E U M T E O I N
S R I E I A I U S G U U L Y T
A O F V M D S S C H T C I H K
X C A E U M G D B H O J R N O
F J D C Z B F E U S G L V I V
Y L E V E B S H W D Q X D S C
```

BEVEL	HORIZON
BLADE	LEDGE
BORDER	LIMIT
BOUNDS	MOUTH
BRINK	OUTLINE
CIRCUMFERENCE	OUTSKIRTS
CONFINES	PERIPHERY
CORNER	RIDGE
CREST	RIM
DEMARCATION	SIDE
FLANK	THRESHOLD
FRINGE	VERGE

Scottish Lochs

```
N P N I H U P T E E L F G P G
E K E H N N I L N D I E L X D
J T V Y P E T U A F O N U D N
C E I M P H V L Y I G Y M H N
H G R V O L L I R S S E N F A
O W T E E O W X S C D T E Z N
G M S A B C R E R A N L H S I
B N Q I A O T B N Y A X M C R
Z E R N Z R X E R D L U Z R C
Y E K V O H V A S I D S Q I D
C W F H H E G I L P D L G D V
P S S O L T O E X D O D U A C
X I Z U W B I N N N Z I O I I
E Z T R L U N Y G J C R B N Z
M V V N B U W F V H D D H N J
```

BOISDALE

BROOM

BUIE

CRERAN

CRINAN

DUICH

EISHORT

ERIBOLL

ETIVE

FLEET

FYNE

GILP

GOIL

HOURN

LEVEN

LINNHE

LONG

NESS

NEVIS

RIDDON

RYAN

SCRIDAIN

STRIVEN

SWEEN

Pantry Contents

```
S I O Y V T T L O R N C W H M
E J O C L O C U R R A N T S K
U J C A L N R W R R C U V O G
P A S P U O S E D M C U M I N
E N N R X D V A G S E P P V X
A I I A C J M E P A X R T Y V
R L S G B O E A S S N I I R U
N O I U M M G S C G U O H C C
F M A S Y H T S B R E H N A P
L E R H E U S W F Y E N O H U
O S T T F E A D C Y X U R G L
U S T F N L E J T F M T F E S
R I I U K I Y R V A L M F N E
P N R E R O E G C R H E A S S
G P I D L A Y E B L I G S C H
```

CARDAMOM
CLOVES
CUMIN
CURRANTS
DRIED FRUIT
FLOUR
HERBS
HONEY
MACE
NUTMEG
OREGANO
PRUNES

PULSES
RAISINS
SAFFRON
SALT
SEMOLINA
SOUP
SPAGHETTI
STUFFING
SUGAR
THYME
TURMERIC
YEAST

M Words

```
M M H U Y M E R A M E A E E M
A M O S A T J H T O S B M M A
S S E R T T A M P L Y M A A M
E M B M S J G E E A M B Z M M
M L E I I E A D M O D I E N A
E R I N L A O V I M I Y S E L
M A M Z A M S S I S M M P D I
U L Z U U C T M U O O H L D A
R U S O L U I O I I T C D A N
M C L B R C I N O C T M A M N
U E M E S D H M G M L O E U E
R L P E O M O I V A E P M R Z
L O U L R N O M C F D P N D Z
A M E A E M D E R E T E M E I
M M X Y M A R M A L A D E R M
```

MADDEN	MIMICS
MAMMALIAN	MIZZEN
MARBLE	MODELS
MARMALADE	MOISTURE
MATTRESS	MOLECULAR
MAYBE	MONEY
MAZES	MOPPED
MEATY	MORSE
MELODIOUS	MOTTLED
MENACING	MURDER
METERED	MURMUR
MIASMIC	MUZZLE

Occupational Names

```
N U D Z R Q N G L E M L T U T
G Z O O O E I K H T I M S J O
R M U G P S A T O E G E U R T
E R A B E K L B Y O G R E S H
P Y E S R I P G C K C C T N G
I O U V O N A M W O B E T I I
P N R R A N H L F F W R Y A R
Y G U E A E C Y O A E Q L L W
R C N P J R W R R W F R E R N
O A A A G R I D E R G C R E I
L C T R M T Q R S E K Y B B A
Y V H D S T B B T I V H A M W
A O C P Y W I M E O Y E K A P
T X F P Z E Y P R X P X E H M
N O C A E D R Q J B Z S R C T
```

BAKER	PIPER
BOWMAN	PITMAN
BREWER	REEVE
CHAMBERLAIN	RIDER
CHAPLAIN	ROPER
COOK	SKINNER
DEACON	SMITH
DRAPER	STEWARD
DYER	TAYLOR
FORESTER	TYLER
MASON	WAINWRIGHT
MERCER	WEAVER

Buying a Home

```
R Y T R E P O R P I E S U O H
M O O R G N I V I L E L J S K
P A P E R W O R K I S Z G Z D
R G J B T N O I T E L P M O C
L E R E F F O I L I S T I N G
E N D J I N L M Y D O N R H A
A C I U T I Y H E E S Y N T R
S Y O S C F I H R P E C O M D
E G I A A E C B E V P M I O E
H N F A R A D C R S S V T R N
O I S J T P T U E R H E A T X
L V I E N I S A O S K N C G T
D O D J O F R O X R F D O A F
Y M K N C C L G A S T O L G R
F M V H H F N M E C I R P E L
```

AGENCY	LOCATION
COMPLETION	MARKET
CONTRACT	MORTGAGE
DETACHED	MOVING
FACILITIES	OFFER
FLOORS	PAPERWORK
GARDEN	PRICE
HOUSE	PROPERTY
INSPECTION	REDUCED
LEASEHOLD	SEARCH
LISTING	SURVEY
LIVING ROOM	VENDOR

Weapons

```
G O E D A N E R G D N A H J T
U D U K W S R E V O L V E R E
W E D A O G L N T C A B V N L
K P E A B E H O W I T Z E R L
W R A G G N E F R F M M E Z U
A O F D N G C V A S L A A T B
H T U N O R E S T A O K N H T
A C Y U L A H R I G T O W Y S
M Z T G S P C A M R S O O H D
O A R T I I G O I A I Z B A U
T O C O U E T E C E P A S L H
Z O T H S R D K S T S B S B S
V K Z S E T E K C O R H O E X
D A A C A T A P U L T M R R B
X B A Y O N E T V V B Y C D L
```

ASSEGAI	HOWITZER
BAYONET	LONGBOW
BAZOOKA	MACHETE
BULLET	PISTOL
CATAPULT	RAPIER
CROSSBOW	REVOLVER
CUDGEL	ROCKET
DAGGER	SCIMITAR
DYNAMITE	SHOTGUN
HALBERD	TEAR GAS
HAND GRENADE	TOMAHAWK
H-BOMB	TORPEDO

Varieties of Pea

```
C E Y P B Y K M L H A M A N K
E I E Z A F N V A G U M R U N
A M T C K I P T A I N A A A R
N Q D A F N O A M D T E T R E
A S N B D D A E Y Y I S I E T
K P I P N E R R Y D N T V D N
R R W A O P L T S R J R O A U
A I W T G D S E U A H O N E H
M N O L E I T L D W L L G T P
U G N L E W I P A N N E I S L
G F S F I F U I R O N D A E A
R E G N W I R R G T U T Z M N
Y G K R C N C T R G U K T O C
A L A S K A E Y F R V D Z H E
E G A L L I R D N E T R S L T
```

ALASKA	PREMIUM
CITADEL	RECRUIT
DELSEY	SATURN
FEISTY	SIENNA
GENTRY	SNOW WIND
GRADUS	SPRING
HOMESTEADER	TENDRILLA
HUNTER	TRIPLE TREAT
LANCET	TWINKLE
MAESTRO	VADITO
MARKANA	VITARA
ONWARD	WANDO

Salad

```
T C R E B M U C U C C S Y X A
O O S E V I L O I J S A R O F
R L Q F S Z E E A E Y P E I A
R E E K V U M V R L D T L E V
A S N O I N O C C H U O E S O
C L C X N A N D H H V M C I C
N A A L Y A J C E I C A X A A
O W B P E Y U H A H C T X N D
T M B F S P I E Q E B O A N O
U M A P E L C R Z Z S R R O F
O P G Z E N E B J S U A D Y Y
R I E O H Z N S V G O D R A B
C Z M A C Q E E U K L I O M T
Y C R V S T O L L A H S Z N K
D F R O D L A W Y G R H X B I
```

ARUGULA	FENNEL
AVOCADO	HERBS
CABBAGE	LEMON JUICE
CAESAR	MAYONNAISE
CARROT	MIZUNA
CELERY	OLIVES
CHEESE	ONIONS
CHICORY	PEAS
COLESLAW	RADISH
CRESS	SHALLOTS
CROUTON	TOMATO
CUCUMBER	WALDORF

Fishing

```
U K G E Y E K C H U B G J C E
W E V A S L F L C W T U U U I
I B R L D O K R A H S A C T V
H O K C H B N Q O A S E O T I
M J A Y K S A E R L E T R L S
R R A P T T I B L E D A L E F
F R F N Z E T U R T C K L F N
H Q N L L R N H S E T S I I U
R C N A O F R P G L A O R S A
E D T B M U H E E I E M B H P
V A Y A V I N B L E E S R J D
E A E N C I R D T W K W Z D Y
E L M R N A M M E T A O U T C
W K O W B U C D B R T R O U T
A R T E E E T A N A M O T D I
```

BARBEL

BOTTLENOSE

BREAM

BRILL

CATCH

CUTTLEFISH

FLOAT

FLOUNDER

KEEPNET

LOBSTER

MANATEE

MORAY

PARR

ROACH

RUDD

SHARK

SKATE

TRACE

TRAWLER

TROUT

TUNNY

WEEVER

WEIGHT

WHALE

New York

```
N W E U N E V A H T F I F U U
A S D S U B O R B V B E T K E
T U N Y L K O O R B D R R S O
T B A N E T I S C E N A O R O
A W L A C E B I R T P M E N O
H A S F S M E A H L S Z P H X
N Y I F A R L Y A W D A O R B
A L S I R H E R D N R S K E I
M L I T A Q T T U K N Y E S G
E A L L C N P O A Z I C N S A
R H L J E Z R V A E J A I N P
A Y E C D G E U B A H M L E P
L T O F Q N N D M E T T Y E L
Y I G D U H A R L E M E K U E
E C S E Q A E S L E H C S Q C
```

BIG APPLE	MACY'S
BROADWAY	MANHATTAN
BRONX	PARK AVENUE
BROOKLYN	QUEENS
CENTRAL PARK	SAKS
CHELSEA	SKYLINE
CITY HALL	SOHO
ELLIS ISLAND	SUBWAY
FEDERAL HALL	THEATERS
FIFTH AVENUE	TIFFANY'S
GROUND ZERO	TRIBECA
HARLEM	UN HQ

Indian Restaurant

```
L I S I A S M O G X B S D A S
A J A D N A S A P I B A T T I
M A J E U G R Z R R A I S A T
B H D K P P K Y R D A A A R L
S B X O E A A A I R H Y A J A
H G A R P N T Z S S I R S I B
A A H M I I E H H N E V B A V
S S T A H R A E I E A O C L M
H A A R F R E Z J A G H O A O
L W R L J K E O A O A O D S D
I P A D K O O F O P L A P S A
K J P E A L V L A A I A H A P
D O B V A M A T G K A Z A M P
K A B A F J I A N D R P L G A
B A S O M A S A M B E R L C P
```

ALOO GOBI	PAPPADOM
ALOO JEERA	PARATHA
BALTI	PASANDA
BIRYANI	PATHIA
CHAPATI	PHALL
DHANSAK	RAITA
DOPIAZA	SAG ALOO
JALFREZI	SAG BHAJI
KORMA	SAG PANIR
LAMB SHASHLIK	SAMBER
MADRAS	SAMOSA
MASSALA	SHEEK KEBAB

Treasure Island

```
S S E N O B Y L L I B A J I R
H A K E D A K C O T S N A R I
K Y O G M U S K E T C E R K C
A G O D K C A L B J H H Z J H
P H B B V G L T R A O W O F A
S C G U N Y N Y O H O H O N R
S A O C C I F I F B N V N O D
A P L F L C B A R H E W N T J
P T C F L L A A U A R S U E O
M A A K O O I N C A F E G L Y
O I N A T S T V E E K A N E C
C N N Z L E W S E E I M E K E
B L O A R B R I I S R E B S V
C V N L O T S I P R E N U F D
T D S M O L L E T T B Y C U E
```

BEN GUNN	LIVESEY
BILLY BONES	LOGBOOK
BLACK DOG	MUSKET
BRISTOL	PISTOL
BUCCANEER	RICHARD JOYCE
CABIN BOY	SCHOONER
CANNONS	SEAFARING
CAPTAIN	SEAMEN
COMPASS	SKELETON
FLINT	SMOLLETT
ISLAND	STOCKADE
JOHN HUNTER	YO HO HO

Beer

```
O U U R O Y O E J E B S O S W
L I Q U I K L A I R E P M I R
L I Q U O R T R U Y D O R S E
R T Y V L T P O C M K Z P T T
E K E R O O E M B E K O O U T
E K R N R W S A D E H B E O I
X Z E T G D H T H T R T L T B
P T E S P O K I B S G F A S B
O R B T L Y L C T A A E E E O
R Y E R L R O D G E S E L S T
T E C E O E C L E Y B A A A T
E L I N M W K A D N L E P G L
S R R G T E N G S A S C E L E
I A J T X R A E E K L P T R D
A B H H U B Y R Y A S E Y S E
```

AROMATIC	LIQUOR
BARLEY	OKTOBERFEST
BITTER	OLD ALE
BOTTLE	PALE ALE
BREWERY	PORTER
BROWN	REAL ALE
CASKS	RICE BEER
EXPORT	SMOKED
GOLDEN	STOUT
HOPS	STRENGTH
IMPERIAL	WHITE BEER
LAGER	YEAST

TIGHT Spot

```
T  I  F  I  S  T  E  D  U  K  P  F  Z  P  O
E  Z  E  E  U  Q  S  F  S  W  Q  S  J  I  P
L  E  N  A  X  C  Z  D  E  K  A  D  V  H  F
X  N  L  A  C  E  D  A  N  Y  I  T  T  S  K
E  F  D  L  B  N  T  A  D  A  T  N  E  K  W
M  P  N  E  J  H  R  U  S  M  K  C  N  R  Q
M  H  O  R  E  K  V  I  D  Z  C  N  R  B  A
Y  C  L  R  K  N  K  F  A  H  O  B  U  C  D
T  P  J  A  S  I  S  S  E  T  U  D  T  A  W
I  L  I  B  Q  T  A  R  H  W  E  G  W  H  U
R  B  A  C  K  D  C  N  E  P  O  A  M  A  Y
U  A  K  A  R  R  X  W  P  N  A  I  J  E  V
C  K  J  U  N  C  T  I  O  N  R  C  N  A  X
E  T  M  G  P  G  L  Z  C  J  V  O  U  T  U
S  A  W  M  P  C  R  F  B  Q  M  L  C  P  O
```

AIR	LACED
AS A DRUM	LIPPED
BACK	MONEY
BARREL	ROPE
CASK	SECURITY
CORNER	SHIP
ENDS	SKIN
FISTED	SQUEEZE
HEAD	TURN
HUG-ME	WAD
JUNCTION	WATER
KNIT	WEATHER

Literature Types

```
E N T R A Y R O G E L L A K Y
B E G N Y T R A V E L S T R Y
Y P A Y D O R A P I Y A E J E
D D I A E E R A O G O T H I C
P L B C G S P C L Y S I F E B
P L U P A Y Q L E Y D R S B N
R I S O R R R A M C B E U F O
O P T E T T E S I Y R E M P I
T F A U S E N S C L A I A O T
T E A F H O W I Q I P S M V C
E R Y N O P R C H U T P S E I
R T C P T I H P P I E E S E F
B O M D R A M A C S W S O V A
I A D A G V S H F A W F A R S
L I T S O P E Y N A M O R A E
```

ALLEGORY	PARODY
CLASSIC	PASTICHE
COMEDY	PICARESQUE
CRIME	POETRY
DRAMA	POLEMIC
ESSAY	POSTIL
FANTASY	PROSE
FICTION	PULP
GOTHIC	ROMAN
LAMPOON	SATIRE
LIBRETTO	TRAGEDY
MYSTERY	TRAVEL

All Points

```
A G U M O K S Z E N E S E N E
G N G O Z T C L A C O F F Q I
N I V N A U D E J N J I Q N N
I N D N I E W P H U Q X P V W
K R D H E H C T M C I E M E O
C U X N C U S P R E C D S Q R
I T A H R T I I F I E T L U B
T A A I V N A M N D P A Z I J
S L E B G K H M A A M L U N F
I A I O B J E C T I V E E O E
S G F M S R K B C F X B X C N
V F A T I C M E L T I N G T A
R J E V I T D A R O W E S I J
O A S H E S S A P M O C T A Z
M T C P M H X D E W Y I E L D
```

BROWNIE	MATCH
CHECK	MELTING
COMPASS	NEEDLE
CURIE	OBJECTIVE
DECIMAL	STAND
EQUINOCTIAL	STEAM
EXTRA	STICKING
FIXED	TRIPLE
FLASH	TURNING
FOCAL	VANISHING
JUMPING-OFF	WEST
LIMIT	YIELD

Red Things

```
L F O J R K I A D A B L O M V
B O I Q Y R R E B N A R C B C
E L B R G R A P E Y S M I T E
L I O S E U K E N S R U I C R
P A R O T E R A L C O R A L K
P I U S D E N F L N U O E L O
A S K M L J R G O T N U D H X
S H R U E C E K I O H G X O C
A C Z L E A D H I N B E A Z P
L U G P Y O T T C O E G H M E
M F F P D Z A X T N G E M B P
O V P U I N K A I S A M O E P
N O D C R K M W N R L A A A E
P Q Y A V O A J T C F V T R R
T K C I T S P I L C D L O S S
```

APPLE	HEART
BLOOD	LIPSTICK
BRICK	LOBSTER
CARNATION	MARS
CHERRY	MEAT
CLARET	PEPPER
CORAL	PLUMS
CRANBERRY	POPPY
FIRE ENGINE	ROUGE
FLAG	SALMON
FUCHSIA	TOMATO
GRAPE	WINE

Face

```
E Y A S W O R B E Y E H L A S
E T I D C U H S U L B F E I E
N X C H T U O M K K U L W J L
I G J K F N U S U I I N L Y K
L J E G A S I V P M N O S X C
R O V V C Q G M S I S I V T E
I Z V L B C M D W R L S W E R
A R E D P W T A A J S S B E F
H S E H S A L E Y E O E S F A
F P E Y B D E H C W A R D S S
S R B Y I B L E C R F P I W T
O O O M E W I R D H T X L O R
U R P W O E M O O B I E E R A
E L Y C N L A F U N A N Y C I
E W S T L Q E N O B K E E H C
```

BEARD	FOREHEAD
BLUSH	FRECKLES
CHEEKBONE	FROWN
CHIN	HAIR LINE
CROW'S FEET	LIPS
DIMPLE	MOUTH
EARS	MUSCLE
EXPRESSION	NOSE
EYEBROWS	SCOWL
EYELASHES	SKIN
EYELIDS	SMILE
EYES	VISAGE

Room Inside

```
S T N E M E S A B L M C A T O
T K I T C H E N O O E S P K N
U L M O D G C B O L A Y C Z F
D O O E K B B R L L R R N R J
I A O U N Y D A O C I T T A M
O M R O N E R O E P V N B N O
H I P K B G N W L A C A O M O
M J A Q R W E R O O M P U J R
Y O T M O O R G N I N I D M Y
R G O S C F O Y T J V O O O T
O Z Q R Y E S M S D F F I O I
O V E S T R Y T K F O D R R L
M F Z H V S U B I Y W I B A I
M O O R C D E C E F L O E E T
U B A R Y Y E R D O L O F T U
```

ATTIC	LOUNGE
BASEMENT	OFFICE
BEDROOM	PANTRY
BOUDOIR	PORCH
CELLAR	REST ROOM
CRYPT	SALOON
DARKROOM	STUDIO
DINING ROOM	STUDY
FOYER	TAPROOM
KITCHEN	TEAROOM
LOBBY	UTILITY ROOM
LOFT	VESTRY

Noisy

```
L U R R A S W C W H I N I N G
S W M L S C B W C H N H O A E
K N O H L R E A C L A T T E R
N W E Y S A O Q N Q B M V G K
O S A B V T E Q O G C L I N K
C I M I F C M U H U S L N I V
K R G L L H V M Q O L Y U T P
T P U W T U Y P H S H E P E C
S O H N S T Y D D F W C I P H
A L B I C T E E W T B Y E M I
L B A Q S H W F Z Z I F W U R
B Z R M I S K V G U P D M R R
I A S A C N I E Y L L P U T U
V F R F Y R O N E E I M L H P
S D T K V P K Y G O S F H P T
```

BANGS	KNOCK
BARK	SCRATCH
BLAST	SLAM
BRAY	SQUEAL
CHIRRUP	THUD
CLATTER	TRUMPETING
CLINK	TWEET
CRUNCH	WAIL
ECHO	WHAM
FIZZ	WHINING
HISSING	YELP
HONK	YOWL

Movie Stars

```
H A H C N E D R A Y E R E C S
R V F L B L A N C H E T T C A
E V A R G D E R A E E S S O M
S F F R H W Z T H U R M A N O
E T A L M E G E G H E Y H N H
Y N A A Y J Y N I E Y E W E T
T V N Y P N H O E P N L A R T
W C O L L I N S L B O S S Y T
S T R E B O R L Q U L G H T O
H W D O N E R E C R D N I M C
B T N O O Q L R R N S I N Y S
W O I R E V I R D O D K G E J
M T N M I S T A R G O M T R L
N O O P S R E H T I W M O S R
M C L O R A N E L A S E N C L
```

BLANCHETT	MOORE
COLLINS	MYERS
CONNERY	NEWMAN
DENCH	REDGRAVE
DRIVER	REYNOLDS
FLYNN	ROBERTS
GRANT	SCOTT THOMAS
HARRELSON	SMITH
HEPBURN	TAYLOR
KINGSLEY	THURMAN
LEIGH	WASHINGTON
MONROE	WITHERSPOON

Extinct Creatures

```
A K I A L O A T L A S B E A R
J K N K F A D Z E B I L L S Y
U C E L O G O L D E N T O A D
C U R E G I T N A V A J N T A
E B W N D B M Z H R R C A R N
I E H R E N Q A P O G E A I N
H U S E E R O A M R I C U L O
A L U T L D N D E M K P R O I
W B B S D J R A O L O H O B L
A A R A L O T A E T P T C I E
K S E E U A D H I O S L H T P
A G G A U Q S O K L E A S E A
K E R K X I G Y R O T O M A C
H P T E R O D A C T Y L K I A
H C N I F A O K R E S S E L E
```

ADZEBILL	IRISH ELK
AKIALOA	JAVAN TIGER
ATLAS BEAR	KAKAWAHIE
AUROCHS	LESSER KOA FINCH
BLUEBUCK	MAMMOTH
BUSHWREN	MASTODON
CAPE LION	PIOPIO
DODO	PTERODACTYL
EASTERN ELK	QUAGGA
GOLDEN TOAD	RED RAIL
GREAT AUK	TARPAN
GYROTOMA	TRILOBITE

Languages

```
N D V A G C I O Y Y W M L N I
M A L C A N A I L A T I O S V
M U I A K M A J T S L H E Q B
E D U T C H H I E T H A A H N
S R V A A J I S X D M C M I A
E U W L S O E N I J I R D N I
U J G A U N R A D D B F K A G
G E O N A F N C N I D O V I E
U I L P H V J A Z E R I W R W
T C A O P D L R I E I G Y A R
R J G L E E A T A N H E A G O
O S A W C R X N A R A B L N N
P W T I I W C V I M Q B Z U F
V H S I M E L F S S I X L H X
I W H Y J H O J W R H L X A G
```

ALBANIAN	ITALIAN
AZERI	JAPANESE
CATALAN	KOREAN
CREOLE	MALAY
CROATIAN	NORWEGIAN
DANISH	PORTUGUESE
DUTCH	TAGALOG
FLEMISH	TAMIL
HAUSA	THAI
HINDI	URDU
HUNGARIAN	XIANG
ICELANDIC	YIDDISH

Double F

```
L B M O A F F A F F L I C T I
E C A F F E T R A F F I C T F
T W A F E Y O F F A R N R C F
K N R F F D A F F T I H H F T
C D E J F L L T C S E I R F N
P H D I E I E O O S F P A T E
F A A E C O R E F F U S F T R
I F T F T I W M O F F T F I E
G Y U R F C F N A O A E L V F
R U H A O E E F I T B C E A F
E A F G O F D F E A I C S D I
P U F F I N F I F F I V D I D
E L F F A W F E O A A F E F A
A O S W I W F F Y F F U L F F
F F U Y J A N I F F I T G A I
```

AFFECTED	FLUFFY
AFFIDAVIT	GUFFAW
AFFIRMATIVE	PUFFIN
AFFLICT	RAFFIA
BAFFLE	RAFFLE
CHAFFED	SCAFFOLD
CHIFFON	STAFF
DIFFERENT	SUFFER
EFFACE	TIFFIN
EFFECT	TOFFEE
EFFICIENT	TRAFFIC
EFFORT	WAFFLE

Children

```
T R A E L I N E V U J L V M E
Y N E G O R P O Y A K C H D N
G B N P H E N O S L E A T T O
R U Y B H W U I A P G N B H G
E R E A J N N C H T E A B T N
V E K L G R S Y E C M T W O U
A H V S I A E E S B R L S T O
H C T A R U N E I E N U N Y Y
S E B B N A L N L D P E N N P
R I K H G O O Y S U D E H I E
D S M E D S O M P U R A B T R
A S R A T U J I T O D D L E R
D A L Z T C L S N I N F A N T
D L I H C L P I C E R I N A S
N V R A G A M U F F I N E L K
```

ADOLESCENT	RAGAMUFFIN
BAIRN	RASCAL
BAMBINO	SHAVER
CHERUB	STEPSON
CHILD	STUDENT
INFANT	TEENAGER
JUVENILE	TINY TOT
LADDIE	TODDLER
LASSIE	URCHIN
MINOR	YOUNG ONE
PROGENY	YOUNGSTER
PUPIL	YOUTH

Mindfulness

```
H V W C L I U Q N A R T E N T
S Q A O S S E N E R A W A T H
K L V O S P W C L D E S M S G
M Y T I R A L C N U S G E V I
Y A E S G N I L E E F N A W L
C O E A F A E D N R S D S R O
O E C X S D T L E A S S E N D
M C N X C E L E T A O T E E S
P A D Q I I D I N J C P M I H
A E M U T O O C F E S V O N K
S P Q S M N T J P U S I D S J
S P H C B U T S C P L S S I B
I O A T A B E O A S J I I G I
O N U R J R F C U C F O W H V
N K Y L E F E E M Z L N H T N
```

AWARENESS	PEACE
CALM	QUIET
CARE	REGARD
CLARITY	RESPECT
COMPASSION	SANCTUARY
ESSENCE	SENSATION
FEELINGS	SOUL
FOCUS	SPACE
FREEDOM	STILLNESS
HEEDFUL	TRANQUIL
INSIGHT	VISION
LIGHT	WISDOM

New Year

```
R E A L R E T O O F T S R I F
C A S S E H O O E O T M A C H
N L E L R C A S T E I W C E A
O E O Y A K S E A V R H E N L
I H M C W O T E R Z I I M W I
T V A I K E C Y B M P S D O D
U E P N T S N Y E I S K A D A
L G N I G N I S L D T E N T Y
O H A G H O U X E N R Y C N A
S U R A A W V F C I E F I U D
E Y P A E P I E W G A U N O I
R P T R U S M S R H M T G C L
Y G A R R E A A H T E U E N O
R Y A N A M G O H E R R H E H
H O L I U P A R E C S E I D S
```

CELEBRATE	HOGMANAY
CHAMPAGNE	HOLIDAY
CHIMES	MIDNIGHT
CLOCK	NEW YEAR
COALS	PARTY
COUNTDOWN	RESOLUTION
DANCING	SINGING
FIRST-FOOTER	SPIRIT
FUN TIME	STREAMER
FUTURE	TOAST
HANGOVER	WHISKEY
HAPPY	WISHES

Soft Words

```
H T O O M S D O E I M B P S D
T G N I L E E F L C E I C B O
A T S I L K E N B R L E L M P
S T P V U R D R E O T A E D Y
Y D E T C E T O R P N U T O F
M U R A W O W E W D E E N N F
D U L C E T L P M N G K A R U
D I T T C U S H Y P Y J I J L
T O L B E P P N J F E S L N F
D N P U U N P A R O A R P L D
E V E L T T D H Y P R C E H Q
R F P I F E T E P E C E I D U
S Y A O N S D E R Y C H M L I
L P O N F E B S R Y V A S G E
J F S U O U L F I L L E M P T
```

BLAND	LENIENT
BUTTER	MELLIFLUOUS
CUSHY	MILD
DILUTED	MISTY
DOWNY	PLIANT
DULCET	PULPY
FACILE	QUIET
FEELING	SILKEN
FLEECY	SMOOTH
FLUFFY	TEMPERED
GENTLE	TENDER
KIND	UNPROTECTED

Wood Types

```
R S P D W O L Z F H G Q K Y I
L V E T O I W I C K E R F P M
E A W G H L R P R E D L A M L
L E O P V S I W E Y S O U V E
D A J Y E E U V Q T Y S B X H
K A D M N D E T E K H D Y C O
A B L Z E K O J P D Y V R B V
I C E L O E B O N Y V A E R S
T H K N I N Y J W J L L I I P
G E T E Z D A C S E Y A W A R
H S A U L E A K H V L O C R U
P T V T N P Q N T L L P R U C
Q N X I E L A R A L P O P P E
G U P A L A A M I R A S L A B
C T Y G J L K W W P G I G K A
```

ALDER	LARCH
APPLEWOOD	MAPLE
ASH	OAK
BALSA	OLIVE
BRIAR	PINE
CHESTNUT	POPLAR
DEAL	SPRUCE
EBONY	TEAK
ELM	WALNUT
EUCALYPTUS	WICKER
FIR	WILLOW
GRANADILLA	YEW

OVER Words

```
G J A N I M A Y W E H O T N K
H N O Q S U O I T I B M A J Z
J C I P I E J N A I U Q C H V
Y V A X S U H I C Q U A O E E
Q S D E A F G X L A N M M A E
S S R Z R T J V L D Q I P P V
T F A R D N V I O I T P L T I
M H D D E E F U B E O A I H S
S A R K A I T D K W Y I C G S
R S A J E N C N E E A B A I E
G T O D F E A R D K U W T N R
T Y B S W L E M B U R D E N G
F A O V B I M D D E S O D D G
M S O K B W A N A G R O W N A
N W T C B W C P Z J U Z C X O
```

AGGRESSIVE	GROWN
AMBITIOUS	HASTY
AND OUT	LENIENT
AWED	NIGHT
BLANKET	PASS
BOARD	PLAYED
BURDEN	POWER
CAME	QUALIFIED
COAT	REACH
COMPLICATED	TAKEN
DOSED	TAXING
DRAFT	WORKED

Paris Metro Stations

```
Y H W S S H P J Z W N E N A T
S R E V N A A K J M V W O M E
M D U E I S S U J E A A R D D
T N A G N X S N L S V G V D A
E I S F W I Y L A R I R A I C
A L Y E B R A M Y M N A U H F
N L Q C G G D D F D L M J O W
L O G F I U E F R Y A E B C Y
O R L P M V R E E U X N X H B
C U U P E C R E M M O C U E R
O R L U M A L E S I A J R B T
A D Q U A I D E L A R A P E E
T E L G A R S Z C Y U C U P S
L L R O M E X I E L P U D L W
N O E D O C H A T E L E T L O
```

ALESIA	JOURDAIN
ANVERS	JUSSIEU
AVRON	LEDRU-ROLLIN
BERAULT	ODEON
CADET	PASSY
CHATELET	PIGALLE
COMMERCE	QUAI DE LA RAPEE
CRIMEE	ROME
DANUBE	SEGUR
DUPLEIX	SIMPLON
EXELMANS	VAVIN
HOCHE	WAGRAM

Creatures' Features

```
H W Q O I W M C V F Z J K Y R
X Z E X O S K E L E T O N A U
P R O B O S C I S T O M H N F
H R S N B H W C C G S P O T S
M O F J W E Q U C O N E C E G
T A O C U L D N Y P T N C N N
H M V V W L G F G Y R A W N I
O W L F E C R P E B O M A A W
R N S Q L S N I D E T G I E W
A M K W T H G K Y A T O G S K
X I S M A E D J I K E A A C N
Y Y U H H L Z K V F R H I A Z
I S T U O H C U O P S B I L L
L X B M O C W S K C O L T E F
G R K P F U L S R X T V M S S
```

ANTENNAE	MANE
BEAK	POUCH
BILL	PROBOSCIS
CLAWS	SCALES
COAT	SHELL
COMB	SPOTS
EXOSKELETON	TAIL
FETLOCKS	THORAX
FUR	TROTTERS
HEAD	TUSKS
HOOVES	WEBBED FEET
HUMP	WINGS

WHITE Words

```
L D I H C R O X L M C Y H A O
L T Y E E H O S C I M X S E M
I Y J J I F O E S P E K A I D
G S M I K R H C J Z Y S W L C
H O R S E S O I O N W P O N J
T A P F L O U R O L O G I K S
N H O U F P U U G N A C L J K
I E I D T S R N N V Y T L G H
N S O S S H D A I S Y H E A C
G I W I T C H P D L G R C L R
R O A W A L Z J D I E J D D I
U N F N F P E J E B R O O M B
I Z T V J A V S W I N E O B B
A S A S H E E T I O G G L E N
M U I R Y Y L E Z T I B B A R
```

ANTS	LIGHTNING
AS A SHEET	NILE
BIRCH	NOISE
BLOOD CELL	ORCHID
BROOM	RABBIT
CHOCOLATE	RICE
DAISY	RUSSIAN
FLOUR	THISTLE
FOX	WASH
GOLD	WEDDING
HORSES	WINE
LIES	WITCH

US State Nicknames

```
I  E  R  U  S  A  E  R  T  B  A  D  G  E  R
B  E  E  H  I  V  E  N  D  P  Z  A  L  H  G
G  J  I  R  Q  A  E  Y  I  J  I  J  O  K  N
S  W  T  D  D  H  N  I  C  H  N  O  U  T  I
I  H  N  W  L  O  E  X  R  U  S  R  E  R  A
L  M  O  J  W  L  Z  N  S  I  N  N  E  A  T
V  A  R  W  V  A  A  J  E  V  A  N  U  T  N
E  G  F  E  M  N  Y  R  O  D  O  R  E  S  U
R  N  T  G  T  E  B  L  U  O  R  Q  P  H  O
B  O  S  O  P  I  U  U  S  T  U  A  G  T  M
E  L  A  L  C  N  N  S  C  A  A  G  G  R  N
A  I  L  D  T  E  E  A  L  K  M  N  V  O  E
V  A  F  E  J  T  A  I  R  E  E  A  U  N  E
E  A  E  N  R  Z  T  N  G  G  J  Y  B  F  R
R  R  Z  F  O  Y  R  L  F  X  I  D  E  Z  G
```

ALOHA	LAST FRONTIER
BADGER	MAGNOLIA
BEAVER	NATURAL
BEEHIVE	NORTH STAR
BUCKEYE	OCEAN
EQUALITY	PRAIRIE
GARDEN	SHOW-ME
GEM	SILVER
GOLDEN	SOONER
GRANITE	SUNSHINE
GREEN MOUNTAIN	TREASURE
HOOSIER	VOLUNTEER

EARTH Words

```
M N E S A R L E K I P S X L O
U O I T E S O L C Y D T Y Y D
A G R U K S S E D D O G E U E
N N Q E G R C B W N L L N X R
U I U R H F O S R E L L U F B
T H A A E F T W B O U N D M P
S T K R S A E X W C M E Z D O
T O E K R A F A L L B Y T R O
O N W T M O L E S A R F L E L
C E X N X W E T P B O N L V B
O D N O M L A P O U W R U O A
K M U V I O A R E F N O R M E
E J R G D E L C D J T B R N S
I V H L E T L E K S K H H X O
W T W U D M K A F G R E E N R
```

ALMOND	MOVER
BORN	NOTHING ON
BOUND	NUTS
BRED	QUAKE
BROWN	RARE
CLOSET	SALT OF THE
FALL	SIGN
FULLER'S	SPIKE
GODDESS	STAR
GREEN	WARDS
LIGHT	WORK
LOOP	YELLOW

Windows

```
L E L T R A N S O M S R N F E
Y M R H S B A P C C E Y F P U
S A O G N H L V H I N N N E Q
H R S I S S W S Z R A Z L R A
U F E L L O G A E C P P R I P
T F T A Q N L M B M A U S O O
T J T F I G R J H T T W T D P
E S E D U O L M T L N Z A T J
R W I N D O T E E E E M I S Y
W L S M F L R P G I M U N E R
S R U M Z N G N D R E L E L V
V A O B E Y I L V O S L D P M
R E L D V S L O A C A I E M N
S L A B A U T H C S C O Y I R
I C J C W O D N I W S N Y D I
```

CASEMENT	ORIEL
CASING	PANES
CLEAR	PATTERNED
DIMPLES	PERIOD
DORMER	PUTTY
FRAME	ROSETTE
GLASS	SHUTTER
GLAZIER	SLATS
JALOUSIE	SLIDING
LIGHT	STAINED
MULLION	TRANSOM
OPAQUE	WINDOW

Winning

```
D E R A E S L F T Y T M C E T
R E A T E S I C C O T E H E I
H Y G R A N T N U F R D D C R
M C D N A B A R I T L A S G E
A O T L Z D N G I E L L A E C
L N S A N A E F I O E L Z O A
S T Q E M E I H C R V I L V L
D E C E R C S C U I R O E A P
N S N F A S A A Y P T N P T T
A T B T T U L E B T M R W I S
R R E Q T C N A E T T E S O R
G O T W A C F R D H G L K N I
C P A E I E Y Q Y E Q A V V F
C H V A N S Y E N O M Y N O N
E Y E T M S A R K O L N T I I
```

ACCOLADE

ASCENDANCY

ATTAIN

CERTIFICATE

CONTEST

FINALS

FREE GIFT

GRAND SLAM

GRANT

IN FIRST PLACE

LAURELS

LOTTERY

MATCH

MEDALLION

MEDALS

MONEY

OVATION

PRIZE

RELAY

ROSETTE

SHIELD

SUCCESS

TOURNAMENT

TROPHY

Words Starting FOR

```
F O R D F D E M R O F E R O F
B F O R J O N G I E R O F R O
F O R G E D R F O R E C A S T
W O C F Y F I T R O F E F D D
C C R F O R E A I O B O N E F
S I W K D T S A M E R O F K O
P S M Y L E Q F R M T H Y R R
E O F R C I R O E D Y H F O Y
C L F R O L F R L A S Q O F L
R U O A R F E T S A T E R O F
O F R R O O W R F O R G E R Y
F K M O F R H E G O N R S M R
O R A F E G P S F O R Z E A O
O O T E L E N S N R O F E L F
R F E N U T R O F O R G I V E
```

FORCEPS	FORKED
FORCES	FORKFUL
FOREBEAR	FORKLIFT
FORECAST	FORMAL
FOREIGN	FORMAT
FOREMAST	FORMED
FORESEE	FORMER
FORETASTE	FORMIC
FORGED	FORTIETH
FORGERY	FORTIFY
FORGET	FORTRESS
FORGIVE	FORTUNE

Easter Passion

```
P S H A R S U A M M E A U S S
E N E L A D G A M S S S W D A
S R T H E A L H C S P F Y S M
L O M F E R D O O N E E E H O
E H N R N E U R Y N O V A F H
G T A J E R C U A A E M S R T
N N I B G A V M Y I Z N I K E
A E L E L I E F H R T H C S P
E S S V N S N T C P S O A E E
G I A E H V O R A A I J D A T
E R G T T L T S J O I A V H E
Y A E T I K S C R I B E S D R
R G U N O I X I F I C U R C W
F O R K O M N I N T H H O U R
T E C N S A B B A R A B N C E
```

ANGELS	PETER
BARABBAS	RISEN
CALVARY	SCOURGE
CROSS	SCRIBES
CRUCIFIXION	SIMON
EMMAUS	SPEAR
GETHSEMANE	STONE
JOHN	THIEVES
MAGDALENE	THOMAS
NAILS	THORNS
NINTH HOUR	TOMB
PASSION	VINEGAR

```
R A M A T A D I M I L A N O O
L S Y B U F F A L O B H S X P
A E E K D N O T Y H R Q E H P
M U H L L L A B H G U O T D R
L F W I U Z E Y I O N R T Y O
L A M A K C T A F L S G O R S
J F U E F E R S J D W Y N T A
A O Q K C C E E J I I H R N N
G R N H A J B P H T C E E E N
R U G S D E I Y E O K P D S A
O M L F R T R O B R U T S N P
D I H D P S T U R O N X P N S
A R G H Q E O C R A M M A X X
U T C E N T U R I O N S R F H
X T O N D A M U S O N A K N C
```

AILSA CRAIG	JETSET
BRUNSWICK	KAMAL
BUFFALO	MARCO
CENTURION	RAMATA DI MILANO
FORUM	RED SPARK
GOLDITO	ROSANNA
HERCULES	SENTRY
HI KEEPER	SETTON
HYGRO	STURON
HYTECH	TONDA MUSONA
HYTON	TOUGHBALL
JAGRO	TURBO

Words Ending X

```
X O W S I X X X K X U O R N X
E R I E U S U L X H O G Z I E
X T I V U L A E T E L L R Q A
O H I E F G X X S L S T H I Z
M O X N O R B L A A A S X P N
M D I T X E B I T T X X E A S
U O A Y I E X R S E O I T A X
L X X S X E R E D X L Y X D N
Y D X I T L T O X O B E C I N
E X U X U G Y A X F A X O X I
L Y A P X N M U D W X R N N X
I M X U L P M U R E X A W I X
N A I N T E R M I X P M W Y J
U N F I X W X M P C C A N E O
X X S I X A T N Y S X O X W R
```

BRONX	MARX
DUPLEX	MUREX
ESSEX	ONYX
IBEX	ORTHODOX
ICEBOX	PHLOX
INFLUX	REWAX
INTERMIX	ROUX
JINX	SEVENTY-SIX
LATEX	SYNTAX
LINUX	TESTATRIX
LUMMOX	UNFIX
MANX	XEROX

Alternative Medicine

```
E  G  N  I  L  A  E  H  H  T  I  A  F  A  Y
W  A  E  O  P  W  E  L  L  N  E  S  S  P  L
B  U  B  D  R  U  G  F  R  E  E  U  A  U  A
A  R  U  N  I  M  A  T  I  V  A  R  H  D  B
C  I  S  U  M  E  L  N  V  C  E  E  D  I  R
H  C  E  G  A  P  A  S  U  H  T  F  D  M  E
F  U  T  U  L  T  I  P  T  O  E  C  I  B  H
L  L  A  O  E  S  R  O  I  E  E  I  S  O  S
O  A  L  B  O  E  M  Y  K  K  A  N  G  T  U
W  R  I  N  S  O  N  O  I  S  R  E  V  A  F
E  T  P  S  R  F  W  O  E  Q  I  G  O  N  G
R  Y  U  H  U  C  P  J  R  U  P  O  T  I  N
H  R  C  E  G  M  F  W  F  A  Y  T  M  C  A
E  E  S  M  A  S  E  I  T  A  I  U  L  A  Z
U  R  G  K  G  N  I  T  S  A  F  A  S  L  S
```

ACUPRESSURE	KAMPO
AURICULAR	MUSIC
AUTOGENIC	PILATES
AVERSION	PRIMAL
BACH FLOWER	QIGONG
BOTANICAL	REIKI
CHROMOTHERAPY	SEITAI
DRUG FREE	SIDDHA
FAITH HEALING	TIBETAN
FASTING	VITAMIN
HERBAL	WELLNESS
HYPNOSIS	ZANG-FU

Cities of England

```
S C B B Q O Y B R E D V H N B
M A E L T S A C W E N T N O S
H R L H U T Y O B B A H L D X
R L Y E G F K A U B L F E N J
E I R W X L O T S I R B R O C
T S T O K E O N T R E N T L D
S L T Y X E T U Q V D Y H R S
A E L A X F K E C Q N L O V L
C G O P L R O U R E U F C V L
N D W H O B D R E T S E H C E
A C U Y O R A Z D M R T P P W
L E P R I Y H N L F H U E G E
O W N P H P R E S T O N R R A
C P O R H A H S D E E L P O T
L N J J T C M N O R W I C H H
```

BATH	LONDON
BRISTOL	NEWCASTLE
CARLISLE	NORWICH
CHELMSFORD	OXFORD
CHESTER	PRESTON
DERBY	RIPON
DURHAM	ST ALBANS
ELY	STOKE-ON-TRENT
EXETER	SUNDERLAND
GLOUCESTER	TRURO
LANCASTER	WELLS
LEEDS	YORK

Druids

```
B D U C C R M Y Y S Q H W E Y
C A O L E O T E L T S I M D D
R I O H D J A A F L P Y T I O
B A T S R K S G L S O N N H F
K V I L A N O R A Z E H B G D
S W R S E C A C U I T A W I D
E C H O R C R I C X R F U R E
V A E T R I B N R D Y D R B T
O I E R F G A U S A D N S M S
R L E I E A G P H E P T E N I
G L C E O M S B S M S T N G E
D E R C A S O R H E A L I N G
J A Q U A H O N I I M B O L C
O C G T V G C R Y S T A L D E
Z H U S E L P M E T O V Y E U
```

AKASHA	GROVES
ANCIENT	HEALING
ARIANRHOD	HOLLY
BARDS	IMBOLC
BRIGHID	MAGIC
CAILLEACH	MISTLETOE
CELTIC	POETRY
CEREMONY	PRIESTS
CLOAK	SACRED
CRYSTAL	SACRIFICE
EISTEDDFOD	TEMPLES
GORSEDD	WISDOM

Monsters

```
M L T L T G I S T O F A O Y A
A U P H O T F T F A F N E R N
B G G R E A F A S N S A P P N
E Z L R R B J O R N I M N A A
A A F C E T L O H Y D R A N L
B N A H I T E O A B J E C U A
L M D U T Z T T B R H Y H K G
H S K P E L D I R U E O Z S U
A O G A Y Y O E R A L R E H G
D R A C U L A C G T P T H O B
N D H A E K C G H O V S R G O
E D M B R V E H Y N T E E G L
F O V R L D B T A I E D R O E
V I A A O Q U R J M U S M T H
P A K R A K E N U D P B S H S
```

AGGEDOR

BALROG

CHAMP

CHUPACABRA

DESTROYER

DRACULA

FAFNER

FASOLT

FENDAHL

GRETTIR

GUGALANNA

HYDRA

KRAKEN

LOCH NESS

MACRA

MINOTAUR

NACHZEHRER

NAZGUL

SHELOB

SHOGGOTH

SMAUG

TETRAPS

THE BLOB

YETI

African Tribes

```
U F E R U J M J Y I I I G H
R D O C H U G Q J M Q A N I E
E A I S R E B R E B H O S L S
M D B S K H V T N A L Y R A I
M N I A G G A H C O N M Y M M
P A B N A I F I R S H G L E U
E W I S K C W Z A E Z Y O S E
S R U K Q P G M R U S P D N T
W A M A T A B E L E D H A M I
H Y S K E A R L R C J K O B I
B N J J A O J U Q A N R N N L
D A O H T O S M R I U W V N A
S B S W A Z I B D Z V T N G M
U K Z S O T M W U D G N F L O
E C R E A S H A N T I W O Q S
```

ANGONI   MATABELE
ASHANTI   MERU
BANYARWANDA   MURSI
BASSA   PYGMY
BERBERS   RIFIAN
CHAGGA   ROLONG
DINKA   SAMBAA
HAUSA   SHONA
HERERO   SOMALI
IBIBIO   SOTHO
LUMBWA   SWAZI
MASAI   TUAREG

Cycling

```
H L M N S P K G I K U R F F I
K U L O R C E K G J E C N Z R
R W T W O A K T B I C Y C L E
W E N L R V Y R N S M C M Q D
Y V F S W A A N Q T B U K V S
S X H L Y K A M T H D A D K R
O T B Q E P P S H G S T L O B
Y B U S Z C L X U I S B W H E
V S B N Q E T A N L E R C V F
B H F E E T R O A A E W L D V
A A B H L D X D R N I A H C F
S E W L C L E I C S V N A M R
K P M U P P N H E S G O C A A
E U P A H G S A D D L E I O M
T T X F S R T O E C L I P S E
```

BASKET	MUDGUARD
BEARINGS	NUTS
BELL	PANNIER
BICYCLE	PEDALS
BOLTS	PUMP
BRAKES	REFLECTOR
CHAIN	SADDLE
COGS	SEAT
FRAME	TOE CLIPS
GEARS	VALVE
LIGHTS	WHEELS
LOCK	WRENCH

Heraldic Terms

```
H E T E M L E H A C E L G A E
C A N T O N A E G V H W V T L
C D E Y A L P S I D O A F D L
O F B T H G R E C H J L R N W
C A M E L O P A R D E B A G O
K I A M J F F A N U I H U N E
A V M L B M M A R E T X E D T
T E B P E P P D E E D N U N T
R F S L A G E D V N P S A N E
I C B N M L Y O I H S J U G L
C M T O I W E R W L E I D D L
E A T S Z F Y S O S Q A G H U
M T L K G F J E J N B M M N M
O T I E R C E D T K N U G R L
H D O R T N A M R O D Y A J S
```

ADDORSED	FLEUR-DE-LIS
BADGE	GYRONNY
CAMELOPARD	HELMET
CANTON	IMPALE
CHARGE	MOTTO
COCKATRICE	MULLET
DEXTER	RAMPANT
DISPLAYED	SEJANT
DORMANT	TIERCED
EAGLE	UNDEE
EMBLEM	VOLANT
ENSIGN	WIVERN

Girls' Names

```
F K Y X V D C Y Z H C A Z I E
B B S Y L V I A Y Z F C D D N
W J K B S E N T E B G I D V U
S O A Y N N L S L N E Y M O J
Z A I N I E A L L H E V S G E
F N C E H N R P E X E R W N B
E O Z U A Q F Y H O Z E I A M
L N H D S K P B S Y N E M O I
I N L Q A F J U X D L M A M M
W E R E C G E R O E V Z D I O
Z E E Q R L N L D K W B O L I
N L P Q O E I A V O T A N W J
X O M K D N M R B I F D N H C
L J H R E D V S V B R L A D O
S F Y E C A R T N A G A D H A
```

ANNIE	MADONNA
AVRIL	NAOMI
DORCAS	NERYS
ELVIRA	NOELLE
GLENDA	PANSY
GWENDOLINE	RUBY
HEIDI	SHELLEY
IRENE	SYLVIA
JOAN	TRACEY
JOLEEN	WANDA
JUNE	ZELDA
MADELEINE	ZOE

Sculpting Materials

```
Z X A W A T T O C A R R E T S
R G T R F N Y S Z I N C H R S
R Y R O V I E T Z H A O C D A
V C Z X S A D M F L G N A Y L
E M L S E T I N A R G C M N G
J R A A B R E B M A Z R R O M
P R I R Y B A S A L T E E R V
B E Z W B S Q N O O D T I I F
H P F S T L E A T N K E P C O
A P W E N Z E Y D Y J F A R U
L O R Q N E D L X X F Y P W M
D C P O R T L A N D S T O N E
F L R K G A C L A D T O P T T
H B O F I G U U N E D W Q G A
Q L O G U A G C J M W Y D F L
```

AGATE	IRON
ALABASTER	IVORY
AMBER	JET
BASALT	MARBLE
BRASS	METAL
BRONZE	ONYX
CLAY	PAPIER MACHE
CONCRETE	PORTLAND STONE
COPPER	TERRACOTTA
GLASS	WAX
GOLD	WIRE
GRANITE	WOOD

Fractions

```
T L G A V O R D E R H T N I N
I M P R O P E R U W X H J W T
I H F E T C I V H T F I F L F
F D E X I M U H B S O R H L D
A R E M D L S T U E H D A H N
D H A Y G Q I X A V T H M H O
E L F A W U M I V E F U R T C
H T R A M A P S Y N L J X N E
N T E Y C R L D I T E H E E S
O E H I S T E S I H W O L E Y
M Y W G M E O P H N T S P T T
M F B O I R L R A L H C M E R
O Y A H T E I T N E W T O N I
C F W E Y H T N E T W T C I H
N O I T C A R F R E S A W N T
```

COMMON
COMPLEX
DECIMAL
EIGHTH
FACTOR
FIFTH
FRACTION
HALF
IMPROPER
MIXED
MULTIPLE
NINETEENTH

NINTH
ORDER
QUARTER
SEVENTH
SIMPLE
SIXTH
TENTH
THIRD
THIRTY-SECOND
TWELFTH
TWENTIETH
VULGAR

Flying Machines

```
W G V I R O Q U O I S M O T H
V N X F H E R C U L E S O T D
J A R S Z N I A I R C R A F T
T T K E J A W R W U N V X A Q
E S F R T L U W R A L T D R E
J U M W W P D J D A R T E C N
O M X J N A O O N O H D H E A
T E H U G E A C C G I X B C L
A N B M C S A K I L X F A A P
R A E P A S E L G L D R L P I
T L G J T T O T T F E R L S R
S P A E D R O C N O C H O W T
N I R T C C H O P P E R O N G
U B I I L E L T T U H S N M E
S P M K W A H T H G I N C K V
```

AIRCRAFT	LANCASTER
BALLOON	MICROLIGHT
BIPLANE	MIRAGE
CHOPPER	MUSTANG
CONCORDE	NIGHTHAWK
DRONE	ROCKET
GLIDER	SEAPLANE
HARRIER	SHUTTLE
HELICOPTER	SPACECRAFT
HERCULES	STRATOJET
IROQUOIS	TORNADO
JUMP JET	TRIPLANE

Time

```
E U G Y A D R E T S E Y A Y N
N A P Z L T R P A S M T P K H
O O E Z N O V A W A T C H Y E
I P R A Y E Z X I H O M H T Y
T D I S I L V G N R D H M A D
A H O P B F A E G F A E T S E
R G D T N V P U R G Y S O Z E
E F I R S T C A N A M L A C P
N A E A R A W K K N K U A M S
E G S X H N P S E L A P S E P
G H S R I D C E X H U R R Y L
H H O G A C F A Q L A V X D T
N B H U U E S S H T N O M I E
S T O P R N Y O Q P O P C F G
L C N O T S G N P H Y K D P N
```

ALMANAC	PERIOD
ANNUAL	PULSE
ELAPSE	SEASON
FIRST	SPEED
GENERATION	STAY
HOURS	STOP
HURRY	TICK
MONTH	TODAY
NEVER	WATCH
NIGHT	YEARS
PACE	YESTERDAY
PAST	YORE

Dressmaking

```
T O R T N Z S Q T A C K I N G
M M M R N E W G J X L R R I L
O O A U C E D W N K O P F B W
F Y D Q A Z M G J L O X P B N
S S L E P T U R I P P B D O B
C M J S L A T A A N S B G B K
I R S L T L T T A G G M S L E
S O S E B R T E J T H E A C G
S F F T L E A J L O U H A N T
O S C A R V I D O D C L I Y H
R S O N B E E K W P E T Q C R
S E T Z T R S D I N T E S A E
Y R T S E W I N G U M I N M A
J D O M L K S C C E L V H Z D
D C N J Q O E R L K T D P H O
```

BOBBIN	NEEDLE
CHALK	PATTERN
COTTON	PINS
CUTTING	SCISSORS
DARTS	SELVEDGE
DRESS FORM	SEWING
EDGING	SILK
FABRIC	SPOOL
GARMENT	TACKING
HOOKS	TAILOR
LACE	THREAD
MODEL	YARN

Wind

```
S M N K C E N I S M A H K C Z
I Y A W W R C J T F C B D A X
M L T D T H O R E N L F I L V
O R T K Z U I S O L Q K S I E
O E A H I L R R S F T O B M Z
M H M K R G S B L W U N G A D
A T R A A Y N A U W I A E D O
E R A D E T E I E L I N L G L
R O H B T R A S L R E N D F D
T N D Z R V T B A I O N D E R
S T A B R E I S A D A B C Z U
R T H E R M A L T T N V B E M
I M G L E I T T Z E I O E E S
A T Y P U E L C H E J C Z R P
O G Q Q E N A C I R R U H B P
```

AIRSTREAM	KATABATIC
BOREAS	KHAMSIN
BREATH	NORTHERLY
BREEZE	PREVAILING
CALIMA	PUELCHE
CROSSWIND	SIMOOM
DOLDRUMS	SOU'WESTER
FORCE	THERMAL
GENTLE	TURBULENCE
HARMATTAN	WESTERLY
HURRICANE	WHIRLWIND
JET STREAM	ZONDA

Supermarket Shopping

```
G A S S N O P U O C E R S S H
E C U D O R P K M Y A E E N H
A F O N Y M O N O C E C I G S
S C S A V I N G S U I E T D K
E E U R D L E S V O W I N A N
L S S B G D J I H I C P U I I
I E T A C H E C K O U T O R R
S V Y E H P E T F O O D C Y D
R L S R K C M G E S E L S I A
E E I E E S R Y R R A S I C A
F H G W A C A U C H G E D T W
F S N A U A O B P B Y E I I K
O Y S R N E A R P A R U N Y M
S A Y D E A H T G K R E M T V
R L B S A A M N N F S S D H S
```

AISLES	GROCERY
BASKET	MANAGER
BRANDS	OFFERS
CHECKOUT	PET FOOD
CHOICES	PRODUCE
COUPONS	PURCHASES
DAIRY	RECEIPT
DETERGENTS	REWARDS
DISCOUNT	SAVINGS
DRINKS	SHELVES
ECONOMY	SIGNS
FRUIT	WINES

Agree

```
H E C S E I U Q C A F H E C S
C E R D B Y U Y Y R E A O T N
T R N E R H F G E I H V W I A
A A O D R O F G U B E S Y M H
M U T I O R C N E N E L A R T
C Q S C E R I C A N A W D E I
A S E E K S S N A Z B J Z P W
T A Y D O T T E T E P Y A G N
N N Y N E U Q J S F U T C N I
S C A E J E C I Y E E R C I L
E T S Y G O M B R F P B E D L
T I V A N O D E D R I A P N A
T O G C R E H T E G O T T I F
L N U P C O M P L Y W G A B U
E R T J C I I A S S E N T R U
```

ACCEPT	FALL IN WITH
ACCORD	FIT TOGETHER
ACQUIESCE	MATCH
ASSENT	PERMIT
BINDING	PROMISE
COHERE	RATIFY
COMPLY	SANCTION
CONCUR	SAY YES TO
COVENANT	SETTLE
DECIDE	SQUARE
ENDORSE	UNISON
ENGAGE	YIELD

Workplaces

```
P O F F I N T S I O R B L W L
Y Y O Q O R M J T L A L K Y Z
C G S L O S Q R V U I O Z R E
N N A P M U E S U M D K A E S
E S R G J P K J W L T I C N U
G I G N A E B A K E R Y O I O
A U K Q X R S W Y B R U L F H
M K W B G M A R H O T E L E T
E L N X U A A G L T T Q I R R
N O D A I R Y M E O H U E C U
I O C E B K E M F C M A R F O
C H S I F E T A N N E R Y O C
V C L I M T U A U E A R W R C
C S P H R H R L E A M Y S G T
S I W A G P E R I Y N S P E W
```

AGENCY	LIBRARY
AIRPORT	MUSEUM
BAKERY	PRISON
BANK	QUARRY
BUREAU	RANCH
CINEMA	REFINERY
COLLIERY	SALON
COURTHOUSE	SAWMILL
DAIRY	SCHOOL
FORGE	STUDIO
GARAGE	SUPERMARKET
HOTEL	TANNERY

Greek Mythology

```
E Z D C Y T E T N M G Z O S E
H M R O H C I R A A J I A O N
T M A E N A D I O T I K Q A E
E S Q P M O R M M Y B T I H U
L B U Z A P S Y P E L A S C B
R R O L A N H A B A D P M E G
W U K R A E S M J D S E S H H
O T A R E D R W J U I Z A C S
E K T T E A E I S Q L S P Y N
G O R G O N S A Q N U Y A S A
S E D A H N G F D D E M L P T
G G J P S E I F E J M A L Y I
W S A S P S E M R E H O A V T
H D V Q K Q T A K V S N S O O
E C R I C T A J Q A G I Y S M
```

BOREAS
CHAOS
CHARYBDIS
CIRCE
DAEDALUS
DAPHNE
ERATO
GORGONS
HADES
HERMES
HESTIA
ICHOR

JASON
LETHE
MAENAD
MEDEA
MEDUSA
MINOTAUR
NAIAD
PALLAS
PEGASUS
PRIAM
PSYCHE
TITANS

Pizza

```
C R R S N E G A S U A S E L C
E G F O M A Y C Y E V C K D Y
E S C E R O H A M N U O C E R
R A E L E I O E O A N A V K Y
B S I E C B O R S N P E Z A C
L C L K H N D Q H E L P H B I
A R E E I C B N R S E G M E P
C N V O Y B E S U P U H S N S
K G N S G N I P P O T M T O R
O S S T U F F E D C R U S T W
L O N A G E R O Y H A G Q S P
I S E I V O H C N A E S U S T
V S J Z N R T S U R C N I H T
E H P I N E A P P L E J D E M
S M O K E D H A M P A N U T H
```

ANCHOVIES	OREGANO
BACON	PEPPERONI
BBQ SAUCE	PINEAPPLE
BLACK OLIVES	SAUSAGE
CAPERS	SMOKED HAM
CHEESE	SPICY
CHICKEN	SQUID
DOUGH	STONE-BAKED
GARLIC	STUFFED CRUST
GROUND BEEF	THIN CRUST
MUSHROOMS	TOPPINGS
ONIONS	TUNA

Prepositions

```
T P Y H G Z R I A G A I N S T
O U H Y H A P A X E X W C P K
X T O G M I J M E I G F N X A
D O N B U D W Z V N N R R E P
Z V Q I A O A S I R I E E O E
N R Q G L X R W P D N T G U M
E O T E I U O H Q J R F A L N
E U B P T L T V T V E A R X B
W A W G L S E A E I C I D S E
T L A O A P R R N W N D I A S
E O F P D Q S S A N O N N M I
B N O B E U I S P T C I G O D
S G A D S D F A J E W H V N E
N W O D E L E T I P S E D G C
Z C T P L U N T I L R B S L Z
```

ABOUT	FOLLOWING
AFTER	FROM
AGAINST	INSIDE
ALONG	INTO
AMONG	NEAR
BEHIND	OVER
BELOW	PAST
BESIDE	REGARDING
BETWEEN	SINCE
CONCERNING	THROUGH
DESPITE	UNTIL
DOWN	VERSUS

Islands of the Atlantic

```
P M T E V U O B E R M U D A T
C A A E W A T F W Y B H S O G
S I F R V I A K T N E A H C O
D O V O U R R B M B F T C A T
I F O G O T V C R W I S R W N
S A F E V J N A B H R I H M A
K A S D F O V E T E E V E S S
O T U E V A A T V D N A B C O
M E R R I V Z R A E E O R I T
C R O C I P O M O S T B I L R
O C E V R Y R T C C C R D L O
S A T R E S E D O R K N E Y P
Q A O O K B S M Q M N A S U N
O K O I B A S D N A L K L A F
I U S A O V I C E N T E H L Y
```

AZORES	FOGO
BERMUDA	FUERTEVENTURA
BIOKO	HEBRIDES
BOA VISTA	MADEIRA
BOUVET	MAIO
BRAVA	ORKNEY
CORVO	PICO
DESERTAS	PORTO SANTO
DISKO	ROCKALL
FALKLANDS	SAO VICENTE
FAROES	SCILLY
FERRO	TENERIFE

Hiking Gear

```
K K F I R S T A I D K I T L A
G C R H D J P E G R E W K T K
F P O S E S S A L G N U S T C
I K H M G L O V M G D E A W A
E V S O P W H I S T L E L A S
L E S C N A T A T L C J F L K
D N K T A E S M O V A B M K C
G O C N A R A S O S M L U I U
U C O S Y T F U B E E A U N R
I M S F C K J R E V R N C G T
D E S H N G E E D O A K A P E
E C E I O T B U Y L E E V O K
O S F L A S H L I G H T V L C
U E L W K A R A B I N E R E A
A M S R A L U C O N I B E C J
```

BINOCULARS	KNIFE
BLANKET	MAPS
BOOTS	MATCHES
CAMERA	PHONE
COMPASS	RUCKSACK
FIELD GUIDE	SCARF
FIRST-AID KIT	SOCKS
FLASHLIGHT	SUNGLASSES
FOOD	VACUUM FLASK
GLOVES	WALKING POLE
JACKET	WATER
KARABINER	WHISTLE

Volcanoes

```
I I T A P N E Z N U C E R K N
S O A E R M Y I N O S H I M A
G T I A S E S I O O Y J A A G
Y E R I E Y D Z R T J Y E P A
A K Y O R T H A A A O E G E P
T O A O M T H L J N G Y M L O
R B S F H B K C N Z U O O E Q
I C U U D E O O A O A Y N E E
D M R O B B W L M L G O T G L
E P L X D E S U I V U S E V O
N H S O M E R G L J A S R A L
T I A T I A R E I A D J N D O
I R K R E S A T K Z P I A K R
J A F M G B E R A T D G T X U
P P X C D Y V M Y U A B R M M
```

EGMONT

EREBUS

GUAGUA

HARGY

IZALCO

KETOI

KILIMANJARO

LOLORU

MAYON

NISYROS

NYIRAGONGO

OSHIMA

OYOYE

PAGAN

PALUWEH

PELEE

REDOUBT

STROMBOLI

TIATIA

TRIDENT

UDINA

UNZEN

VESUVIUS

YASUR

J Words

```
J J E E R O B M A J J A Z Z Y
A G O N A J E R S E A J J W A
C N U U X D E T L O J C U K H
T I E J R P E B U J U J K O J
L Y N B S N M J L Y E J E A O
J E U A J U A A I I A E L R L
J K J R J L I L S G A J J O E
E C E J B V J U U J G S H L S
R O J I O A O A U Y J L O I O
S J H J D L R D R N O I E A P
E A A E A V D J E T S A M J A
Y W D J E E R E D B T E J O T
A U O J R B K G A J L K J M X
J E D Y R A U N A J E M D N U
J A U N D I C E J B D L J H J
```

JACKAL

JADED

JAGUAR

JAILOR

JALOUSIE

JAMBOREE

JANUARY

JASPER

JAUNDICE

JAZZY

JEERED

JEJUNE

JERSEY

JETSAM

JIGGLE

JOCKEYING

JOLTED

JOSTLED

JOURNAL

JOVIAL

JUDDER

JUJUBE

JUMBLE

JUXTAPOSE

Nursery Rhymes and Stories

```
B A R R I P L P E T E R P A N
L L S G E E I B Y A R S T A G
M E U K T H Y E B U D F B O Y
O O Z E C M T A D W S K E R Y
W E R N R O B O A P I O A M A
S G B A U I L R M N I M R P M
N E M L L P V I G D Y P I E N
O E U A H E A C D R N N E D I
W H H D S P O R A L O A F R S
W A T D S L B M W C O R R I T
H N M I E W I T C H D G U G U
I S O N B R B H P U M P K I N
T E T T P R I N C E S S M E C
E L D R F O S T E R O S E A O
D A B N I S H O E M A K E R B
```

ALADDIN	PIED PIPER
ALI BABA	PINOCCHIO
DR FOSTER	PRINCESS
DWARVES	PUMPKIN
GOLDILOCKS	RAPUNZEL
GRANDMOTHER	RED HEN
GRETEL	RUDOLPH
HANSEL	SHOEMAKER
KING COLE	SINBAD
MARY MARY	SNOW WHITE
NUTS IN MAY	TOM THUMB
PETER PAN	WITCH

Birds of Prey

```
S L Q C A R R I O N C R O W K
V W R P A C A R A C A R A Y W
R O D N O C C E N K E L F E A
S N S P A R R O W H A W K T H
A R M L L F C A O R T I L I N
C A G E A L H B E Q B Q W K E
G B T D A H B N Z U K V O M K
J R T F S Y N H Z W U S Y E C
A W I I V U H Z A L P F N R I
E J F F R F A H T R G P W L H
G R E D F R S U E Y R F A I C
E L A S D O R Y T Z E I T N C
R O G B G E N I R G E R E P A
R T L A M M E R G E I E R R I
V J E I O W M K E S T R E L O
```

BARN OWL	HOBBY
BUZZARD	JAEGER
CARACARA	KESTREL
CARRION CROW	KITE
CHICKEN HAWK	LAMMERGEIER
CONDOR	MERLIN
EAGLE	OSPREY
FALCON	PEREGRINE
FISH HAWK	ROADRUNNER
GOSHAWK	SPARROWHAWK
GRIFFON	TAWNY OWL
HARRIER	VULTURE

Advance

```
E V O R P M I O V E V N F F O
D J E Y A W D A E H E K A M T
M G E T N E A R E R E X A L T
A V E T A T I L I C A F W B R
R T M P G M J Z K I M S H E T
C H H C R D V S V B U G T T S
H S I R U O L F P R H A P T O
W O S H I E P E G R V R R E O
F O N A X V S E Z E O E N R B
R L R P K O E I L P N S T M O
K A A G P A N E O G T H P E P
R N I O V J D U T E T Q V E E
D E R S W Z N H P T F I H S R
M P C O E D E U W A L K O N W
A V E U W N P Y W D P M L G E
```

BETTER	PROPEL
BOOST	PROPOSE
ELEVATE	PROPOUND
EXALT	PROSPER
EXPAND	RAISE
FACILITATE	SEND
FLOURISH	SHIFT
GET NEARER	STEP UP
GROW	STRENGTHEN
IMPROVE	SURGE
MAKE HEADWAY	THRIVE
MARCH	WALK ON

Jane Austen

```
S L D N A N S I G E R E M Y L
E S U A O G O I A G D S E R E
M Y E C E T J T Y R A U Y E N
A M O T Y P L L S O S K A T O
J Y R R A S U E T E H M R Y R
K L A S F Y T F R G W C R A L
D A E L H E R E E M O R U H A
R D T G C A L M E F O D M S N
A Y Y E N S R M T L D R N E D
W S D C A U R V O U E O H L P
A U I M R S S M I T H F O R A
I S E G Y E J R U L T A J A R
R A R E T M A H N E L L A H K
A N E C N A M O R E G E N C Y
M N O T W A H C J A V D E K L
```

ALLENHAM	LYME REGIS
CHARLES HAYTER	MARIA WARD
CHAWTON	MR ELTON
DASHWOOD	MR WESTON
DELAFORD	MR YATES
FRANCIS	MRS CLAY
GAY STREET	MRS HARVILLE
GEORGE	MRS SMITH
JAMES	NORLAND PARK
JOHN MURRAY	REGENCY
LADY SUSAN	ROMANCE
LUCY STEELE	TOM LEFROY

Farming

```
O S C B Z K C O T S E V I L J
N F E F A S H P C U P D S E E
P E R A O R G I C B A S E S H
C E L W I N N O W I N G Q U E
N H I O I A E S R R D K E O R
M N E K G R F Y H H G E A H B
G E L R U E O H R S E Y R T I
E I O T R S H E A R I N G U C
M Z S G N I D L I U B T U O I
M A I H F D E O S E H C T I D
P E M A O E T S N A D T C D E
G O A F M P N N G K A P R E S
E F J D X Q P C S G E D E Y W
H A R R O W H E E Z W Y A N F
H E R B I W C E R S E O M U U
```

BARNS	HOPPER
CHERRIES	LIVESTOCK
CIDER	MAIZE
COTTAGE	MEADOW
CREAM	MILKING
DAIRY	ORGANIC
DITCHES	OUTBUILDINGS
DONKEY	OUTHOUSE
FENCES	PASTURE
FODDER	SHEARING
HARROW	SOWING
HERBICIDE	WINNOWING

Printworks

```
M D U F M E Q S L B N Z D D R
N M Z X R N S X T Q T N N E D
J G L B Z I S S P U H W U C H
R P I T F L T T E A D T O U N
E E L S P E N B N R P I B T F
M T D A E Y O A W I P E O T Y
O J A E B D F S D R T M R I I
R N A L E P F E F H O R I N P
H O X J P F O L K N E F W G R
C A R H O X R I I R E S I Z I
O O B O A Q M N F T A X I S N
N F R T R V A E X B H M K V T
O P I I H K T E K V M O D W E
M R E L P A T S Z B O A R D R
G N E P H S H F I B W L U F V
```

ADHESIVE	MARK
BASELINE	MONOCHROME
BOARD	PAPER
BOOKS	PLATE
CUTTING	PRINTER
DESIGN	PROOF
DYELINE	SPIRO
FEEDER	STAPLE
FONTS	STUDIO
FORMAT	TEXT
IMPRESS	TINTS
LITHO	WIRO-BOUND

Nobility

```
S N O I T I D A R T A G E P W
W F E B I M E I E H R E R K N
N W O R C C K T J A E I Y O Y
Y I S E A I A M N A N T I V R
T V I L N T E D L C S T T H R
I N A G S R E A E A A L O D E
L P D E I U S N N N E Z K D U
A O O U R E E Y O A X R U D Q
M P Q S I M D R R R H C I R E
R S S D P D O O H T H G I N K
O T A R R C Q S L E N T P W T
F L E A X W U A S I R E E R A
O S C U J E E S T A P O G C B
S A P G P W E Y T E T E M L I
C S T N A D N E C S E D A M E
```

CORONATION	GUARDS
CROWN	KINGDOM
DESCENDANTS	KNIGHTHOOD
DIGNITY	LADIES
DUCHESS	PALACE
DYNASTY	PRINCE
EMPRESS	QUEEN
EQUERRY	REALM
ESTATE	SQUIRE
FORMALITY	THRONE
GENTRY	TRADITIONS
GRANDEUR	WEALTH

Cheeses

```
P S E P S Q L K H X I E M Y T
P D M R P O U A V T W T A A C
X N T I O Z Y A I E J S D F W
Y R Q T L M C O N R D B E H Y
N O T F E R G S C C O G Z B D
O C F I E L L I A I L B R M K
T A R V H E M E W S R E E A C
Y A L A Y O R E U Z D E S L Y
R A S D U P T X L E U H B B L
O J A W H D O O L I N B R I E
V L B I I Y D I O B N A L L K
E L L F I S B S A N D Q T D E
U L E A A W S L T C Q U A R K
Y T P G N I S A B C E R N E Y
A C A B O C K C A J Y R D T A
```

ACORN	FETA
ALVERCA	IBERICO
BASING	LAIROBELL
BRIE	LLANBOIDY
CABOC	MEIRA
CAERPHILLY	QUARK
CERNEY	SWISS
DERBY	ULLOA
DOOLIN	WENSLEYDALE
DRY JACK	WIGMORE
EDAM	XYNOTYRO
EMLETT	YARG

Words Ending AL

```
L A P E R J N L K P A L O N D
A C L A R V E N I A L A E B T
S L I N T E L L E C T U A L L
O S A J A L A K A L T P R N S
P R P G O E C L B R T H P A M
O E B D D V R H A L V E D L L
R V L I L E I L O A L A A A A
P E P L T A P A K R M V L Z I
C A L R A A T O L U A A A J C
E L I A P T L A S T R L I L A
A A A L G F N I F T R I B A L
L E T H A L C E K U A A V M G
P L A E N A F O D G B L L R G
L A G E L L I L A L A A V O A
L A U T R O L A U Q R O R F L
```

CHORAL	MUSICAL
DENTAL	NEUTRAL
FATAL	ORBITAL
FORMAL	PLURAL
GLACIAL	POSTAL
GUTTURAL	PROPOSAL
IDEAL	RETRIAL
ILLEGAL	REVEAL
INTELLECTUAL	RORQUAL
JOVIAL	TRIBAL
LARVAL	UPHEAVAL
LETHAL	VENIAL

Planes

```
E W T O L I P R E T H G I F F
K G B Q R U U O A R E H H P O
O J A G U A R K D C Y E Y V X
O A N R Z T E O Y K L L R H B
H R K G I O R O M I O O Y G A
G C N J F M R I C N T J C N T
N I H F I S J O S A G A T I Q
I N S N L G P W V T M R N D K
T O T L R T M E T R A T J N R
S S O H E Z L H A I A R Y A E
E R P R G E G T N K A Y D L K
R E I U K I H E E F X A Y R K
R P T X L G R W L V R B N O O
A U C F K X P W X F M P J P F
H S H O P H A N T O M O K E U
```

ARRESTING HOOK   PHANTOM
ELEVATOR   PITCH
FIGHTER PILOT   PYLONS
FLIGHT   RADAR
FOKKER   ROLLS-ROYCE
FOXBAT   SUPERSONIC
HELICOPTER   TAKEOFF
INTAKE   TARMAC
JAGUAR   TRAINER
LANDING   TRISTAR
MIRAGE   WHEELS
NIMROD   WRIGHT

In the Park

```
S E M C F I D S G E R P D S Y
S T S E B E S S A R G E H Q
D E A I W P N F L O W E R S F
A S S E C C P C U G R S T O D
V E W O S R V H E T W R U G D
S Q U I R R E L S A S N N N D
K P R C N C Q X N T T I U S E
S H T A P G P S E A K O B C L
G P R V W L S N I L R U U I P
S A H I Y J N N A G R U S N O
T H M A S I U W Y H U J H C E
R O U E S T L A S N R A E I P
O H D Y S C L S K C U D S P U
P E P D A P S D N O P R C M S
S E G S E H C N E B W B O U G
```

BENCHES   PLAYGROUND
BUSHES   PONDS
DUCKS   ROSES
EXERCISE   SEATS
FENCE   SHRUBS
FLOWERS   SPORTS
FOUNTAIN   SQUIRRELS
GAMES   SWANS
GRASS   SWINGS
PATHS   TENNIS
PEOPLE   TREES
PICNIC   WALKING

Wedding Anniversaries

```
A R E A S I N O M J L E S T A
D G V N Y A E N P A R E P A P
T O S E H R S O R R A H E E I
D L O I O I E T E F N K F T W
M D U W L S M T H L N Q B A S
S E S V I K L O T N E N I L O
A N E L Y G K C A O V C B F A
P R M A R B T D E O P P A I P
P U T E J A M D L M L E V L E
H L E N Y Z E A N A P O U K N
I A A A V Z T P T O R W O O L
R R C N N S Y I N Y M E I E H
E O K O Y I N B R Q Q A M N E
M C R R K U H L U O C K I E S
L B C E M N N C A R N H A D D
```

BRONZE	LINEN
CHINA	PAPER
CORAL	PEARL
COTTON	PLATINUM
CRYSTAL	POTTERY
DIAMOND	RUBY
EMERALD	SAPPHIRE
GOLDEN	SILK
IRON	SILVER
IVORY	STEEL
LACE	WOOD
LEATHER	WOOL

D Words

```
T S E K R A D I D U R R G D D
D D S E N V S D D E R N D A O
Y A N S C I T E B A I D P D H
E R E D E I A B H T I D I A A
D P K E U R I M S R E R H K R
E K C E U D U U O T W E Y O O
F D I D M A G D E D A G D T B
E D D V C S J R U I N N M A E
N N I H I H R D D D D A N D D
D P K D H E A D A R N D R W D
E D B T N D R E D L A I P A D
D H A T D O R I U D Z G B U W
X E U Y N D U A M Z A B N B K
D D K E H E R A L Q L E G E W
D U C T I L E E B E S F D J T
```

DABBLE	DIABETIC
DADDY	DIBBER
DAIRY	DICKENS
DAKOTA	DISGUSTING
DANGER	DOMAIN
DARKEST	DRAGNET
DASHED	DREAD
DEATH	DRIZZLE
DEBORAH	DRONE
DEEDS	DUCTILE
DEFENDED	DUNES
DETERRENT	DURESS

Shake About

```
R A F F L U S T E S H U S A K
E Q E M J O S T L E F J B C W
D T T U G E N W E C N U O B S
D L A I P E I A A Q R R R S H
U R L U U E S R X Y U Y H H S
J D L Z L D H O E C H A T I I
S J I D S I S S P V C W K V R
H Z C R A V C C I M I U F E U
U T S P T T L O J D O U O R O
D T O M E J N I A P N C Q N L
D R R U N S E T T L E A S O F
E E E O N I I R K I D S R I M
R M X V U A L X K B P M U B D
T O R F A S B S Z C J E V A K
Y R B S Y W E C A M S K A Z W
```

BOUNCE	QUAKE
BRANDISH	QUIVER
BUMP	ROCK
CHURN	ROUSE
DISCOMPOSE	SHIVER
FLOURISH	SHUDDER
JERK	SWAY
JOLT	THROB
JOSTLE	TREMOR
JUDDER	UNSETTLE
OSCILLATE	WAVER
PULSATE	WIELD

Nursery Words

```
S E P I W E A N I N G R E A H
V O R A E B Y D D E T A B G F
C A T E C I N I L C V S P N J
R E E A Y M F P A O E U J I J
I G L B L R L A H I R I M N E
B N R I C C I S B E C G G E L
Y I A A B B U A E P R O X T D
D T S H T O B M H I D N L S A
R T T Y Y T M O P C E L B I R
E I R O O U L E D O H X I R C
H S V U P T W E S O W S T H E
T Y P P S A E C G B U D U C C
A B R P T K S A I V E T E P L
F A U E O M S B R A R E J R A
E B R W C D S R E H T O M L E
```

BABIES

BABYSITTING

BIBS

CHILD

CHRISTENING

CLINIC

COLIC

COTS

CRADLE

CRIB

FATHER

GRIPE WATER

MOBILE

MOTHER

POTTY

PUREE

PUSHCHAIR

RATTLE

RUSKS

TALCUM POWDER

TEDDY BEAR

TOYS

WEANING

WIPES

Words Associated with China

```
O A Q O D N A P M A S R J P P
H I T Y F Z G F L L E T I E V
G D A T I A G O S O O O N A S
N I N S H I N T O G Q Q K G H
U M G B V G Y T K U U U R E Q
G S R E A P N N A B Z J A S P
I U A N H A I P O N T D K T F
N M M O N G S Q L A H C I P W
S G O J E F I A I A I U B O N
E N G C E Q O C N T H R H N C
N B P E K T H F S S S C G O C
G S Z K N I U P G M W W R T I
Y Z D E A Y O N L O E C W N E
G M Q H N H E E H C Y L H O T
Z S U N C F A C K O W T O W U
```

CHOPSTICKS	LOQUAT
CHOW CHOW	LYCHEE
DIM SUM	NANKEEN
FAN-TAN	PEKOE
FENG SHUI	SAMPAN
GINKGO	SHIH TZU
GINSENG	SHINTO
GUNG-HO	T'AI CHI
HOISIN	TANGRAM
KAOLIN	TYPHOON
KOWTOW	WONTON
LONGAN	ZEN

CAN and TIN

```
T U L Q C A N A E G N I T S E
I L E S N I T T O N N I K E L
N T H T I M I S O A N I T R T
C I C Q I N P Y A G C A T E S
A N N M P N N G L N D C T N I
N D I O U A N E E I A C I E H
A E T N C I T I D N L C N P W
R R I H L F T N T P A A T O N
D T N K K C A I T U F N B N I
E T N T A C L Q N M S C L A T
C I I N I E C A N I N E O C F
T A O N V N C D M W E L C C R
J P N E N N K J C A N S K A N
Y R R A A A U E T I N Z T N I
T I N C L G C Y R A N A C O T
```

CAN OPENER	TIN WHISTLE
CANAL	TINCHEL
CANARD	TINDER
CANARY	TINGE
CANASTA	TINGLE
CANCAN	TINIEST
CANCEL	TINKER
CANDIDATE	TINKLING
CANINE	TINNITUS
CANOPY	TINPOT
CANTILEVER	TINSEL
CANYON	TINT BLOCK

Cell Phone

```
H E O K H Y A G C L M U D E F
S S C O R N Y G N R M X N A B
M N W O D D Q Q A I Y O V E I
E A M B E I H L N S T E R N L
I E O S T G A A S G I X I O L
M K F S A I J N N I E G E I I
T L F E N T C I N D M U N T N
S V P R I A R O K E S C Q A G
N I E D M L S A S L T F A S L
I B A D U E T S M J I N R R G
K R K A L J A T W S K S A E D
S A G K L G N O F Y R E U V E
S T M P I E D P R O A M I N G
A O X N R A B U R O C A Z O M
S R G C Y S Y P K E N G K C Q
```

ADDRESS BOOK	MESSAGING
ALARM	OFF-PEAK
ANTENNA	RINGTONE
BILLING	ROAMING
CAR KIT	SIGNAL
CONVERSATION	SIM CARD
DIGITAL	SKINS
GAMES	SMART
GPRS	STANDBY
HANDS-FREE	TEXTING
ILLUMINATED	TOP-UP
MEMORY	VIBRATOR

Growing

```
G N I T A N I M R E G F L I A
G G F G N I R U T A M M V C G
N N L C G B O O M I N G Q G N
I I O W N R G N I D D U B N I
T T U I I A G V A M I R B I G
N A R S T D G N I R A O S N R
E G I G A J E R I I H U K O T
M N S N L A V N S G R H T E S
G O H I A H G I I G L C R G H
U L I B C W N A I N A U N R O
A E N M S G A N I X G I B U O
Y Y G I E K G X C N S F A B T
S W E L L I N G I S I K F B I
G N I C N A V D A N J N D F N
M U S H R O O M I N G S G E G
```

ACQUIRING	GERMINATING
ADVANCING	MASSING
AUGMENTING	MATURING
BOOMING	MUSHROOMING
BUDDING	RAISING
BULGING	RISING
BURGEONING	SHOOTING
CLIMBING	SOARING
ELONGATING	SURGING
ESCALATING	SWELLING
FLOURISHING	WAXING
GAINING	WIDENING

Ancient Cities

```
P E R S E P O L I S R R T J Y
K U E L A P A I K O H A C X E
S G B A R K F H O C B N A V T
T M C H I C H E N I T Z A H H
N A L T I T H C O N E T E A E
O K C E B X Y A L T E B F N N
P N R A O K L H D G E J C G L
P O T O O R A V A S Q H P A A
E S M H K R E H H B H E A M C
L S R P R G T M A M R D L S A
A O S O E R N B R G D M M I R
T S M I A I Y A A N M O Y T T
K O I C N L I M P H Q D R P E
G R X S O A U A P W V O A E P
K O R N B M T W A F Y S H L P
```

ALEPPO
ANGKOR
BABYLON
CAHOKIA
CALNEH
CARTHAGE
CHICHEN ITZA
GOMORRAH
HARAPPA
KNOSSOS
KUELAP
LEPTIS MAGNA

MEROE
PALMYRA
PERGAMUM
PERSEPOLIS
PETRA
POMPEII
SODOM
TANIS
TENOCHTITLAN
THEBES
TIKAL
TROY

Ball Games

```
S S M A U L L A B Y E L L O V
Z L Y E M S Y B G U R P O L E
S J W S W A I S E V I F B L X
J T T O O F L N Y T N I H S V
B L E C B L R U N B N M P G P
F W U C Q B O U L E S E O E C
O L Q E Y Y Q K T Y J L H G
O A O R D Y E I R A D O R A D
T C R G K G N O N Z T N I R K
B R C Q X I G Q J A E J A D R
A O B R M N U C C T U Z L B Z
L S C O I E P P B X U J A A L
L S J R C O E A O J M H I L X
K E X E O C L Z O L S D A L N
Q H R L O L E R U W O O J F C
```

BANDY

BOCCE

BOULES

BOWLS

CROQUET

FIVES

FOOTBALL

GOLF

HARDBALL

JAI ALAI

LACROSSE

MINITEN

NETBALL

PELOTA

PETANQUE

POLO

POOL

RINGO

RUGBY

SHINTY

SOCCER

TENNIS

ULAMA

VOLLEYBALL

Scotland

```
Y S X D A L M X Y J H M B D T
E I G L B V Y A A O S Z S N L
N W O L E S H I E E R I T U I
K E L A R G T C M V Q B A O K
R L S W D O R N P E H N O S F
O P P K E D I I E N A E R R Z
D W I R E R F E M I Q D G E P
Y N E I N E D D A S C I O N B
A Z D K F N N N W O A S N N A
L H U I U R A U A N Q Y H I N
S T F D H Q L O N T O A O U C
I N D T Q G T A D F N T J H H
A R R A N Q N L P P F I Q B O
A E W U W K E G D Z B F A N R
P G Z E B D P R A F R O F S Y
```

ABERDEEN	JOHN O'GROATS
ANNAN	KILT
ARRAN	KIRKWALL
BANCHORY	LEWIS
BURNS	ORKNEY
DUNDEE	PENTLAND FIRTH
FIFE	PERTH
FORFAR	ROB ROY
GOLSPIE	SAINT ANDREW
GRIMSAY	TAYSIDE
INNER SOUND	TIREE
ISLAY	VENISON

Significant

```
I V L E V L A P I C N I R P N
E E L A V T R L A C I T I R C
T V A Q I I T Z U R C O N N K
N E I A A C S I M I G H T Y S
A N R T H P U S P P O T E N T
N T E E A T P R A Y V R N T R
I F T E C C I R C M E A S N O
M U A E L M I C E O R N I E N
O L M A E O G D L C R C V I G
D C R E L E V A N T I H E L M
Z G T N E G R U A I D A I A A
E S S E N T I A L K I N B S R
W B Y L N N C Y D U N T M L K
G B N E M I T G I B G B F Y E
E T C K U T N A H C N E R T D
```

APPRECIABLE	MASSIVE
BIG-TIME	MATERIAL
CENTRAL	MIGHTY
CRITICAL	OVERRIDING
CRUCIAL	POTENT
DOMINANT	PRIME
ESSENTIAL	PRINCIPAL
EVENTFUL	RELEVANT
INDICATIVE	SALIENT
INTENSIVE	STRONG
LARGE	TRENCHANT
MARKED	URGENT

Desert Island

```
C S S K N E T U J E L N W B T
E V E S E L B B E P U A P N F
J N B E S E S S A R G E J E A
D E S E R T E D G E H C E R R
U J N R K T K L K N B O A R Y
R U I E E L M C A S T A W A Y
D E E C A D E L H X C L U B Y
S U S G X R U E A R W A V E S
R S O C W J L T M P E G D F S
Z O H P U T B E I P W T N L E
N R I C E E Q E S L R J A U A
I H O R I V E R A K O M S W S
S C O C O N U T S C I S S N U
G H E I K C S K M N H L E T R
A R B E L S I J A I V H Y A F
```

ANIMALS	PEBBLES
BARREN	RAFT
BEACH	RESCUE
BERRIES	RIVER
CASTAWAY	ROCKS
COCONUTS	SAND
DESERTED	SEA SURF
DUNES	SHELTER
GRASSES	SHIPWRECK
LAGOON	SOLITUDE
OCEAN	WATER
PALM TREES	WAVES

Civil

```
S U O E T R U O C E S K Y T G
W E L L B R E D K M S L E N N
L E E T N E G I S U N L E A I
L G N I G I L B O A B T L S T
U E E N B Y I I M A I U B I A
E R T V D V C E F S F M A A D
T S B A I A L F V I J J E L O
I T L A R T A C T F U L E P M
L E Y G N E I U E N H V R M M
O O V E G E D S A L A X G O O
P U G K D E G I N U B L A C C
E S H L E X N Q S E J A L S C
D E N I F E R I V N S M I A A
D E H S I L O P A S O G S M G
T H O U G H T F U L Z C M M A
```

ACCOMMODATING	GRACIOUS
AFFABLE	LADYLIKE
AGREEABLE	OBLIGING
AMIABLE	POLISHED
COMPLAISANT	POLITE
CONSIDERATE	POLITE
COURTEOUS	REFINED
DUTIFUL	SENSITIVE
GALLANT	SUAVE
GENIAL	TACTFUL
GENTEEL	THOUGHTFUL
GENTLEMANLY	URBANE
	WELL-BRED

Commonplace

```
N T N E U Q E R F O R M A L E
A V W O N L R E A B A Y E N C
I P E N M E A D N L E E Y E I
R C D G V I U C O A U G L R A
T I E N E F D D I W D P H R S
S M T O K N U D I P M N O M O
E E C R B L E D L I Y U U P R
D D E M U V E R S I T T S M P
E N P A E S I K A I N T E C H
P A X L P G R O N L A G H I U
E P E R R I L E U N Q W O R M
A V E R A G E O D S E U L E D
F A O P A S S A B L E E D N R
D F O E V E R Y D A Y F E E U
Y R A N I D R O E F L E T G M
```

AVERAGE	OBVIOUS
EVERYDAY	ORDINARY
EXPECTED	PANDEMIC
FREQUENT	PASSABLE
GENERAL	PEDESTRIAN
GENERIC	POPULAR
GLOBAL	PROSAIC
HOUSEHOLD	ROUTINE
HUMDRUM	SIMPLE
MIDDLING	STANDARD
MUNDANE	TYPICAL
NORMAL	WIDESPREAD

Canals

```
E L O N L K Y V J H A V E L I
O G Z V H Y A N G N F U F R T
Y R O S P U R A O M S S P F S
Z L O P B H L T T B A U N U T
J T Q B Q E H I N S Q Q E U N
S U I P S S L I N E U S T Z E
G A S R A L D A K D V G Q I G
P V I I B N L Y D T O O U M E
N I J M R J A I O H U D C A R
O N O W A R U M H K C F U I H
D H C N O A O P A K T O G M H
Y T A R E D A M Z G N E R F K
O E O Z P E S T I N E L L W I
R L E C A R R O W B R S O E E
C G R A N D J U N C T I O N L
```

ASHTON	MADERA
AUGUSTA	MIAMI
BRITZ	MORRIS
COVENTRY	PANAMA
CROYDON	PIONEER
GRAND JUNCTION	REGENT'S
HAVEL	ROCHDALE
HILLSBORO	SAIMAA
ISLE OF DOGS	STINE
KIEL	SUEZ
LECARROW	TRENT
LINDO	VINH TE

Kings and Queens

```
Y H T E B A Z I L E R D O O S
A R N Q E D Q F N J E E Y W T
D S N A V R E A I T K R W I E
E W X E A I J R U K I F D L P
R C B G H S C N H L W L E L H
L A D V L Z A T K T L A G I E
E E T G Z C N X O C U P B A N
H G C H K B N R K R Q C E M R
T R H E E C E S T M I T R A G
E O Z E D L H R E I Z A T T N
J E Q X D W S A U M R S P I E
O G X X Q M A T R J A J V L A
H E Z L A T U R A L D J L D P
N H A R O L D N D N E N T A Y
B W Y C Z V V P D O P S Z S O
```

ALFRED	ETHELRED
ANNE	GEORGE
ATHELSTAN	HAROLD
CANUTE	HENRY
CHARLES	JAMES
CUTHRED	JANE
EDGAR	JOHN
EDMUND	MARY
EDWARD	MATILDA
EDWY	STEPHEN
EGBERT	VICTORIA
ELIZABETH	WILLIAM

Yellow Things

```
S K C I H C E S O R M I R P B
Y S N O S P M I S E H T B K L
A R Z D K B A N A N A F Z Q E
L X A R M W M X Z O L O J Z E
K F J N J E Y A R R O W I D L
C Z Q W A D L W W F S A R J P
H D N R O C P O P F M A F H P
E C W M T I A X N A T L T Y A
E W X U L S M U R S E H L K E
S O L S T U P I U M E X J X N
E I W T P C G C O S J V R K I
P O Q A O O E N U D D N A S P
C T V R L R N N Z Z S U C D D
G E D D N C E G G Y O L K I Z
S H W B H A R Q E N I M S A J
```

BANANA
CANARY
CHEESE
CHICKS
COWSLIP
CROCUS
CUSTARD
EGG YOLK
JASMINE
LEMON
MAIZE
MARIGOLD

MELON
MUSTARD
PINEAPPLE
POPCORN
PRIMROSE
SAFFRON
SAND DUNE
SPONGE
THE SIMPSONS
THE SUN
TULIP
YARROW

V Words

```
Y C E V C D E E S V E R I L G
E E G U U U V S A N V T M N S
L R V A G R A N T E T U I K V
L U W O E A U V A T U Y E A E
A T V V W C V Y J C V W I V V
V L I S I E C N A E G N E V I
R U V V U E L V U E G L S O T
V C I E N O V S V L B T C Y S
S I S V M A I I O A E V B A V
E T E G N V I R T L I H G G E
S I C I E V I E O O V I P E R
R V T N E O G I L T V B U S O
E Y I S U E V I I O C O L M S
V C O S V K N L V A L I E A I
E R N Y E V U R O J G T V E V
```

VACUUM	VICUNA
VAGRANT	VIOLETS
VAGUE	VIOLIN
VAINGLORIOUS	VIPER
VALLEY	VISOR
VANITY	VITICULTURE
VEGETABLE	VIVISECTION
VENGEANCE	VOGUE
VENICE	VOTIVE
VERSES	VOWELS
VERVE	VOYAGES
VICTORIOUS	VYING

Shades of Brown

```
Y O S T R T H H N C K C Y F C
K O M I W A N W C A E V I L O
S E L Y N B A A E B R O N Z E
U E A Z N F R T T K W H E A T
D N O M L A U D U S V K I H B
I L N C M O G S Y D D U M B U
O V V E J C W O C H X L P I R
R P L K Q O P C H A M O I S N
E S L J L C W R U A T U B C T
P M T L N L E D T N M E N U S
P H A T H V M A P G Y O F I I
O F S A A R U P S E P I A T E
C D Z E L P I B N U C V B Q N
M E B B E N N O N W W A W I N
L W S Y E Q H Z W T X N N O A
```

ALMOND	HAZEL
BEAVER	HONEY
BISCUIT	INFUSCATE
BRONZE	MAHOGANY
BURNT SIENNA	MUDDY
CARAMEL	OLIVE
CHAMOIS	PECAN
COCOA	PINE
COPPER	SEPIA
DUSKY	TAUPE
FALLOW	TEAK
FAWN	WHEAT

European Regions

```
V A R T I N A I N O L L A W R
Q I G T R K E T J X E L G N S
L D H A R B N P H L O I R E U
D X T E W D S H A N N O N A R
E Z T D S I G J V A J D B R A
I A L I M S X O E I A N U R L
K S O S U Z E X O V I A Q A G
S T R Y D R D N L A R L O V R
L A R E E M Z O B R Y R D A E
E V A S F I R R F O T A C N V
B A I R G I U K Z M S A S K O
U N N E T Z E W P U U S Y G N
L G E M Z U M L Q R G U M U A
M E Z I B H Z L I G U R I A H
O R B E R O R E S U N D F M K
```

ABRUZZI	NAVARRA
GLARUS	NITRA
HANOVER	OREBRO
HESSEN	ORESUND
ISERE	SAARLAND
LEON	SHANNON
LIGURIA	STAVANGER
LOIRE	STYRIA
LORRAINE	TARN
LUBELSKIE	TIROL
MERSEYSIDE	WALLONIA
MORAVIA	ZUG

Oils

```
L E S E G I U P V H E P H G R
P G D L F B Z W R W U D Y S B
S N N O M A N N I C O F U A E
B A F E L E S E I D E O B R P
F R N Z E S S E N T I A L G C
R O S I N R N L I B S N W O E
N G Q H D V G H G S G A F O K
I S S R R C W R U I L H U M A
F I B Z I L A V E N D E R L N
F I E A C A G N U T F H I U S
A E V Y I R H T R C N I T A K
R S O Q D Y N E R O L I F H T
A A L L E N O R T I C U W C N
P W C N S E L B A T E G E V V
J F O N A X T U L L U X O O E
```

BABASSU	LAVENDER
CHAULMOOGRA	NEROLI
CINNAMON	ORANGE
CITRONELLA	PARAFFIN
CLOVE	ROSIN
CORN	SNAKE
CRUDE	TUNG
DIESEL	VEGETABLE
ESSENTIAL	WALNUT
FISH	WHITE
FUEL	WINTERGREEN
HAIR	WOOL

Cake Baking

```
R S E L K N I R P S L J I A S
E R U Z Y C A L U T A P S A L
T F W Y I G H E O F K E O G W
A V G N U B O Z N C R N E V O
W G G S U S U T A P S U S R B
D A N T C N G R F G Q J I E D
A E T I O U G S Y A R T L T G
G E C O T N R W E Z U G P A E
R S P O I S G R Q N O A Z L B
F S U L R T E N A Q L J Y O C
C V O L O A F T I N F N I C C
P O E G R A T E R M T J M O R
C B G F Q M O E Q B I S A H E
P Z G H V E P I C E R T Z C A
A M S M D S Y P E R U T X I M
```

BOWLS	LOAF TIN
BUTTER	MIXTURE
CHOCOLATE	OVEN
COOLING RACK	RECIPE
CREAM	SPATULA
CURRANTS	SPOON
DECORATE	SPRINKLES
EGGS	SUGAR
FLOUR	TESTING
FRUIT	TIMING
GRATER	TRAYS
ICING	WATER

Resolutions - Things to Give Up

```
P M W A S R W V W E S B G S S
W U C T S L I A N G N I T I B
E L A G E R G N I T E I D G S
I N U C N X Z A C S R G X E T
N O I H I O T O S I N C K W E
G I W W D L L I P I H A G F E
N G Z A I A W S N I C N N R W
I V C M T P Y A P G T S I O S
L S Y L N C O S C B R X K W G
B S K N U M H R B A E T N N J
M K D C L B E I G N T E I I D
A V O M A A B I N Y B B R N N
G C X Y M N C I T G B I D G I
R A G U S Z S R N I T I E S E
D O O F Y T T A F G A V X W S
```

BEER

BITING NAILS

CAKES

CHIPS

CIGARS

CLUBBING

COLA

CREAM

DIETING

DRINKING

FATTY FOOD

FIBBING

FROWNING

GAMBLING

LAGER

MOANING

SNACKS

SPIRITS

SUGAR

SWEETS

TEXTING

UNTIDINESS

WATCHING TV

WINE

Made of Leather

```
W L B X R E B H R J U R H D B
X T K T L E S A C A R E M A C
B F L D C J J H K V L I J E A
W E D W H A T N S V E K L B R
B A T T A C H E C A S E Z O S
S T G S I K H S L C E Y C V E
N Y F W R E G O M L S L O E A
O I R U H T A H E P A M L R T
R R E I N S B R S B C W L C V
P Y T B P U J E P H F X A O O
A P S H O E S D A O E H R A F
A U L K N O N E R U I A F T B
B R O V I S T L T Y R O T O U
G S H V S R Z S S N B Q T H U
S E H H N N T S O F A A T A D
```

APRON   LEASH
ATTACHE CASE   LEDERHOSEN
BELT   OVERCOAT
BOOTS   PURSE
BOTA   REINS
BRIEFCASE   SADDLE
CAMERA CASE   SHEATH
CAR SEAT   SHOES
CHAIR   SKIRT
COLLAR   SOFA
HOLSTER   STRAPS
JACKET   WALLET

Zoology

```
R Y R E D I P S H E L I G A V
F D G N A E T A K U B S V N A
M E I G A A D A L A L U L A R
A T I B L I J O T L N A E N T
N A I V A S T R O I I C T V H
S D A N U R A N V L A U R I R
E U K E C C H A E R B J M V O
R A C N H O L Z A I B M C I P
I C M I F V L N C M L U R P O
N M A U E E G O A Z U A G A D
E N N G Q I L K N S H E S R W
L E T N D A M I I I C L W O B
F I L A R I I D N D A A U U G
E V E N T O E D E E M L L S L
L Y T C A D O I T R A D L Y J
```

ALULAR	EVEN-TOED
ANGUINE	FELINE
ANSERINE	FILARIID
ANURAN	MANTLE
ARTHROPOD	PALLIUM
ARTIODACTYL	SALIENTIAN
AVIAN	SCALY
BATRACHIAN	SPIDERY
CANINE	UNIVALVE
CARANGID	VAGILE
CAUDATED	VIVIPAROUS
COLONIAL	WARM-BLOODED

Things You Can Peel

```
O Z E N M R A N G O R A S A M
H T W J I L E K E V C E X G T
S R A T F R L P N O I N O Z U
I E G M O U A S P L E L Y R B
L P K E O R A D D A D B H S M
O A M C G T R E N L R U T T H
P P G I S H C A E A B W Q I S
L L Z U R A V A C A M I T C R
I L M X L H F T R S P R N K E
A A N D V A S B Q K E L F E F
N W N S E L B A T E G E V R S
H O T A T O P E B T N I A P N
P I N S R A P A L B A N A N A
Y Q M U S H R O O M K Y X A R
J B N O C K E E G N A R O U T
```

BANANA	PARSNIP
CARROT	POTATO
DECAL	RHUBARB
GOLD LEAF	SATSUMA
GRAPE	SHRIMP
LABEL	STICKER
MANDARIN	TOMATO
MUSHROOM	TRANSFERS
NAIL POLISH	TREE BARK
ONION	VEGETABLES
ORANGE	WALLPAPER
PAINT	WRAPPER

TOP Words

```
W O A T Z Z Y B Y C S C H Q L
F W A I D S M T S M L S C O I
L C K U E L C A M T K I T C W
I J V C L Z T I N W M C O I K
G T R H R M V A R A D S N S J
H E P O Z E L O O C N G I C A
T V R G U L G G S C F A V D A
C D I A A E T N N Q V U B P E
M L O G S E J G A I Y O R T G
M A R K S L O S S R S A S O Q
O H I V A D I T B D E S X B I
S A T I R A O A H G A H E Y W
T T Y L B N E R S O F F T R R
L H S H E L F V R L L V H F D
C W I S F E V I T U C E X E O
```

BANANA	MARKS
BRASS	MOST
CAT	NOTCH
COAT	OF THE RANGE
DOG	PRIORITY
DRESSING	SAIL
EXECUTIVE	SECRET
FLIGHT	SHELF
GALLANT	SIDE
GEAR	SOIL
HAT	STAR
HOLE	STONE

END Inside

```
P A M E N D E D W F U V D B L
J E N C X I D N E P P A N L E
G E N D E R F N G W P I E E G
T A E D U W D R H R T N R N E
E E G F U E U R I E D K T D N
X R N E D L A N E E O I K E D
P O B D N O U Y R D N R W D A
E D S A E D T M K N N D B T R
N N C E E R A E U R R E L W Y
D E S D N E F E D E N D F Y Z
A V X J C D N D D D B N Z F J
B M R H B D I N I N V E N E O
L N T M O T E N D E N C Y E J
E W Q K C M G W G R H S K Z V
R E T N E D N E P E D A E I D
```

AGENDA	INNUENDO
AMENDED	LEGENDARY
APPENDIX	LENDER
ASCENDED	MENDER
BENDING	OFFENDER
BLENDED	PENDULUM
DEFENDS	RENDER
DEPENDENT	SENDING
EXPENDABLE	TENDENCY
FENDED	TENDER
FRIENDLY	TREND
GENDER	VENDOR

Circus

```
N C E O F T R I D E K S V H S
F X A D N C A I O I L Z T M L
S T U E A H I A D A S S Q M V
J T T G O R M S Q E T I O I V
Z E A R X A A U R A T T B C
E R S E Z T S P N E O S A S O
G E W I F E G R C R N X R E X
S D N S E K O J C C G I P P C
T G A Y I C D A L V M Q A O O
L Y Z A P I R O W G A K U R S
I C C O C T W J O W N A L Y T
T T P T R N I D V J T Z I U U
S U U E C N A L A B V J N G M
T L A C I G A M T R I C K S E
P T B A R N U M M H R F M H C
```

ACTS	P T BARNUM
AMAZING	PARADE
BALANCE	POPCORN
CLOWN	RIDERS
COSTUME	STILTS
DOGS	STRONGMAN
FEATS	TARPAULIN
GUY ROPES	TENT
HORSES	TICKET
KIDS	TRAINER
MAGICAL	TREAT
MOTOR CAR	TRICKS

Kitchen Items

```
N I K E M A R T R G K Q G Q B
Y S E Y R E Z E E R F T R X G
Q T E F K Z C V X P R E A S L
T R L Q I I C I Q I P C T I A
E A T C U N L R H I M E E E D
A I T J N A K T E T S D R V L
S N E D R Y V D O D Q T O E E
P E K D Y Y I P A P N E O O A
O R E T G S A U C E P A N V F
O R K E H E G K T P R N L H E
N G N A T J I R T F K B P O N
N H S C K S I H W Z N L I B C
L S P U O J U F I S H F O R K
S O U P B O W L S E V L E H S
Y X C I C O F F E E C U P B H
```

BREAD KNIFE
COFFEE CUP
COLANDER
FISH FORK
FOOD MIXER
FREEZER
GRATER
JUICER
KETTLE
LADLE
LARDER
PIE DISH

RAMEKIN
SAUCEPAN
SHELVES
SIEVE
SOUP BOWL
STOVE
STRAINER
TEACUP
TEAPOT
TEASPOON
TRIVET
WHISK

```
M T S N I C Z O P Z E A M H E
L N Q A A S H U R A D H S S D
X A T V R T S O W T A O I S M
R C Y D E F H H O O Q X H F P
U I U I V K I R Q Z H L K N S
P L B R O T N V I A O R I F C
P G G H S E T X B A O E S T A
I N C U S Y O I D W I T B M N
K A N Q A S H D I M I S E S D
M I R U P S L G W R P A L I L
O O I H K A S I A B D E T A E
Y T R Y M G A G L Z E K A D M
U J O M U L A G I X G H N U A
Z Y A W O N S U K K O T E J S
I S O H M N Q A N I H T A K A
```

ANGLICAN   MORMON
ASHURA   PASSOVER
BAISAKHI   PURIM
BELTANE   RIDVAN
CANDLEMAS   SHIBAH
CHOKHOR   SHINTO
DIWALI   SIKHISM
EASTER   SUKKOT
ISLAM   TAOISM
JUDAISM   TIRAGAN
KATHINA   WHITSUN
LAMMAS   YOM KIPPUR

Beekeeping

```
Y F F D P F R U R Y O D W K T
Z N E F B M O E L E E B O C P
B G A R D E N E V S T U L O F
O N P A N Y L T K O T S J F F
W I U M S Q H P B O H G U E F
B M P E B N P T S I M D D L B
M R B E E K E E P E R S F G C
O A O G N I T S H A X L Q N R
C W E U K I E B O U I O G I R
Y S D R O N E B N E M E B Y P
E Y N O L O C E V Z S M E L O
N A W X A W S E E B Y G I F K
O L U V F T E G M S S G N N M
H J B V S E G T L U T G Y I G
R Y T C E S N I H R E K R O W
```

BEEKEEPER	HONEYCOMB
BEESWAX	HOVER
BOARD	HUMMING
BOXES	INSECT
CLUSTER	NESTS
COLONY	PUPAE
DRONE	SMOKE
EGGS	STING
FLYING	SWARMING
FOOD	VEIL
FRAME	WINGS
GARDEN	WORKER

FLY Words

```
W R E H C T A C I I S C L I B
S Y X J Y N D N I L B O F D J
E F T S G E B T H G I N Y B M
L O A H A M N Y P J A T A D Z
C Z Q E L T E T W B S A O S D
W H E E L N P I U I B C L O M
L K I T E I O P D D R T R H D
S P T J R O J P V Q R E P S B
P W J N Y E N E P E V G A A K
L L A B E H Z R P R N E S D N
Z W X R J T T A W I L F T R O
D H I G H N P M H X O G Y T S
U V F J O I E S H V D A R X I
W Q P R T E I B E S W A J O O
H M F E K F R R T A P S E S P
```

AWAY	LEAF
BALL	OPEN
BLIND	OVER
BY NIGHT	PAPER
BY WIRE	PAST
CATCHER	POISON
CONTACT	ROD
FISHING	SHEET
FRONT	TENT
GALLERY	TIPPER
HIGH	TRAP
IN THE OINTMENT	WHEEL

Endangered Species

```
R P E I D P B U K H Z S Y D A
K R A U G A J U G F G D T A L
C N K E D P R R S B L Z C O O
O I I C H A T E E H C T B T R
D N K I N G R A T L D E B O I
D C I Q S I Z F Z E L O E G H
A A K U S J F Y T U N E G O A
H T I O K N Y E G O T T H T L
P E M K U U R A B A M E L E V
G R M K O P C O N D O R M C J
G N O A S I R A V A Q U I T A
K Z O A R K M E N A R W H A L
P T H G M G S B Y E H V L E P
Z N P J U F A E L E O P A R D
K S L H Q D D Y N O B B I G B
```

AKIKIKI	JAGUAR
ASPRETE	KING RAT
BELUGA	KIPUNJI
BONOBO	KOUPREY
BUSH DOG	LEMUR
CHEETAH	LEOPARD
CONDOR	MANATEE
DUGONG	MARGAY
GIBBON	NARWHAL
HADDOCK	QUOKKA
HIROLA	TOGO TOAD
INCA TERN	VAQUITA

Coats

```
H T G T A I L C O A T K I S S
N A H G F A O D E X U T I Q B
B O D Y W A R M E R X T Z B C
O C R R F E C T E K N A L B V
V R T W E N O D Z E C A R P T
E A U F I V I F Q A Z B U A A
R C E B D N C K G E M N K T O
C R P L G F D O R K V R S E C
O H G O X L U C A E A R T K K
A N T U N L Y R H P J O R C C
T E G S E C O I C E F K O A O
E X T O F N H C L O A K P J R
F P C N A H A O I L A T S Q F
S U A Y V U A Q P D D T E C K
R T S C Q S T A O C N I A R R
```

AFGHAN	JACKET
ANORAK	JERKIN
BLANKET	OVERCOAT
BLAZER	PARKA
BLOUSON	PONCHO
BODY WARMER	RAINCOAT
CAGOULE	REDINGOTE
CAPE	REEFER
CAR COAT	SPORTS
CLOAK	TAILCOAT
FROCK COAT	TUXEDO
FUR COAT	WINDCHEATER

DAY Words

```
R E O Z E R A C W J K E E K P
O N E U J Z Q H R A B P D R S
H U N R U T E R E I T R M O C
K Y Z A J F E R M R E C S W M
Y E R R U P B W A L C S H K B
T R M E P X O D E G E R I K H
N Y E I G C E A R N B P F E O
E R R S T R S P D O O T T E S
M T E L R E U N W M O K G W P
G O H W I U I S F Z K M L E I
D O F B O L N J D H H O I H T
U F S R B L Y T N E N N G T A
J K Q A E Z F Q K G D Y H F L
F Q I Y G S V U H V H S T O R
O V E A Z A T S E K J U A L C
```

BLINDNESS	OF REST
BOOK	OF THE WEEK
BREAK	RELEASE
CARE	RETURN
DREAMER	ROOM
FLOWER	SHIFT
HOSPITAL	SURGERY
LIGHT	TIME
LILY	TRADER
LONG	TRIPPER
NURSERY	WATCH
OF JUDGMENT	WORK

Jewels and Trinkets

```
Y J A N K L E T C E E M W B T
N W O R C A O L O A I R U D E
P X H S L Z A R R M E N L U D
I I C D K S W R W K Y O Q V F
L B T A P P I P O T C R W U C
C J A E L N B H S K O B R F U
D G W B G A C R E T O M T V F
R I E S N H U T Z L C I R N F
E Q A G P B J P Y C A I I G L
S T L D N Y H O J R H P F H I
S E I U E C E R A J T A D H N
R Q S L O M J D Q A P L R T K
I A V O A P X R H N B M M M G
N J R C L E C A L K C E N I C
G B T N A D N E P R A L L O C
```

ANKLET	DIADEM
BANGLE	DRESS RING
BEADS	EARDROP
BROOCH	EARRINGS
CAMEO	HATPIN
CHARM	LOCKET
CHOKER	NECKLACE
CLASP	PENDANT
CLIP	SUNBURST
COLLAR	TIARA
CROWN	TORQUE
CUFFLINK	WATCH

Composers

```
P R H L D G L V P X D B P H F
S E B I L E D E E V E E A J L
M L B S L D B J V R M L G S O
U H C Z F R W U S A D L A H W
E A O T R A R F S K R I N O L
S M O R L K R O S S I N I S P
T R K T B D E P M O Y I N T N
R E O A Y O A C Q J T T I A N
A N E N R A R O A E Y Y K K A
V G U X N O C O Z N L I U O M
I A D G A Z V I D L A V I V U
N W H Z B R B D G I X J Y I H
S Q C G E W Q M P W N F Y C C
K H A C H A T U R I A N A H S
Y X Y G D L O N R A U B D N G
```

ARNE	MAHLER
ARNOLD	PAGANINI
BACH	RAVEL
BELLINI	ROSSINI
BIZET	SCHUMANN
BORODIN	SHOSTAKOVICH
DEBUSSY	STRAVINSKY
DELIBES	VERDI
DVORAK	VIVALDI
JANACEK	WAGNER
KHACHATURIAN	WALTON
LISZT	WOLF

Lists

```
S L F E R U F W V R N A R E L
A U F F T I I O F O E C D Y H
S H B U I S K N I R E C I P E
E M O A H R E T D B V O Q K B
I V E L L K A F H E C U I B Q
E M I N K L E T I E X N N S Y
S S O X U D Y A N N V T S H D
T M K B H L D S W O A L E I T
N C A G B N U H I A E M R X E
E T E Y E S O C L X F E I L K
T L S G Y S E M I T C V E E C
N A A R W L A C A T E M S D O
O I A H B N O L O E S F L G D
C I O A A N L R E G I S T E R
D S E C R Y Y E D R O C E R E
```

ACCOUNT	MANIFEST
AGENDA	MENU
ALMANAC	RECIPE
CENSUS	RECORD
CONTENTS	REGISTER
DIARY	SERIES
DIRECTORY	SYLLABUS
DOCKET	TABULATION
INDEX	TALLY
INVOICE	TARIFF
LEDGER	WHO'S WHO
LEXICON	WISH LIST

Australia

```
B C A A R O N O E L Z W U Y K
R U L N P Y K A K A D U E E C
I T A D A H D K A D S G T N A
Y D O I E U A E H N N P Q D B
O A K H U H T U P A K O L Y T
O R S C C R R L R R M R O S U
R W D E A U A N B U E A R S O
A I Z B L T A W W K H B H N A
G N O U Y I W O M B A T O M M
N H S P P M A C K A Y W U O A
A L U M T J E P R L H R S N C
K S A Q U I L P I E R T N C T
E R L I S M O R E A P E R T H
G P A R S P K A Y F I P N O N
H E R A A G A R R E B N A C N
```

CANBERRA	LISMORE
COOBER PEDY	MACKAY
DARWIN	MURRAY
ECHIDNA	NOOSA
EUCALYPTUS	NORTHAM
GRAMPIAN RANGE	OUTBACK
HOBART	PERTH
KAKADU	PLATYPUS
KANGAROO	QUILPIE
KOALA	SYDNEY
KURANDA	ULURU
LEONORA	WOMBAT

Countries of the EU

```
S A I R T S U A S B H X C Q V
E Y B U L G A R I A K R K C V
S T L S C A O T E L O N A Z G
T G A A W F I N L A N D P R S
O V G D T E O N T A K S E O D
N P U L E I D I E S M E O M N
I O T Z A N A E L V C R B A A
A L R Y O T M O N E O R P N L
A A O U N U V A E I V L Z I R
E N P C I A C I R F R U S A E
Q D C G K B M E A K K S R L H
T N L I Z N L R S U R P Y C T
H E A F R A N C E C Y A J G E
B Z C Q N D O M N G W I U M N
X C S D F U A Y R A G N U H W
```

AUSTRIA

BELGIUM

BULGARIA

CROATIA

CYPRUS

DENMARK

ESTONIA

FINLAND

FRANCE

GERMANY

GREECE

HUNGARY

IRELAND

ITALY

LATVIA

MALTA

NETHERLANDS

POLAND

PORTUGAL

ROMANIA

SLOVAKIA

SLOVENIA

SPAIN

SWEDEN

Words Starting CON

```
T Y T I N I U G N A S N O C N
C C C O N V I V I A L T Y R O
I O Y O C O N T C E X T C O I
V N O C N O C O R E Y C O T T
N N V M C S N A T E D O N A A
O I N Q R G T N N E V C T I R
C V O W R I O I U T O N R L E
O E C E C C F R P N C O O I D
N O S C T O T N S A M C L C E
T S G U O S N T O R T L O N F
R O E N N N R V C C E E F O N
I A K O O I I W E C F K D C O
T E C A C C Y C O N S E N T C
E C Y T E C O N A R E G N O C
N O I T I D N O C L R D B Q C
```

CONCILIATOR	CONSENT
CONCOCT	CONSTIPATED
CONDITION	CONSTRICT
CONFEDERATION	CONSTRUED
CONFIRM	CONTEXT
CONGER	CONTRITE
CONGO	CONTROL
CONGRESS	CONVENED
CONICAL	CONVERT
CONKERS	CONVICT
CONNIVE	CONVIVIAL
CONSANGUINITY	CONVOY

Black and White

```
D R O W S S O R C R L W H Q Y
M Z Q D M V T L E P R I N T V
A D N A P I T P J N N E O P W
F E N Y B A A I E J R I Q E O
K M V B O P K G U A Y P G I C
K N A Z S N A L C T T G N V Q
S R U W A T I E F N J A E O X
T U E K I H C M I G S M R M N
G N O V S I L U O N H X U T A
C I E Z L Q G R O D W S T N C
F F D O E N K C B P H L C E I
I O P I E B I S Q E A R I L L
L R W P C O R O K L L A P I E
M M S A N E C A A A E E F S P
T N O I S I V E L E T P W P C
```

COW
CROSSWORD
DICE
DOMINO
FILM
ICONS
LEMUR
MAGPIE
NEGATIVE
NEWSPAPER
PANDA
PEARLS

PELICAN
PENGUIN
PICTURE
POLICE CAR
PRINT
RABBIT
SILENT MOVIE
SKUNK
TELEVISION
UNIFORM
WHALE
ZEBRA

Fashion Designers

```
O C A A G I N R T Y E L H S A
W D L E F R E G A L C I I K S
J P D A K X X V D L A C I Q A
I N A M R A Y N E R S C Y O I
H P N Y U K E T B R R I S P N
E W M I M M N S V T E R J H T
N R U B E A R I E S V S I O L
I N O N U L J L S U R D T L A
Z O D Q O J K L F Y R O I D U
O T O N I T N E L A V A E F R
F T Q X V W T V R D H G O I E
Y I B Y H C N E V I G U C E N
J U R I U M B S N D G C B L T
K V K P T P P U Q E U C A D G
C B Q I U L C T A P B I A D D
```

ARMANI	MUIR
ASHLEY	OLDFIELD
BENETTON	PUCCI
BERARDI	QUANT
CLARK	RAEBURN
DIOR	RAYNER
ELLIS	RICCI
EVEREST	SAINT LAURENT
GIVENCHY	VALENTINO
GUCCI	VERSACE
KLEIN	VUITTON
LAGERFELD	YUKI

Consumer Electronics

```
E L D Y X O V A N G A M V U T
T C N G Q O U S H A R P A Y N
S O E C R T Y D D P R H E O V
S J L T D E Z N S A U C W C S
N E P H N O E N A K U O H T A
Y K P C O K O N O S C Q E O M
I L A L I A T W O S Y F E V S
Z A I A S O S K N I M D E R U
E N C V S P V A S E P O R B N
N E A C I A M I R I K H H M G
I R S L M S E E Z K E G F T Y
T Y I G T N T N R I Z M L B C
H H O R S N A M D O O G E V L
P G A A K O U I O K R A J N R
M D A R C A M R A H A M A Y S
```

AMSTRAD	PHILIPS
APPLE	PIONEER
ARCAM	QUAD
ARCHOS	SAMSUNG
CASIO	SANYO
COWON	SHARP
GOODMANS	SIEMENS
JVC	SONY
KENWOOD	THOMSON
LINN	VIZIO
MAGNAVOX	YAMAHA
MISSION	ZENITH

Words Starting ART

```
A A M A R G O R H T R A H E A
A R R R S K U A R T I F A C T
A R T T O C R O A R T R V I R
M R T H W F I O C V T S L F B
A M T E R P T T W E H A U I S
R L V H M I Q R S T D R F T S
G O E Z R I T I A I R T T R E
O S A T Q O A I R R T A R A L
I P R A R N S R C U T R A A T
R A T N R A M I T F H I A I R
E R R A E T R A S E E T C R A
T T W T N W Y A T D R T R L T
R D O P O R H T R A N Y R A E
A V I L A I G L A R H T R A W
A R T I R T S E T S I T R A O
```

ART DECO	ARTHROSIS
ART FORM	ARTHUR
ARTEL	ARTICLE
ARTEMIA	ARTIFACT
ARTERIOGRAM	ARTIFICE
ARTERY	ARTISTE
ARTESIAN	ARTISTIC
ARTFUL	ARTLESS
ARTHRALGIA	ARTOIS
ARTHRITIC	ARTS
ARTHROGRAM	ARTWORK
ARTHROPOD	ARTY

Amusing

```
K G N I T R O P S T E B P J Y
G N I K C I L O R F A R L A L
S B V H G J O C U L A R A G E
S E G S F N S E M E R R Y N V
U G N I L L I R H T S G I I I
O U I G C H A R M I N G N B L
I I T G W K E U E I B N G R A
T L R A P G N N N E F E D O U
E I E W A G O E G K H M E S G
C N V L I L V Y I A V C H B H
A G I G N I S S O R G N E A A
F N D F L O C C U P Y I N G B
G N I N I A T R E T N E N J L
P L E A G N I S A E L P Z G E
L U F H T R I M L A C I M O C
```

ABSORBING	JOCULAR
BEGUILING	LAUGHABLE
CHARMING	LIVELY
CHEERING	MERRY
COMICAL	MIRTHFUL
DIVERTING	OCCUPYING
ENGAGING	PLAYING
ENGROSSING	PLEASING
ENLIVENING	REGALING
ENTERTAINING	SPORTING
FACETIOUS	THRILLING
FROLICKING	WAGGISH

Peters

```
K H V U L A I J W W N I Y L T
E L A K E D D O K O C T O R K
R R A L E J R N S H A F F E R
R F T F B R H I O E L T Z S H
O I D A A L V Y C F N L R J W
L N E Y L A W D R A L E B A N
K C T Y D A H N S C A S E D R
K H S P R O G E T I W E H E E
J R R S Q Z V P B N F J R R L
A P A Z R Y S O W E O B E E L
C I S M U E S W I L R Y N G E
K D T T D Q L E M L D G S E K
S A S T F L N L S I B S R E S
O P I P E R O L E Z Y B Y S T
N E S U A R K G Y S K V R V L
```

ABELARD	PIPER
BEHRENS	POWELL
DAVISON	ROGET
FACINELLI	SARSTEDT
FALK	SEEGER
FINCH	SELLERS
FONDA	SHAFFER
GOLDMARK	SKELLERN
JACKSON	STUYVESANT
KRAUSE	TORK
LAWFORD	WIMSEY
LORRE	YARROW

Stimulating Words

```
J  I  V  N  E  L  L  U  T  Q  A  T  B  R  F
Y  N  U  V  E  Z  E  X  F  P  R  U  P  S  R
M  L  O  X  R  K  V  P  R  U  I  Y  G  A  U
Z  M  F  G  E  F  A  Y  M  P  D  Q  L  W  Q
N  C  P  W  I  G  T  W  K  I  G  L  U  H  Q
E  C  H  E  E  R  A  I  A  H  Y  N  Q  E  M
K  I  R  C  R  T  N  R  R  W  Q  G  E  T  T
C  E  N  K  A  S  A  I  U  I  J  R  O  J  M
I  V  D  C  S  S  U  U  N  O  P  O  M  A  E
U  I  X  G  E  T  G  A  T  D  C  S  O  G  D
Q  V  K  E  G  N  N  T  D  C  U  N  N  E
R  E  G  U  L  E  T  K  U  E  A  C  E  I  K
Q  R  K  M  O  M  F  I  N  C  I  T  E  T  T
U  U  H  T  E  O  A  C  V  E  K  A  H  S  J
G  V  A  X  W  F  V  K  U  E  T  S  K  I  D
```

ACTUATE	MOVE
AWAKEN	PERSUADE
CHEER	PIQUE
ENCOURAGE	QUICKEN
FOMENT	RALLY
GOAD	REVIVE
IMPEL	SHAKE
INCENTIVE	SPUR
INCITE	STING
INDUCE	URGE
INSPIRIT	WHET
KICK	WHIP UP

Feline Friends

```
C L L E H S E S I O T R O T S
C I X W A R M T H N Q U E E N
X L V A A P G I M N E P E T A
C L A L W N L A A S D T S P B
Q M L W I H R A U O E K T W A
H O O R S M R O Y Y W G U I S
C A R P A E M S G F N I W Z K
F U I L I B V N A I U H N M E
P U A R F N I I H E I L V G T
J D R Y S M T S L S L T O S W
E M F B O Q U A K E O F W A X
G J R O A R B E C M N A I X I
L P R Q B L R C C R P I O J M
L G O V B S L A U U Z R N X J
Q O W Y A O T Z J B B K U O O
```

BASKET	MIAOWING
BRUSHING	MOUSE
BURMESE	NEPETA
CATNIP	NINE LIVES
CLAWS	PAWS
COLLAR	PLAYFUL
FLEAS	PURRING
FUR BALL	QUEEN
GROOMING	TOMCAT
HAIRS	TORTOISESHELL
KITTEN	WARMTH
MARMALADE	WHISKERS

Shells

```
E S I I E H R G O H A U Q E E
T M I X C T W A O E L K C O C
I H U N T T I F C F G X V H U
R E O R F W D L C A N E G H P
O C N A E J H L U A D U T I R
P H H I Y X T E V M O K D Q R
E I S O L E N H L R M D T A W
L N A B R U T S T K O U T S E
L I M V V G E E X C R S N R L
I T M F O H M L K T W A A C K
M E O T A X L D L Q I Z Q H N
E E N S O N E E N L O B D I I
T G I H S O H E I R W O C T W
Z R T R C U T N X S P M E O A
M C E N O C A H W R S W B N D
```

AMMONITE	PIDDOCK
CHITON	QUAHOG
COCKLE	RAZOR
CONCH	SNAIL
CONE	SOLEN
COWRIE	STAR
ECHINITE	TOOTH
HELMET	TROUGH
MILLEPORITE	TURBAN
MUREX	TURTLE
NEEDLE SHELL	WHELK
NUMMULITE	WINKLE

Choose

```
W E R N O E L T T E S E S O P
I L E A N T O W A R D H T G I
A P P R O V E U E E H T B E C
P S I N K V G S Y G I A F R K
P U E K A T O B S M F S A I O
O T T L B L I I M F U A O S U
I E A W V N N O I J G N D E T
N E N E I G C L E D I C E D B
T S I S L N I B E T E T T R A
U P M E R A N J T M G I E N B
S O O L T A V O T E F O R N A
N U N E S B T Y W P E N M F L
T S M C O N F I R M S N I O L
F E S T Q P R E F E R Y N X O
R E N A C C E P T Y D M E U T
```

ACCEPT	NOMINATE
AFFILIATE	PICK OUT
APPOINT	PREFER
APPROVE	RATIFY
BALLOT	RESOLVE
COMMIT TO	SANCTION
CONFIRM	SELECT
DECIDE	SETTLE ON
DESIRE	SINGLE OUT
DETERMINE	TAKE UP
ESPOUSE	VOTE FOR
LEAN TOWARD	WINNOW

Things With Buttons

```
A X N E V O E V A W O R C I M
Y E O E L E V A T O R C B F U
L L E B R O O D J U U A E C A
T J T X E M R A L A E R I F K
A N H R S K C Z L I E D E O C
O O C W I K U A P T S I N O I
C I T R E H R J S E U G O D T
R D A T L M S I C V O A H M S
E R W Z C J G A V C L N P I Y
V O P L B E M E Y L B Q E X O
O C O Q R E T U P M O C L E J
M C T H R I T O I D A R E R X
K A S A V C A L C U L A T O R
H A I R D R Y E R E D N E L B
C T D A P L O R T N O C E B Y
```

ACCORDION	FIRE ALARM
ALARM CLOCK	FOOD MIXER
BLENDER	HAIRDRYER
BLOUSE	JACKET
CALCULATOR	JOYSTICK
CAMERA	JUKEBOX
CARDIGAN	MICROWAVE OVEN
CASH REGISTER	OVERCOAT
COMPUTER	RADIO
CONTROL PAD	SHIRT
DOORBELL	STOPWATCH
ELEVATOR	TELEPHONE

Famous Sailors

```
H S V A M U N T E R S O G F I
E G J E B A P E D E R T V R B
H S I N B A D R A K E B E O B
C R N L R W X V M G Z I S B Y
A V O R B B E W A T S O N I N
B L Y T H S A D E S A C B S O
O P R T P G K F E A H E A H S
T Y T U T T C T F N D I U E S
E N C M H A I H G I E L A R C
B C R E A O E N U F N Q P S I
I T N Q M N E B O T T O C S R
C H I L E S R I U S B L A K E
L E U I N E H Y S E L K I R K
N E W A A Y D G A I S E N O J
E U N O T S N H O J X O N K M
```

BAFFIN	MANRY
BEATTY	MOITESSIER
BLAKE	NANSEN
BLIGH	NELSON
BLYTH	PARRY
CABOT	RALEIGH
CHILES	SCOTT
DRAKE	SELKIRK
ERICSSON	SINBAD
FROBISHER	TRYON
JONES	VESPUCCI
KNOX-JOHNSTON	WATSON

Architectural Details

```
D H R P M C J L N Y G Z H S F
Q P X E N O T S D A P Y H S E
Z R L O A U L E P W H F J U W
X E N I U E G D I R B W A R D
M W G I N E K A N O Q A L T N
O O A A L T P C N O I L L U M
E T P I L V H A A D B L O O D
G M T J J C J F C H F S R G W
A G B D O R I C L Q T P C A N
B S N R D H L R E E G I S R A
L A B U A U B G R M M E B G R
E E J I J S J R T G D R S O C
L U D D X C U J L K K O D Y H
K G A G Q T D R T X E A M L A
I J C I E D Y G E P D R U E C
```

ARCH	MULLION
CORBEL	PADSTONE
DADO	PANEL
DOME	PIER
DOORWAY	PINNACLE
DORIC	PLINTH
DRAWBRIDGE	SCROLL
EMBRASURE	TILE
FACADE	TOWER
GABLE	TRUSS
GARGOYLE	TURRETS
LEDGE	WALLS

Middle C

```
L E H C T A S S M U H C Q B C
O I U O W E R P H E R W K D I
D L Y M T T N R A T C H E T G
C R O I F R E I N C P P C X C
O P A C O H I S C X I A C E I
T S U C C E E D U C F N L E Z
V P I A C I W W E T A K G T D
O N E S Q O P R E H C V K A D
U T P C A T O K E U C N U C E
C S N A C V C N H C U R I A H
H A Y D P I K C I C K G A L C
E C N E H C T I K R Q E A P N
R B M T B C A L C I U M D T U
L E N A S C E N T V L C C Y H
I W Z C B N E K C A R B K Y S
```

BRACKEN	RACCOON
CALCIUM	RATCHET
CASCADE	SATCHEL
CHUCKLE	SPACING
HUNCHED	SUCCEED
KITCHEN	TEACHER
KNUCKLE	THICKET
LINCTUS	UNICORN
NASCENT	VACCINE
PARCHED	VOUCHER
PICCOLO	WEBCAST
PLACATE	WRECKED

Committees

```
E C N E R E F N O C C A S T K
L P U O R G R E S U A K G B M
E W Z N P U O R G S U C O F V
N C C G C E V I T U C E X E K
A W H E N O R L D J U Y S A N
P E O C E I N T D R S T P E A
E W O R K I N G P A R T Y L T
C G C O K M M N R Y E A L E K
O S A F H S I U A E L N B G N
U T B K O D H S R L S M M A I
N C I S G J E O S O P S E T H
C E N A N N U C P I U T S I T
I L E T A Y K R G T O Q S O O
L E T T U Z Z P Y N H N A N U
G S E M Q N O I T A T U P E D
```

ASSEMBLY	PANEL
CABINET	PLANNING
CAUCUS	QUANGO
CONFERENCE	QUORUM
CONGRESS	SELECT
COUNCIL	SENATE
DEPUTATION	TASK FORCE
EXECUTIVE	THINK TANK
FOCUS GROUP	USER GROUP
JURY	VESTRY
LEGATION	WORKING PARTY
MISSION	WORKSHOP

Countries of Europe

```
D N A L R K A I K A V O L S D
E E M Z Y B R O R E D E N B N
P A R T I U C R Y C D E S F A
J O T U S A O K A E E F D I L
P D E S N D A F W E H P B N O
M N I O N G E S R R G R W L P
O A M A W N A T O G E L S A P
N L I E C H T E N S T E I N F
T G R N M L L R H F P I A D R
E N E E E A A E A U S T R I A
N E L S I V M U I G L E B L N
E S A P M T O R E V F A L B C
G K N A A S A L B A N I A A E
R O D I V E M L S L A N D A W
O A I N O T S E Y N E D E W S
```

ALBANIA	MALTA
ANDORRA	MONACO
AUSTRIA	MONTENEGRO
BELGIUM	NORWAY
ENGLAND	POLAND
ESTONIA	RUSSIA
FINLAND	SERBIA
FRANCE	SLOVAKIA
GREECE	SLOVENIA
IRELAND	SPAIN
ITALY	SWEDEN
LIECHTENSTEIN	WALES

Hard to See

```
V P I D Y D D U M A E Y W Y J
T H C E H S E V T V P K R Z H
S M U D G E D R E Y F O N A T
A K D A X U D Y U I K M Y H I
C M R F V R W D L C L S U J L
R R B A O O V M Q D S E U F L
E H K I D A E B P P U B D D L
V N L A G D L Y T E A K O S I
O D H U O U M L M Q P L H P Y
G S E V R Y O S Z S E Y E G T
Q C E R Q Z I U P R M K S L S
L R E N W Z Z L S E I R O O I
H D N E B U L O U S I U X O M
Y S U C O F F O T U O M W M L
V Y G B I L T T N I A F L Y P
```

AMBIGUOUS	MUDDY
BLURRED	MURKY
DARK	NEBULOUS
DUSKY	OBSCURED
FADED	OUT OF FOCUS
FAINT	OVERCAST
FILMED OVER	PALE
FUZZY	SHADOWY
GLOOMY	SMOKY
HAZY	SMUDGED
ILL-LIT	VAGUE
MISTY	VEILED

Wedding

```
M O O R G B R E H C A E R P M
W T E D I R B D L N T E P E F
X S M G S O F D S A N X H T R
L S U N L S Q A R R G S O T E
W B A K H E E B R E A H T E T
T L X E K S E S X W S C O U S
P O S Y L L Y R E Y O S G Q I
K J N U E O L M X G V Q R I G
F V C C S B H H C K A F A T E
T K Z T A H C N D S U P P E R
Y I Y N O R E S O I Y B H D X
G S E O U A A R G T E R E R U
H S H H C X S I S N T X R W S
P E C E L Y N T T P I U M A O
B S E H C E E P S S X R B Q M
```

BRIDE	PHOTOGRAPHER
BUTTONHOLE	PLANS
CARS	POSY
CELEBRATE	PREACHER
CHURCH	REGISTER
DRESS	RINGS
ETIQUETTE	ROSES
GROOM	SPEECHES
KISSES	SUPPER
LUCKY	TIARA
MARRY	TOASTS
PAGES	USHERS

Timber

```
Q J F N U Y J I U S L J B N Q
P K H S P N H U S Y E A M B D
W J A V R U K E C L D Q E Z E
I I S O X P R X M E E K P D K
W B L M D P P W A L N U T C A
U W A L Y E L W E Z O O H H E
Z S B C O D R P N A Y C I E T
E U N D P W A K U Q O C K R S
B M D I S S R U A O K T L R S
R B N L B A A T B O D Y I Y B
A E E A D S S M R Q E J Y B R
W E B E H R A Y E Y W T D E Z
O C C O E B Y Y M H C R I B W
O H O S N Q T K M A P L E H Z
D M C N D Y R E D L A K V Y W
```

ALDER	HICKORY
ASH	MAPLE
BALSA	MERBAU
BAMBOO	PINE
BEECH	RED OAK
BIRCH	SAPELE
CEDAR	TEAK
CHERRY	WALNUT
CYPRESS	WHITE OAK
DEAL	WILLOW
EBONY	YEW
HEMLOCK	ZEBRAWOOD

Roman Emperors

```
V S O B O Q Y Q Z S K U A B L
R U P Y T N T G U V E H B F K
S B Z P E R T I N A X A L T M
L O Q R A K L B S T S L A F C
I R O J U L I A N D N L G C A
C P A C E Y R H U I E E N A R
I N C T O C O S K A L C A R I
N B I T A N T B Y D A T I A N
I V Z D O A S Q F U V U C U U
U Y I R C U R T S M E S R S S
S U I I L C F V A E K R A I J
S U T L A A V R E N R S M U I
S U A R V I U N O I S D M S S
S G U J O V I A N A I T A R G
U S O E J D U F V N R B Y N S
```

ALLECTUS	JOVIAN
ARCADIUS	JULIAN
CARAUSIUS	LICINIUS
CARINUS	MARCIAN
CARUS	NERO
CONSTANS	NERVA
DECIUS	PERTINAX
DIADUMENIAN	PROBUS
GALBA	TACITUS
GALLUS	TRAJAN
GRATIAN	VALENS
HONORIUS	VITELLIUS

THREE Words

```
I  S  K  C  I  R  T  D  R  A  C  S  A  N  E
A  L  E  B  T  A  R  E  P  O  Y  N  N  E  P
K  E  E  M  L  A  N  O  I  S  N  E  M  I  D
F  S  R  A  W  I  F  O  W  H  E  E  L  E  R
O  A  A  S  F  T  N  T  F  K  H  E  A  S  A
U  H  U  T  S  E  E  D  N  A  G  F  E  T  S
R  P  Q  E  F  N  D  C  M  G  K  G  Z  E  D
T  E  S  D  O  C  O  C  E  I  O  I  K  V  E
I  R  K  R  H  R  C  D  L  O  C  I  N  F  D
M  E  S  C  N  H  R  S  T  O  R  E  D  D  N
E  M  S  E  E  A  D  S  S  T  V  S  A  P  A
A  J  R  E  C  D  A  C  S  A  E  E  T  B  H
A  E  R  E  J  P  R  O  N  G  E  D  R  B  P
D  S  E  R  W  H  N  R  U  T  T  N  I  O  P
S  N  W  I  S  E  M  E  N  I  N  A  T  U  B
```

BLIND MICE	OF A KIND
CARD TRICK	PENNY OPERA
CHEERS	PHASE
CORNERED	POINT TURN
DECKER	PRONGED
DIMENSIONAL	SCORE
FOUR TIME	SQUARE
HANDED	STOOGES
LEAFED CLOVER	STRIKES
LEGGED RACE	TENORS
MASTED	WHEELER
MEN IN A TUB	WISE MEN

Fast Food

```
T B O Y S N U B F G U M E U Z
E L U R B E R Y T R A P N S F
V H S N D X B O X O G B R R G
C W H U F E M W F R E N A B S
S L J S P A R O N I O N S F R
M E N U T E R S P F C M G P E
S Q I O K Y R L R H R A Q L G
A E E R T F L S I B T Y O A R
L S L S F I W S I Z Y O J S U
A N C B H S E D F Z W F E T B
D K N H A H B I N S E C S I R
D R I V E T H R U L U O Q C Y
J C U D W E U S L A E M D E G
S C I W S Z S G S Q C B O D W
E O E C U T T E L B U O D O E
```

BUNS	MEALS
BURGERS	MENU
CHEESE	ONIONS
COMBO	ORDERS
DOUBLE	PARTY
DRIVE-THRU	PLASTIC
FISH	SALAD
FRANCHISE	SAUCES
FRIES	STYROFOAM
KIDS	SUPERSIZE
LETTUCE	TABLES
MAYO	TOMATOES

The Autumnal Season

```
S O R F T E D P C J S B E F I
M U S K Y M C D O N E O S A S
O V X W I N D Y A K O N E T E
O C E S P H I E T E P F V W I
R M R G D A B A S T Y I A O R
H I X I E U D A R P E R E S R
S C A H S T O R M Y E E L N E
U H U O R P A L Y Y R O G R B
M A S R I T B B C I O K E O O
I E H T H T Y D L T N P U C T
G L Y M A M L G S E S G M A C
N M Z P O H U D Y T S I M A O
U A R O L G A W S A I L H A D
F S L R F O X S P O K N M U L
Z G D Z T M E S R E T A E W S
```

ACORNS	HATS
BEANS	LEAVES
BERRIES	MICHAELMAS
BONFIRE	MISTY
CLOUDS	MUSHROOMS
COATS	OCTOBER
CRISP	RAINY
DAHLIAS	STORMY
DAMP	SWEATERS
DRYING	TOADSTOOLS
FUNGI	VEGETABLES
GLOOMY	WINDY

F1 Grand Prix Winners

```
V K R V H T V J N E W I K L Q
E E K O L L E H C I R R A B T
T R U L L I A G R A A L Y R I
X H W W B W P V C L E M O A R
P H X Q T W I S C S U A D B E
G R I H E N A Q I V K U G H L
C D O B E D R N K I A I Z A A
C R B S T Z N J T L L S D M N
N E U R T F O M E L O I S B D
R P T B Y B U I M E S S C S V
W X T Y L A X E L N E I T K H
W U O Z P E N H U E N I N N X
A K N G H A E T H U N J U A D
R Z E S C A R A O V A U H H P
D S P I R T N O V E L K L J B
```

ALESI	ICKX
ARNOUX	IRELAND
ASCARI	IRVINE
BARRICHELLO	LAUDA
BRABHAM	PANIS
BRYAN	PROST
BUTTON	SENNA
CLARK	TRULLI
HANKS	VILLENEUVE
HAWTHORN	VON TRIPS
HULME	WARD
HUNT	WEBBER

Written by Hand

```
A  L  L  I  W  T  G  T  Y  I  B  A  B  A  P
N  S  E  V  R  I  S  L  R  A  O  B  X  D  C
A  I  E  G  F  E  J  I  E  O  S  D  A  R  D
U  G  Q  T  A  R  C  O  L  T  P  S  W  A  R
T  N  T  R  O  S  E  I  U  O  T  E  E  C  A
O  A  M  E  P  N  S  N  P  R  D  E  R  S  C
G  T  G  D  P  T  E  E  N  E  N  O  R  A  U
R  U  Z  N  D  O  P  R  M  A  K  A  T  M  O
A  R  D  I  I  O  S  I  U  M  B  A  L  T  Y
P  E  W  M  L  T  M  T  E  T  E  A  A  S  K
H  A  O  E  N  N  E  N  C  C  C  W  B  I  N
C  B  V  R  N  P  V  E  A  A  E  E  E  R  A
M  N  O  K  M  D  I  A  R  Y  R  R  L  H  H
E  X  A  M  P  A  P  E  R  G  Q  D  S  C  T
D  R  A  C  K  O  O  B  S  S  E  R  D  D  A
```

ADDRESS BOOK	LECTURE NOTES
AUTOGRAPH	LETTER
BANNER	MESSAGE
CHRISTMAS CARD	POSTCARD
DIARY	RECEIPT
ENVELOPE	RECIPE
ESSAY	REMINDER
EXAM PAPER	REPORT
GIFT TAG	SIGNATURE
GREETING	THANK-YOU CARD
JOURNAL	TO-DO LIST
LABELS	WILL

SWEET Words

```
I  S  I  F  W  S  U  G  C  N  K  S  M  C  G
V  M  D  E  A  M  U  S  R  L  A  U  K  V  Z
E  A  S  A  T  A  W  O  A  F  Z  D  J  L  S
P  V  P  O  E  E  C  T  Q  D  L  T  G  Y  W
B  A  O  P  R  R  N  G  N  I  D  N  U  O  S
S  T  T  E  D  D  B  E  S  C  I  Y  F  R  S
T  E  K  C  O  R  G  A  E  L  K  N  R  A  T
O  M  A  N  I  H  B  D  L  T  O  H  A  N  A
T  A  Z  F  E  Y  H  E  N  T  X  T  G  G  E
A  R  J  V  X  G  M  E  H  O  R  I  U  E  M
T  O  S  N  N  S  N  I  A  A  M  U  S  Y  J
O  J  T  P  R  P  N  E  I  R  A  L  S  U  G
P  R  U  I  I  G  E  R  V  J  T  E  A  O  N
G  A  Q  I  S  L  B  A  D  E  T  N  E  C  S
X  M  V  W  F  P  C  D  S  A  R  F  Q  Q  X
```

ALMOND	ORANGE
AS SUGAR	PEAS
BASIL	POTATO
BREADS	REVENGE
BRIAR	ROCKET
CORN	SCENTED
DREAMS	SIXTEEN
HEART	SMELLING
LIPS	SOUNDING
MARJORAM	SPOT
MEATS	TALK
NOTHINGS	WATER

Collection

```
Y E L L A S V Y I M K P O Y Y
E H C G S M E H N C A L W T F
L P L A G L R A A S S X E E O
T S L R D A G P S U T E L I F
O C O E N D B O N Y C Y G R B
M U M G J V R D F N V R N A H
P H E B U T R A E M H F A V C
E X L S M Y K R O X T U M M T
C E A E B I E I B H I A E I O
I D N D L F R S N D M M L X P
O T G B E Y A A D D L I G T H
H W E R X M Z N G C S L N U C
C K P Y P X Z K O B S L I R T
A T O L B O J E I W A A M E O
L G E N O I T A G E R G G A H
```

AGGREGATION	MELANGE
ASSORTMENT	MINGLE-MANGLE
CHOICE	MIXED BAG
CLASS	MIXTURE
GALLIMAUFRY	MOTLEY
GROUP	PACK
HOARD	PREFERENCE
HOTCHPOTCH	RAGBAG
JOB-LOT	RANGE
JUMBLE	SAMPLE
KINDS	SUNDRY
MEDLEY	VARIETY

Anger

```
E F N R L T P E M B I T T E R
T K R Y Z N E R F S E P W G S
A W D U E E V E O A S J I R A
V D H M S M S L R V H A N E B
A I R R I T A T E A O C R C T
R J O O A N R O E E T K Z A O
G Z M T E E H A S A U T E S H
G O E S R S E O T C M C L E S
A G T T O E P L H E B M K E Y
E T N H R R Z A D O E S U O R
G G O Q U E G W A E L G N F Y
A U R F F R M R C C E N U F W
R Z F Q I N B A K I A N E E C
N L F N T A N T R U M B L N Z
E Z A V V C Z H T E R A K D T
```

AFFRONT	IRRITATE
AGGRAVATE	NEEDLE
ANNOY	OFFEND
CHAFE	PROVOKE
CHAGRIN	RATTLE
EMBITTER	RESENTMENT
ENRAGE	ROUSE
FRENZY	RUFFLE
FRUSTRATE	STEAM
FURORE	STORM
GET AT	TANTRUM
HARASS	WRATH

Paper Types

```
U B T R A C E H U U G T R C R
H M P G N I T I R W I F R M M
F X A H T Y W M P S L E P U Y
O A B N O X G A S A P R L P H
O B M A I Q E U B E P L C W G
R L W A L L E T C R E Y Y W N
P O G K E L A Y I V O Q R O X
E T V N T H O D S H E M B U H
S T A F I Y Y T A P W R I W S
A I K G N C D N R M A R F D O
E N H E R U A E E C U C V U E
R G E S T A T R S W V S R W T
G R F N A L P U T Y S M I L F
G R M Q I W R H E R S P C C W
R C V F W L C A R T R I D G E
```

BALLOT	MANILA
BLOTTING	MUSIC
BROMIDE	NEWS
CARBON	PAPYRUS
CARTRIDGE	TISSUE
CREPE	TOILET
FILTER	TRACING
FLIMSY	VELLUM
GRAPH	WALL
GREASEPROOF	WASHI
GREEN	WHITE
LINEN	WRITING

Trademarks

```
T R A T S O R U E T S J R A L
L M L K R I M U O L L E J K O
O C H L H O L I L E M A K K A
C I O C Z G A S T R O T U R F
I N T Y Y O J W N Z F N U N E
O S I Z S R S A D I D A B M R
N E A E I T A B F S D L T B S
P R M H L E N I H A B Y D W C
K A A R E X N W R R H M E K A
A C R S X V C R I E I J J Y R
R N I E A A K O C N V M R I E
O D A R E S S G T I D O C C T
C U O E K C P E N V F O O B N
I R C P H I L A C R V K W H I
Z O P I I N V I M E E O D S D
```

ADIDAS	JELL-O
ASTROTURF	KRAZY GLUE
BRIOSCHI	LILO
COKE	LOAFER
COLT	MYLANTA
EUROSTAR	ORLON
GORTEX	SILEX
HOOVER	SPAM
INTEL	TIA MARIA
INTERAC	TUMS
INVAR	WINDOWS
IPOD	ZICO

Orchestral Instruments

```
E U P H O N I U M T Z U E G O
L E I P S N E K C O L G O R T
U U K L X L T L M D J C B R E
M W D W Y A Y B A S S O O N G
T T Y R M E P Z Z E H M H N F
R A E T C I L T D A B Z I O R
U B A N A E E G R O O V M T E
M M I N I N L P N V I O L I N
P I O T R R S E W A L N A M C
E R W O T I A G S L I B T P H
T A C M C H U L E T U R E A H
O M M H H I J C C T A Y T N O
D K O Y T U A W V I O L A I R
S R G A E T U L F X M C M K N
D Y R E N O H P A R B I V C M
```

BASSOON	MARIMBA
CELESTA	OBOE
CELLO	PIANO
CLARINET	TAM-TAM
CORNET	TIMPANI
EUPHONIUM	TRIANGLE
FLUTE	TROMBONE
FRENCH HORN	TRUMPET
GLOCKENSPIEL	TUBA
GUITAR	VIBRAPHONE
HARPSICHORD	VIOLA
LYRE	VIOLIN

Wines

```
U L D Y E L L A V A R R A Y V
J R A J I D E C F L R A A P Y
Y Y O H A R Y S C H A B L I S
Y F I U T B T E G H S D N R S
O C W U Z E R S C E J Y P S O
F H R D A J E E K A M X B Z U
Z B X V R M B W D E S U X J A
H T M O I N A R S U I L U P I
U Q U L H H K A U F L Y A A N
F G L A S M C A J F I N E V L
E O I B K E O C M O I Z D A Y
N R O S E D H U G O I T R C Y
C D M S S O E V H O R R O P S
Y B Q S L C U E Y W O A B U T
M J W Y W Z V E L M M K S I B
```

ALSACE	KAUTZ
AROMA	MEDOC
BODY	NAPA
BORDEAUX	PAARL
BRUT	RIOJA
CAVA	ROSE
CHABLIS	ROUGE
CUVEE	SEMILLON
DRY	SHIRAZ
FITOU	SWEET
HAWKES BAY	SYRAH
HOCK	YARRA VALLEY

Countries of Asia

```
O N A T S I N A H G F A H T O
N A P A J M W Z F L D H R V E
V J A M F N G Z A L U S C L P
V N M I I A A P H A E O A E E
L Y R X D T E W R I V U M B A
A I L O G N O M I B I T B A G
T Y Y Q C U I Q U A E H O N N
S M A J A I S S U R T K D O J
Y R A L V Y R G S A N O I N O
I E D L R Z A I G I A R A T R
S Q K I D F E I K D M E F E D
J O A R R I L I M U J A Z L A
T V A J U A V R Q A T A R U N
M B E L O T N E J S C H I N A
M A L A Y S I A S D B O P H T
```

AFGHANISTAN	MALDIVES
CAMBODIA	MONGOLIA
CHINA	NEPAL
INDIA	OMAN
IRAN	QATAR
IRAQ	RUSSIA
ISRAEL	SAUDI ARABIA
JAPAN	SOUTH KOREA
JORDAN	SYRIA
LAOS	TAIWAN
LEBANON	TURKEY
MALAYSIA	VIETNAM

The Best

```
T P S S E L R E E P A Y T T E
S S O H R D E N I T S I R P E
E G E R Z E Y R A L P M E X E
H N C N C L I R H T S I C L C
G I H E I E H M O F T W B T F
I N O U G F H P E S F A T O L
H W I F N G A T E R T O C P A
G O C E I R N C F A P M E N W
K R E P L V I I E O U M L O L
F C E O R N E B D M M P E T E
P R A A E E N S I A J A S C S
R N F U T U M T T E E T E H S
I W H U S E P I U A K L L R E
D G A J O O S S U P R E M E C
E X Q U I S I T E M A H L H V
```

CHOICE	OPTIMUM
CREAM OF THE CROP	PEERLESS
CROWNING	PREMIER
EXEMPLARY	PREMIUM
EXQUISITE	PRIDE
FINEST	PRISTINE
FIVE-STAR	SELECT
FLAWLESS	STERLING
GREATEST	SUPREME
HIGHEST	TIPTOP
LEADING	TOPNOTCH
NICEST	UNBEATABLE

James Bond - Women

```
H S A L F M R A W Y L L O M A
N H O N E Y R Y D E R C J N F
S F P E C X P B H E T I Y E C
J I E N W M O E Z O E A R R O
I O A I Q A C R P A A Y M E L
N N C R S O I U A M T A D I H
X A E E R E S L A T N I I V A
J V F V V S G S I U S T N U D
I O U E Y C O N E N P S K O I
V L L S I V I L A Y J Y I B B
K P U M A Q A E A L O M L M I
R E P M U H T D H J O S D A B
H F T G D T Y B G A T S Z P I
A K N E L A V A N E S S A L W
A D G A M X V E S T R E L L A
```

ANYA AMASOVA	MOLLY WARMFLASH
BIBI DAHL	NANCY
BONITA	NAOMI
DINK	OCTOPUSSY
ESTRELLA	PAM BOUVIER
FIONA VOLPE	PEACEFUL
HONEY RYDER	SEVERINE
JINX	SOLANGE
MAGDA	THUMPER
MANUELA	VALENKA
MAY DAY	VANESSA
MISS TARO	WAI LIN

Car Manufacturers

```
S V H R E Y R O V E C G B A D
E Y Y T H G E P S H I S T R V
C G U O L U S L Z Z T R O U X
A E N E G L M A T A R F U E S
J D D G L S A O M N O O A H I
A J A U N A R H E Z E Y N C N
G E I E P A T K X M N B E S G
U E P P U O G N O U T V R R E
A D O K S W N R E V A E N O R
R N V E A E A T O N L V S P K
D A L E V F F H I M I A R L S
G S O O L A N C I A A T X T A
E E V A T T J A C H C E N V A
X D R Y P U D I K U Z U S O U
N M C H R Y S L E R E V O R C
```

ALFA ROMEO	MORGAN
BENTLEY	PEUGEOT
CHRYSLER	PONTIAC
CITROEN	PORSCHE
CONTINENTAL	ROVER
DAIMLER	SINGER
FORD	SKODA
HONDA	SMART
HYUNDAI	SUZUKI
JAGUAR	TESLA
LANCIA	VAUXHALL
LOTUS	VOLVO

```
N  O  R  T  U  E  N  E  K  D  Z  W  A  R  E
P  A  U  A  A  O  R  E  D  P  O  A  E  S  G
C  M  B  R  L  E  G  V  L  R  O  O  I  D  X
O  I  U  Y  D  H  B  A  R  M  U  L  E  Z  K
V  Z  N  P  B  U  Y  A  E  T  U  P  Y  O  A
O  P  U  I  W  O  B  S  K  C  A  S  U  P  Y
G  O  R  O  L  L  K  W  H  L  L  U  E  F  A
E  H  E  X  E  C  U  T  I  V  E  I  G  U  K
F  S  Y  E  S  C  A  L  O  P  E  G  P  H  M
W  N  H  P  U  X  O  O  I  H  N  U  K  S  T
A  W  P  S  R  L  U  C  W  P  I  W  G  F  E
S  A  S  S  P  S  T  A  Z  P  G  L  M  G  F
R  P  M  U  L  P  D  L  W  Z  N  S  E  N  C
A  U  N  E  U  R  O  T  C  A  E  R  U  V  J
W  A  A  A  S  E  T  I  D  U  R  E  A  E  O
```

CLINIC	OUTDO
ECLIPSE	OUZO
ENGINE	PAWNSHOP
ERUDITE	PLUMP
ESCALOPE	POLYP
EXECUTIVE	PUMP
KAYAK	REACTOR
LOCAL	SACKS
LOYAL	SURPLUS
MUSEUM	TAUGHT
NEUTRON	WARSAW
NYLON	WHEELBARROW

Curtains and Drapes

```
K L E R E L C I T L R O D Z R
L R D G Y B L I N D S E P E F
I G V S A R A Z F O N L W I B
S I Q L D T E Y P I T O X P U
J E A Y R S S P L U H T O H Y
D C T G Y T E F A S U L O I S
E N Y N C H M S M R Y H H C N
S A K S L I A R E E D V S W O
O L T C E O K S S P E A K Q O
L A H I A N L T K L R G C F T
C V E H N R E L V O H R A H S
L S R N Q R T E I L O B B N E
O F M O E Y T L U R R H E O F
D D A S A T K E B I F Q I T P
K O L R J V S M C G V X T S C
```

BLINDS	NETS
CLOSED	POLYESTER
COTTON	RAILS
DRAPERY	SAFETY
DRY-CLEAN	SHOWER
FABRIC	SILK
FESTOONS	STAGE
FIXTURES	THERMAL
FRILL	TIEBACKS
HOOKS	TRACK
LACE	VALANCE
LINED	VELVET

Birth Day

```
W E N E M A Y T I N R E T A M
G A R T K N M H Q K A U U L V
Y R C T S R I F F O R C E P S
B O R E H R B N H H A V S U A
N T O Y A D P T E M S L K S B
R C T A W H R A N M A Y U H F
O O I L L I R I N T O C N I E
B D N C B T E R A H N N Q N N
W J O Z B R E N T G M A T G U
E E M E A H E M U I I N F H R
N C A E T T O U R E D G D N S
O T E A N T I M A W W E R M I
D A F A H B W E L F I R H Y N
A P R E M A T U R E F P V Q G
I Z R X S F U L L T E R M T D
```

ANTENATAL	MONITOR
BIRTH	MOTHER
DOCTOR	NATURAL
FATHER	NEWBORN
FIRST CRY	NINE MONTHS
FORCEPS	NURSING
FULL-TERM	PREGNANCY
HEARTBEAT	PREMATURE
INFANT	PUSHING
LAYETTE	SCAN
MATERNITY	SHAWL
MIDWIFE	WEIGHT

Silent H

```
R I H N W H A R I H R H E E O
C T E T I H W E G E V A B K K
I T M T N T H U P K W R H T Y
T E Y G A G O P L H C B T P B
O H H R U R O B I H A A A T Y
A G T O B H A L G C C R H G K
H A T H W Y E L H C E I O W Y
C P H C H T A R I H R L H V L
T S E N O H O P T H O W R W R
G A L A G M G O O N X H O C U
V H I I E O M D H Y E E T I O
H G U O N E E C A S H E T B H
B E R H H S E F U O A L E S H
B B V C J T I S H T S A H G A
H S F P Y E L E F A H M G W M
```

AGHAST	RHYTHM
ANCHOR	ROUGH
CHAOTIC	SPAGHETTI
CHEMOTHERAPY	TECHNOLOGY
CHROME	THYME
ENOUGH	TOUGH
EXHILARATE	WHACK
GHETTO	WHEEL
HONEST	WHICH
HOURLY	WHILE
RHESUS	WHITE
RHODES	WHOPPER

Ready

```
A L M R E Z I Q S H A R P E G
Z T E S D N B A C O E O T I O
E L P U D E R A E G C A F G G
B U I K P K D E H S I N I F A
I G B T R E L A O D C N Q S I
N D X E P E N R E L C A W D D
O C A V W N C M E L F I X E D
R A P I D V M V I G F W Q M D
D R R T D I E N L T A U M I U
E R E P E R E X K I I E V R B
R A V E S D Q P T P T D P P Q
L N G C I L E I P F G F O U T
B G J R O Y N E I P P E I N P
P E G E P G D T M J S C A M E
I D M P D G Q Y F V K V D U C
```

AGOG	IN ORDER
ALERT	INCLINED
ARRANGED	KEEN
CLEVER	PERCEPTIVE
DONE	POISED
EAGER	PRIMED
EQUIPPED	QUICK
FINISHED	RAPID
FIT	SET
FIXED	SHARP
GEARED UP	SWIFT
IMMEDIATE	WAITING

Global Warming

```
J S C G K T D A T D E E N O L
A L O O N Q S C J E I O S Q W
C I L L O I C E I H I A O E O
I P N E A L T W R T O Z O N E
D A O P W R I L C O C Q A A G
I C I J O L R N E Y F R D H P
F E S A V L I A G M F S A T H
I C O L C T L O D E A O P E U
C I R B X L A U E I C N T M R
A Y E E I F O D T E A O A A R
T T L D T O B U A I E T T N I
I R I O A A M N D S O U I Q C
O E O R C A W A Y S R N O O A
N E S K F L E H S E C I N M N
K S L E U F L I S S O F D E E
```

ACIDIFICATION

ADAPTATION

ALBEDO

ARCTIC

BIOMASS

CLOUDS

COOLING

EXTINCTION

FEEDBACK

FOREST

FOSSIL FUEL

HURRICANE

ICE CAP

ICE SHELF

MELTING

METHANE

OCEAN

OIL WELL

OZONE

POLLUTION

SOIL EROSION

SOLAR RADIATION

TREES

WATER

Results

```
Y M S E C N E U Q E S N O C G
D K R A M R D L N R O T Q Z E
X N F F O Y A P O C I O S N N
S B O T T O M L I N E O J E D
P V P E P Y E L T Y V H O R I
I E P R T C O N C L U S I O N
N R A E O N R A A L E F T C G
O D Y F M D E G E H M F O S R
F I F F W U U M R S O O H I E
F C R E E I E C G P C M S J W
I T U C Q D N N T D T S P P S
N A I T A F U D U F U Z U N N
I E T R W F R D U E O J N O A
S X G T C U D O R P D N E U M
H E V E N T U A L I T Y J J V
```

AFTER-EFFECT	JUDGMENT
ANSWER	MARK
BOTTOM LINE	OFFSHOOT
CONCLUSION	OUTCOME
CONSEQUENCES	PAY-OFF
ENDING	PRODUCT
END-PRODUCT	REACTION
EVENTUALITY	SCORE
FINISH	SPIN-OFF
FRUIT	UPSHOT
GRADE	VERDICT
ISSUE	WIND-UP

Court of Law

```
J N I G H T S T A W E R D D B
P G Q U V P U E I A H N R Q U
L L A G E L L B C R L A N I N
E U A L I B I Q V H W T U A P
A H P I I L U K Z A S N Q M P
D N S B C I J W D W O A P I R
I B W K T I U H I F X D U V O
N U E T X S D B Z Y U N T Q S
G V A N T J G U J D N E I N E
X L R H C D E D J O B F B Q C
G K G Z L H C Y M T R E T P U
W I R E Y W A L R S W D P L T
R Q W Z S T S C O U N S E L I
A P E N A L E Y O C J H N R O
X M G L Y D S Q G L A I R T N
```

ACQUITTAL	LAWYER
ALIBI	LEGAL
AWARD	ORDER
BENCH	PENAL
BIBLE	PLEADING
CASES	PROSECUTION
COUNSEL	QUASH
CUSTODY	RIGHTS
DEFENDANT	SWEAR
JUDGE	TRIAL
JUDICIAL	WIG
JURY	WRIT

Nine-letter Words

```
E H E N I P U C R O P A R E Y
C H E A D B O A R D I E S L R
N Y L S U O L A E Z H T I B O
A A D E L U D E H C S I K A S
L L N R C A R S R E R L J T S
I L A I H C N O R B E L P I E
G L H T N E M T C A N E A B C
I E N T O S L E E H W T R A C
V T A X I D E R M Y O A A H A
Z H M S S M C F L G H S M T B
E A F E L A S E L O H W E A R
R R A P U C M D N M E V D Y I
A G H Y V A R E L A P S I N G
D I S B E L I E F O B K C O D
A C D W R E I F I N G A M B T
```

ACCESSORY

ANECDOTAL

BRONCHIAL

CARTWHEEL

DISBELIEF

ENACTMENT

GOLDSMITH

HABITABLE

HEADBOARD

LETHARGIC

MAGNIFIER

MANHANDLE

OWNERSHIP

PARAMEDIC

PORCUPINE

RELAPSING

REVULSION

SATELLITE

SCHEDULED

TAXIDERMY

VEHICULAR

VIGILANCE

WHOLESALE

ZEALOUSLY

Aromatherapy

```
T G A L B A N U M R S H E H E
H L M T J I I O S O X R Y K P
Y E I S Q W M Z I H C R U C F
M N M S W M E G R T R Y J E X
E F O I A E L R G L A M N V T
I Z S E E B E Q R P E N S X V
U M A H P P C T E E E R R D G
W X M A D O N A B L G M U A M
W N I O Y L V P M I C N L A C
W Z L D R I W R A P R L I E L
L O O Z O T L K O F H C O G S
Q A R L P P E G N A R O H V W
N F E R I H N L J G J O R O E
M T N N A A P I L I U Q N O J
K Q E V M Y Z A N E B R E V D
```

AMBERGRIS	MANGO
BASIL	MIMOSA
CAMPHOR	MYRRH
CARNATION	NEROLI
CLOVE	ORANGE
ELEMI	PEONY
FENNEL	PINE
GALBANUM	SWEET BIRCH
GINGER	THYME
IMMORTELLE	VERBENA
JONQUIL	VIOLET
LAUREL	YARROW

Varieties of Carrot

```
J N O K U Y O R E L O B Z D C
E X E M R A P G M U K O M N A
N A I R O B I R M G D Z O K E
C F E G A K E S B M K S S A E
H T A B A L L W A W R Y Y Z Y
A V S R D Z B E R A T P T A E
M R O Y M G S E C N E Z P N L
P V T V T T M T E A M E U M R
E A P A R A T C L I P V M A E
I H N O P O N A O D O F Y R B
T D P T G O E N N N P S U I M
A I E N H E E D A I J O I O A
O I I A J E F L Y A W A Y N C
N A P O L I R E C R O L A V I
A C O R A O O M I K S E K V M
```

BARCELONA	MAESTRO
BOLERO	MARION
CAMBERLEY	MOKUM
CARSON	NAIROBI
CLEOPATRA	NAPOLI
ESKIMO	PANTHER
EVORA	PARMEX
FLYAWAY	SWEET CANDLE
IDEAL	SYTAN
INDIANA	TEMPO
INGOT	VALOR
KAZAN	YUKON

Picnic Basket

```
K O B S R R O H S T A M P E N
Y D H E C S E B T U S I A M E
T H T K R L I P U O C I N A K
K A J A E W I L M K L F O Y C
W R P C V O R L L A V C U O I
E D E Q J B E E D F H M E N H
R B P M S F S A B E O K H N N
C O P C H E E S E M A R O A E
S I E S E R O F B A U R K I K
K L R S B G F T O A P C A S C
R E S E E O N S A Q N P U E I
O D A P C U P A P M L A L C H
C E L P F O S H R A O L N E C
L G A A O B E R T O V T E A S
O G D N Y U A E T A G E S E S
```

APPLES	GATEAU
BANANAS	HAMPER
BOWLS	HARD-BOILED EGG
BREAD	MAYONNAISE
CAKES	ORANGE
CHEESE	PEPPER
CHICKEN	PICKLES
CLOTH	PLATE
COFFEE	SALAD
CORKSCREW	SPOON
CUCUMBER	TOMATOES
FORKS	WATER

Things With Strings

```
D B S S A B E L B U O D O D F
O E U A T A N I P A E P T P H
R A B E S L O O N A I R E H S
G N R T H O L L E C R A P M Y
N S Q C C U N G T G Q I P L P
I U B Y H O R U U G I B U F P
H P W O R E R D A I V X P V P
S P J P B E R T Y H T U L R W
I O A O F B T Y B G R A A K D
F R L R Y F M A B S U H R I V
Z T A D I O N U E O K R Q T I
R M B G V J Y M L P W F D E O
E I E J O O N A I P Y Q B Y L
D Z L W I N D C H I M E S Y I
N O O L L A B F O O N F G S N
```

APRON

ARCHERY BOW

BALLOON

BANJO

BEAN SUPPORT

CELLO

DOUBLE BASS

FISHING ROD

GIFT TAG

GUITAR

HARP

HURDY-GURDY

KITE

LABEL

PARCEL

PIANO

PICTURE FRAME

PINATA

PLUMB BOB

PUPPET

PURSE

VIOLIN

WIND CHIMES

YO-YO

Fictional Sleuths

```
M I S N E E U Q Y R E L L E R
U H N S E N A R M C M Y V E C
N O A Y Y E R A M H N O M A P
G U H A R R Y O Z L Q I R Y E
A S A M W O W P E U N T U S T
M T L O E N C Y T G E T E Q E
W O L R R W L K T R E W D U R
B N A G U H E O F R F A I E W
Y E C A L S N R G O N D S H I
N A A N M S H I D M R O N A M
T Y G D T U A A B Y C D O Z S
O E N E S M H J Y R C G R E E
K E E R C E S E I N C N I L Y
L L Y S H A N N O N E I A L U
E X H U L E F L O W O R E N L
```

CAGNEY
CALLAHAN
CARTER
CREEK
ELLERY QUEEN
HARRY O
HAZELL
HOUSTON
IRONSIDE
LACEY
LYNLEY
MAGNUM

MAIGRET
MCGILL
MORGAN
MORSE
NANCY DREW
NERO WOLFE
PETER WIMSEY
QUINCY
REMINGTON STEELE
ROCKFORD
SHANNON
SHAYNE

Solutions

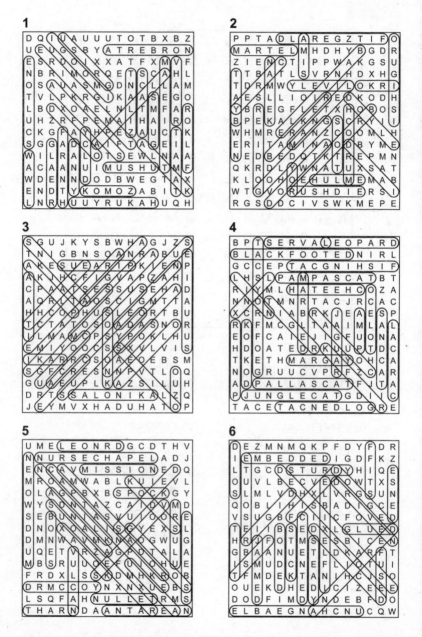

Solutions

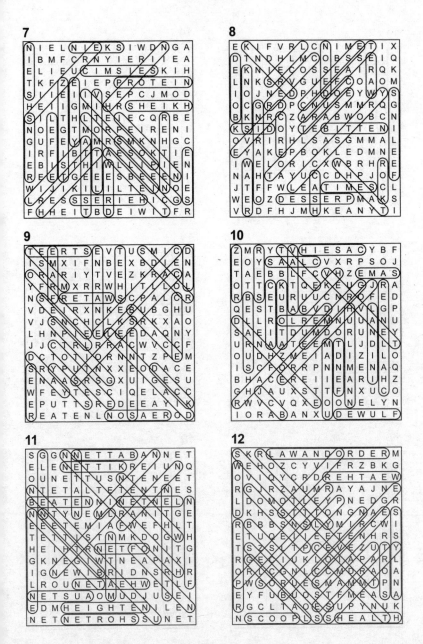

Solutions

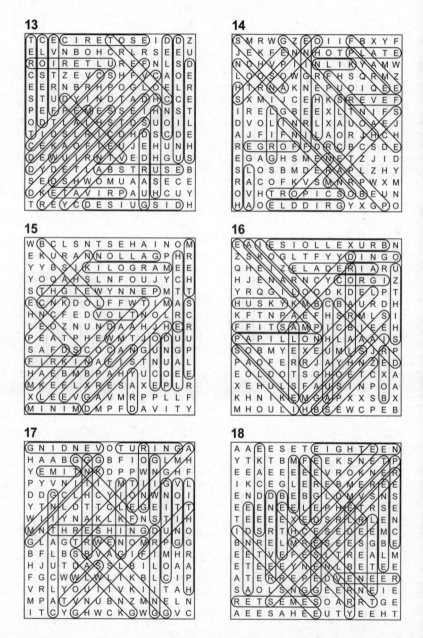

552

Solutions

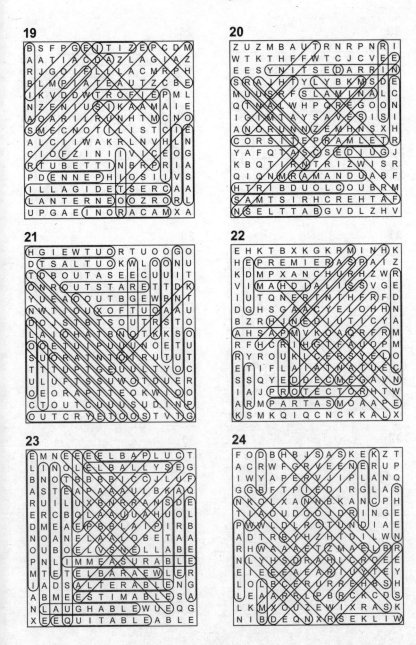

Solutions

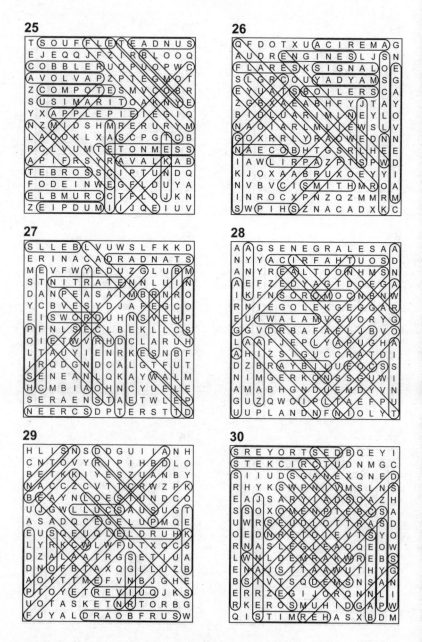

Solutions

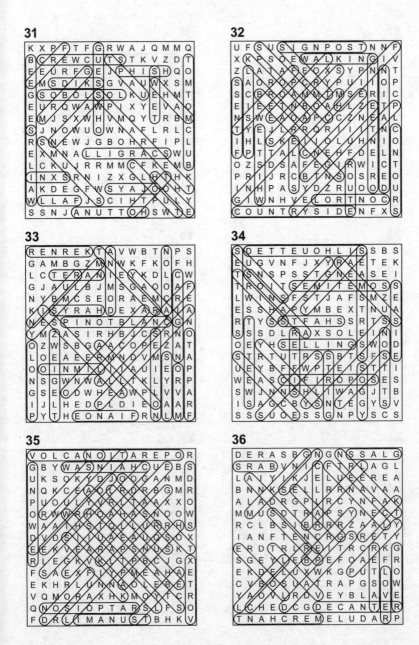

Solutions

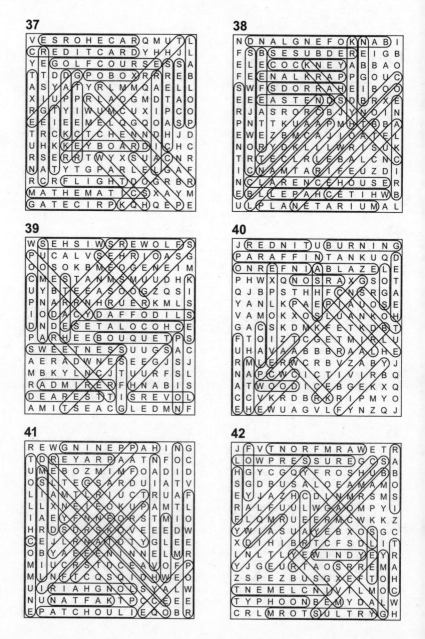

Solutions

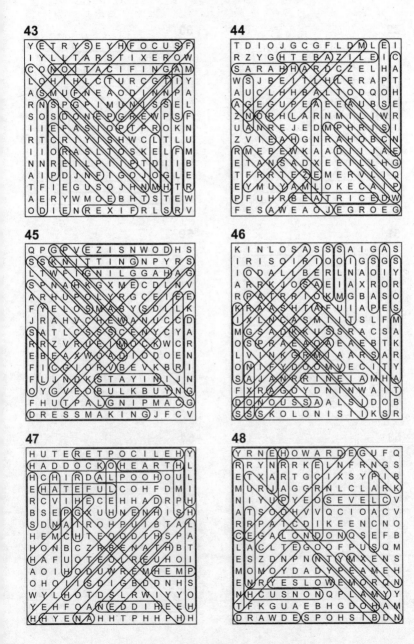

Solutions

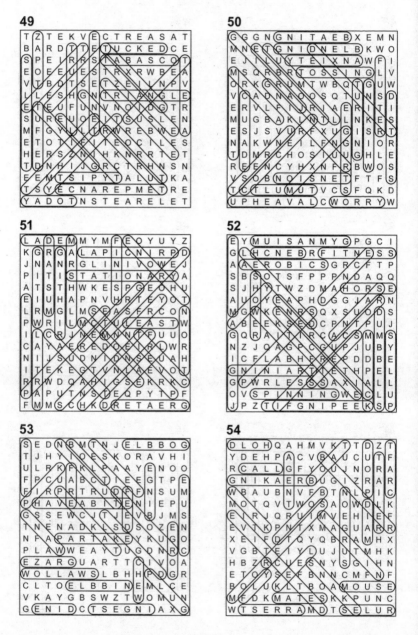

Solutions

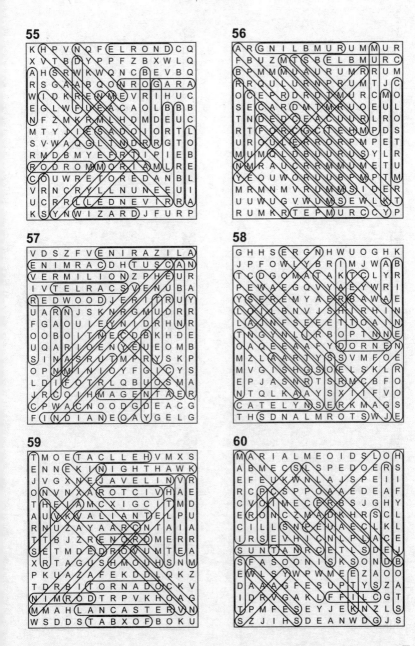

55

56

57

58

59

60

Solutions

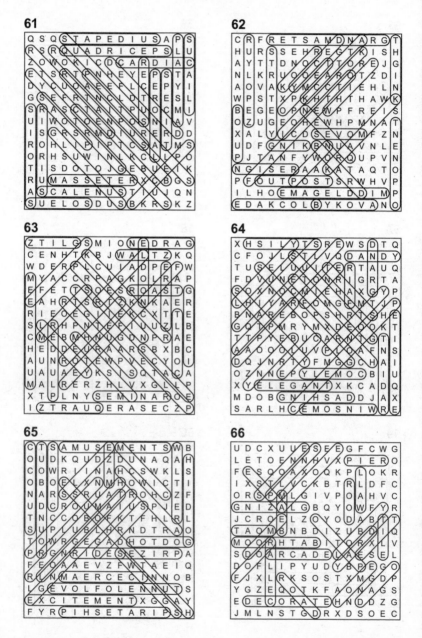

Solutions

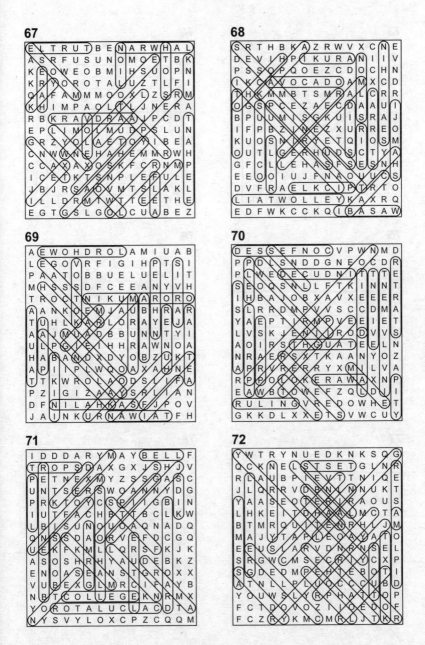

Solutions

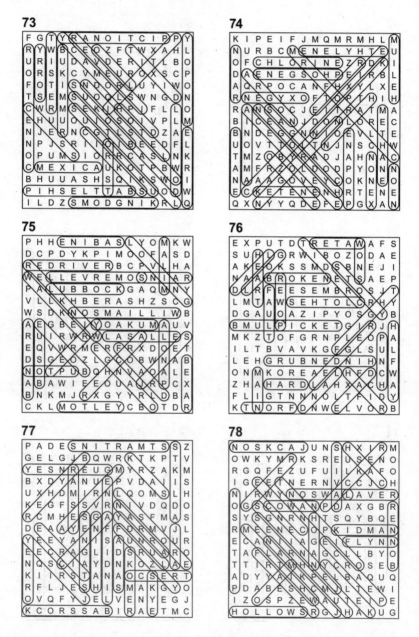

Solutions

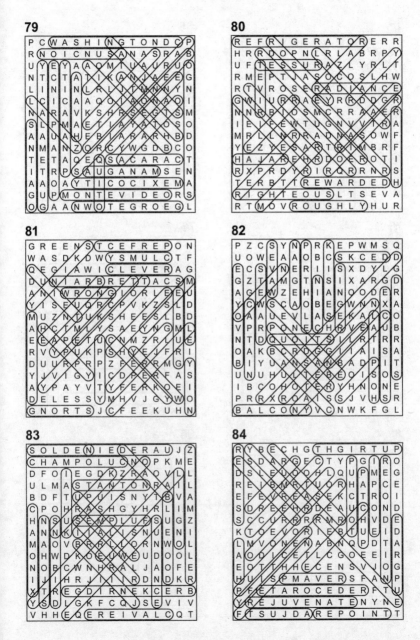

Solutions

85

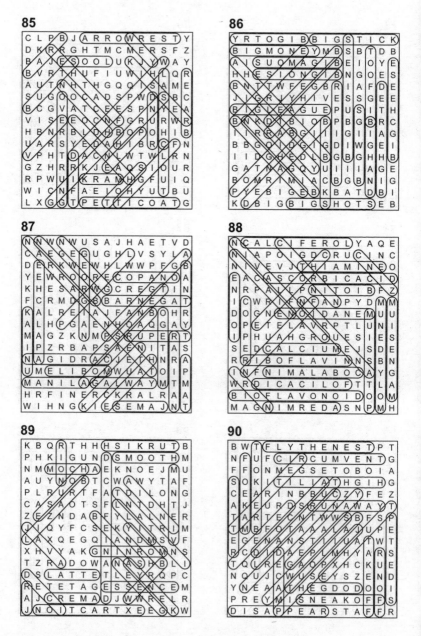

86

87

88

89

90

Solutions

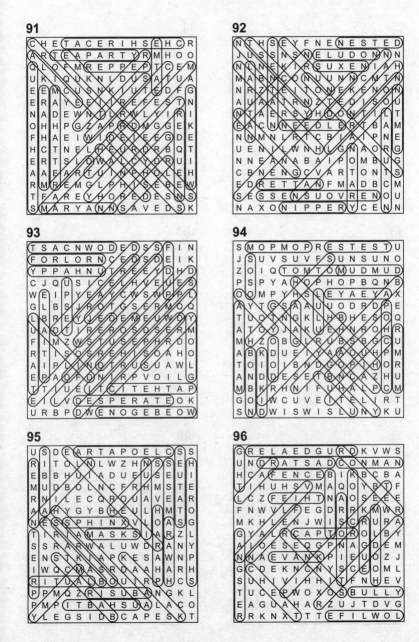

Solutions

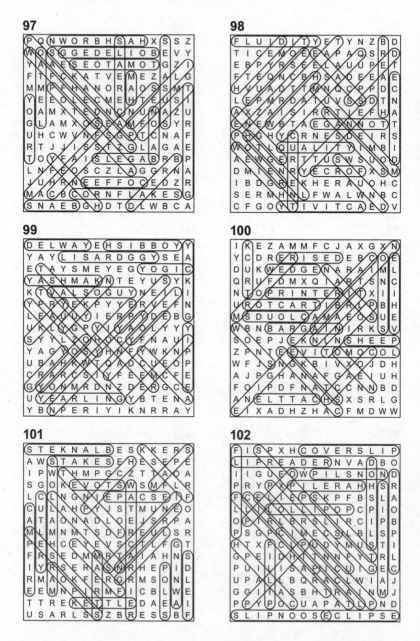

Solutions

103

104

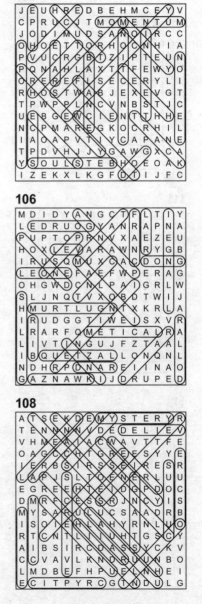

105

106

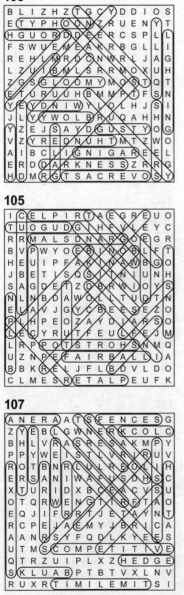

107

108

Solutions

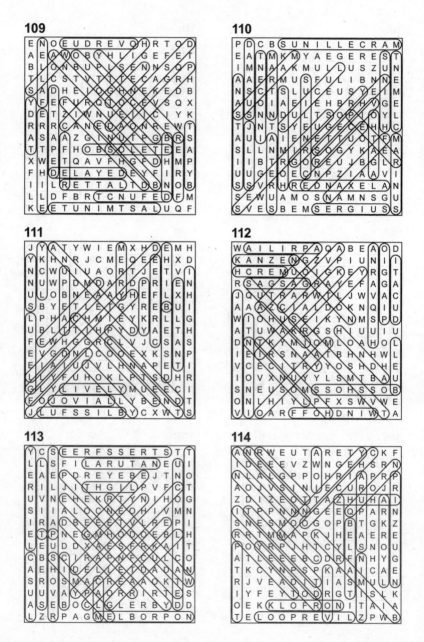

568

Solutions

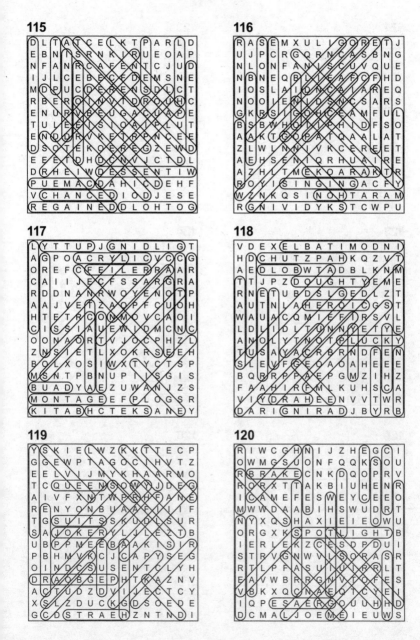

Solutions

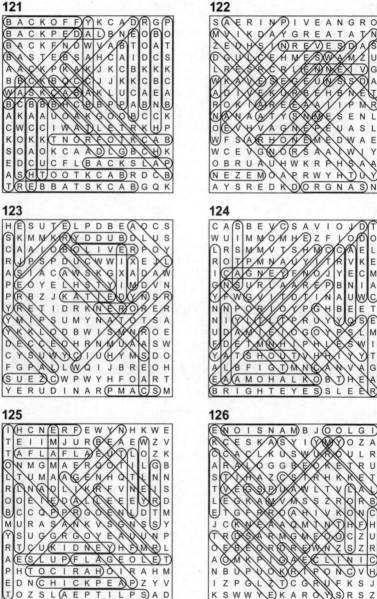

121

122

123

124

125

126

Solutions

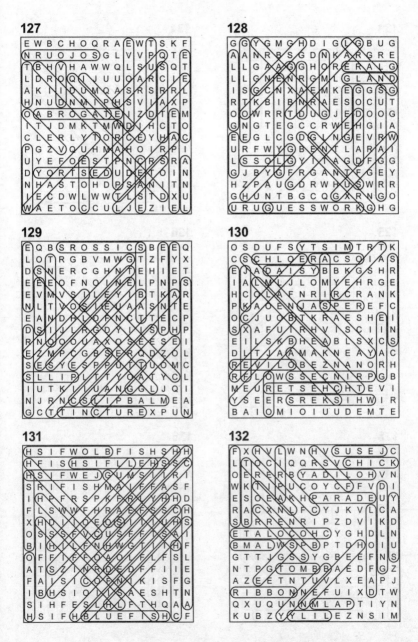

127

128

129

130

131

132

Solutions

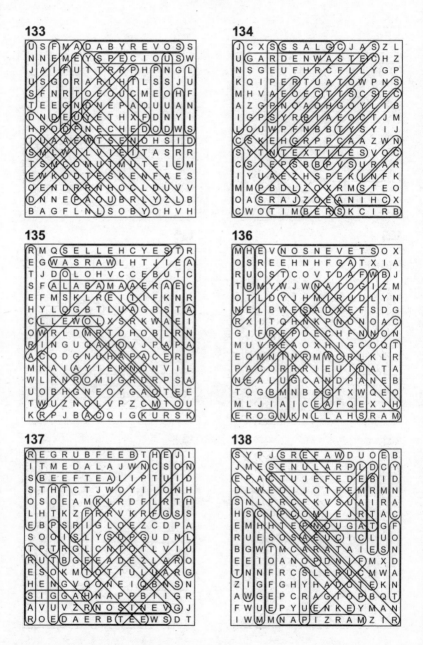

Solutions

139

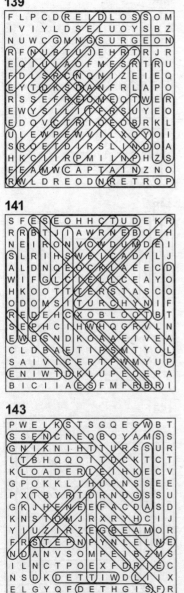

140

141

142

143

144

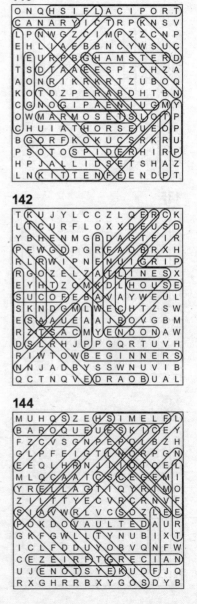

Solutions

145

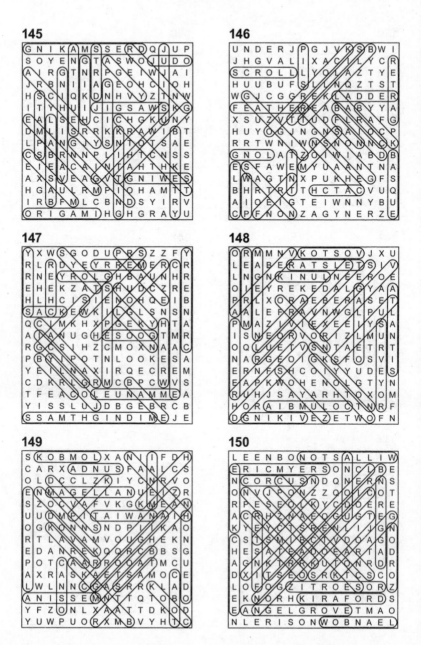

146

147

148

149

150

Solutions

151

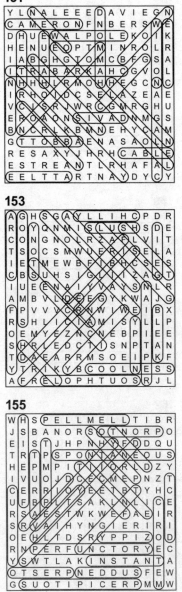

152

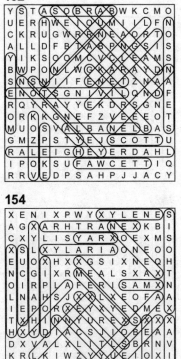

153

154

155

156

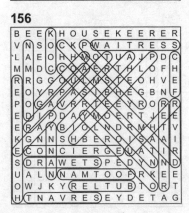

Solutions

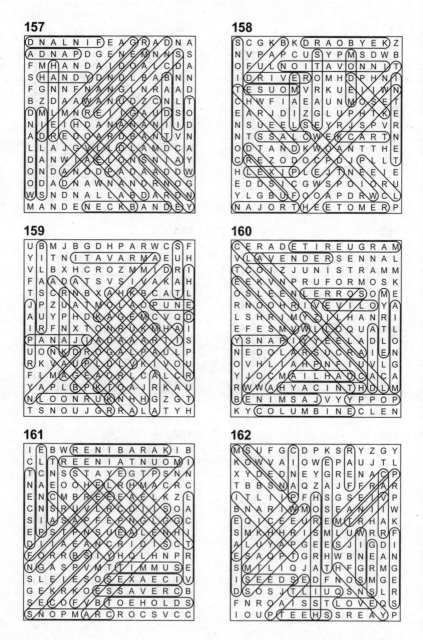

Solutions

163

164

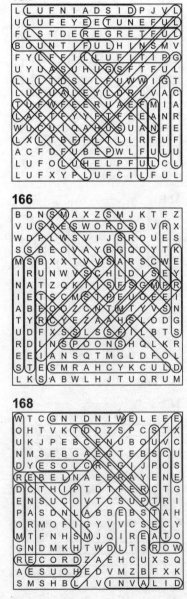

165

166

167

168

Solutions

169

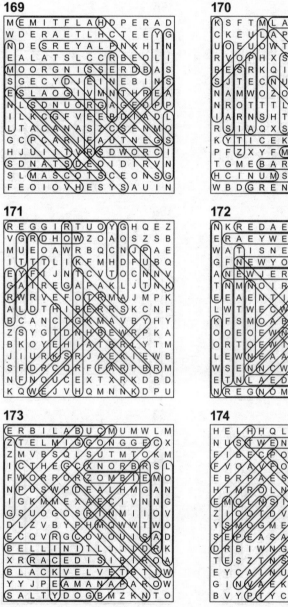

170

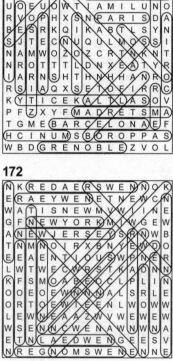

171

172

173

174

Solutions

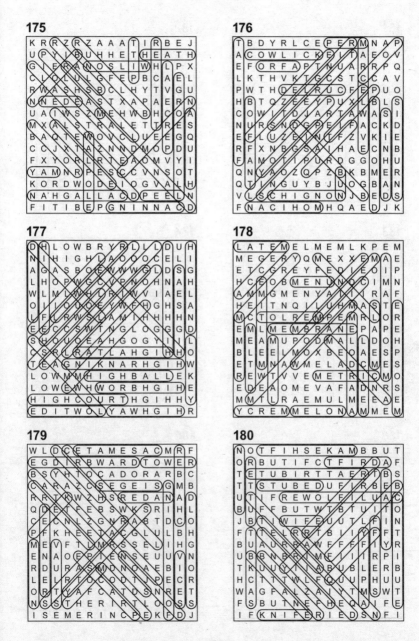

Solutions

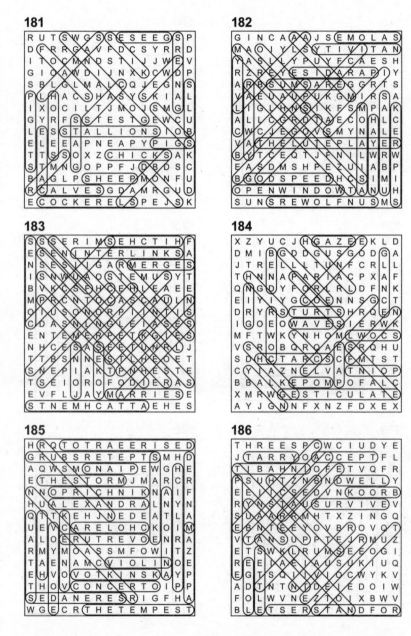

181

```
R U T S W G S S E S E E G S P
D F R R G A V F D C S Y R R D
I T O C M N D S T I J J W E V
G I O A W D I J N X K C W D P
S B L G L M A L C Q J E G N S
P L H A C S H A S Y S K I A L
I X O C I L T J M O J S M G L
G Y R F S S T E S T G E W C U
L E S S T A L L I O N S O B
E L E E A P N E A P Y P I G S
T T S S O X Z C H I C K S A K
S T M N G O P P F J D B D S C
B A G L P S H E E P M O N F U
R C A L V E S G D A M R G U D
E C O C K E R E L S P E J S K
```

182

```
G I N C A A A J S E M O L A S
M A O I Y L S Y T I V I T A N
Y A S L L Y P U Y F C A E S H
R Z R E Y E S I D A R A P I Y
A R B S U M S A R E G G R T S
V A E U A P U K G M I R S A
L I G L H N S I K F S M P A K
A L L O G R D T A E C O H L C
C W C J E G O V S M Y N A L E
V A T H E L U T E P L A Y E R
B U T C E Q T J E N I L W R W
F A S D M S H P E Z U I A B P
B G O D S P E E D H C S I M I
O P E N W I N D O W T A N U H
S U N S R E W O L F N U S M S
```

183

```
S S S E R I M S E H C T I H F
E S E N I N T E R L I N K S A
N S E S I G A R M E R G E S T
I S N W U A O S T E M U S Y T
B V K C S F H O E H L E A E E
M P R C N T O C A S C A U L N
O I U S O N O R P I I N I S
C D A S N I N G L E I A S E S
E N T E M E R P E T K G I E S
N H C E S A S E E T U N R L J
T T B S N N E S T H E O E T
S N E P I A K T P N H E S T E
T S E I O R O F O D I E R A S
E V F L J A Y M A R R I E S E
S T N E M H C A T T A E H E S
```

184

```
X Z Y U C J H G A Z E E K L D
D M I B G D U S G O D G A
J T R E L L T U N F C R L L
T H N N A P A R I A C P X A F
Q N G D Y F O R R L D F N K
E I Y I Y G C O E N N S G C T
D R Y R S T U R T S H R Q E N
I G O E O W A V E S I E R W K
M F T W K Y N H O M L W O C S
V S R O B Q R Q A E S R Q H U
S D H C T A R C S C F M T S T
C Y A Z N E L V A T N I O P
B B A L K E P O M P O F A L C
X M R W G E S T I C U L A T E
A Y J G N F X N Z F D X E X
```

185

```
H R Q T O T R A E E R I S E D
G R U B S R E T E P T S M H D
A Q W S M O N A I P E W G H E
E T H E S T O R M J M A R C R
N N O P R I C H N I K N A I F
H U A L E X A N D R A L N Y N
Q T T K E H J N E D E A T L A
U E V C A R E L O H C K O I M
A L O E R U T R E V O E N R A
R M Y M O A S S M F O W I T Z
T A E N A M C V I O L I N O E
E H V O V O T K I N S K A Y P
T H O C O N C E R T O I P P
S E D A N E R E S R I G F H A
W G E C R T H E T E M P E S T
```

186

```
T H R E E S P C W C I U D Y E
J T A R R Y O A C C E P T F L
T I B A H N D O F E T V Q F R
P S U H T Z N B N D W E L L Y
E E I C S E D V N K O O R B
R Y N S T A U S U R V I V E V
S U A A R M H T X Z I N G Q
E B N E E V O V B R O V O T
V T A N S U P P T E J R M U Z
E T S W K L R U M S E E O G I
R E E A E I A U S U K I U Q
E G T S Q I I I O C W Y K V
A D T N T N D E I E D O I W
F O L W V N E Z O I X B W V
B L E T S E R S T A N D F O R
```

Solutions

187

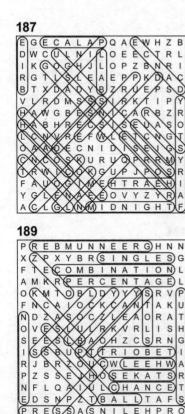

188

189

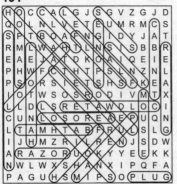

190

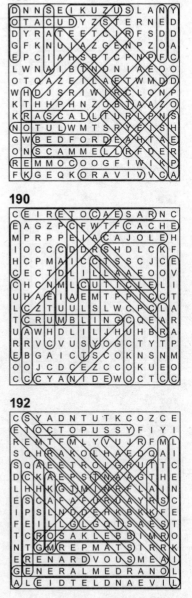

191

192

Solutions

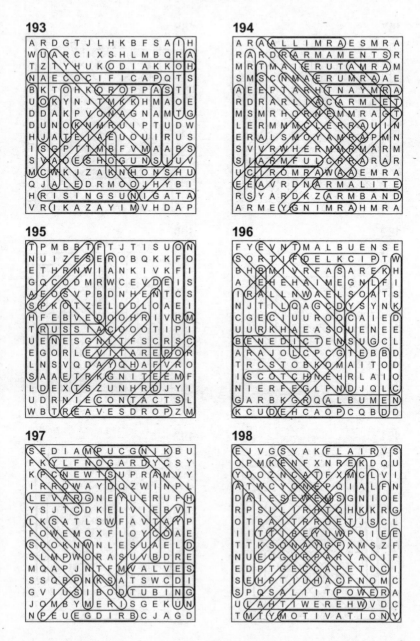

Solutions

199

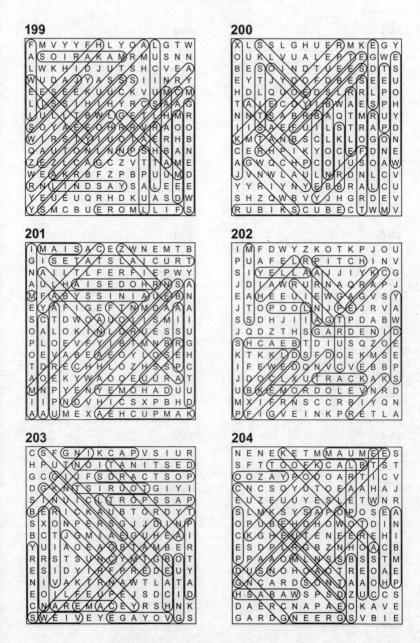

200

201

202

203

204

Solutions

205

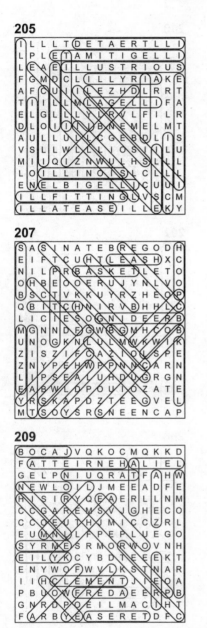

206

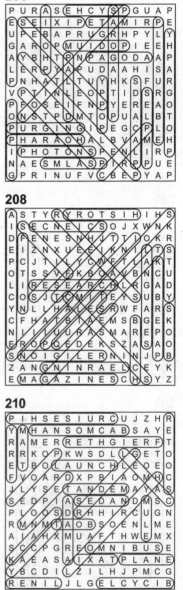

207

208

209

210

Solutions

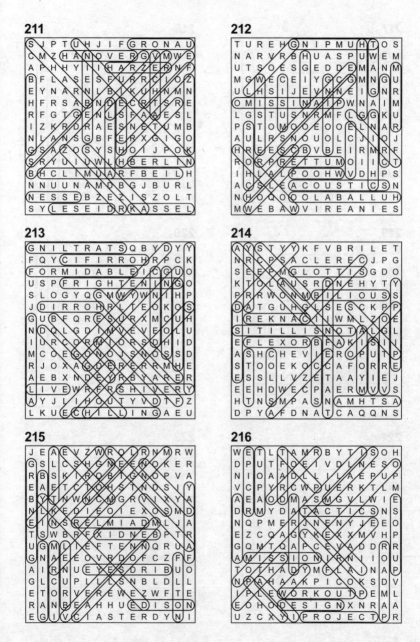

211

212

213

214

215

216

Solutions

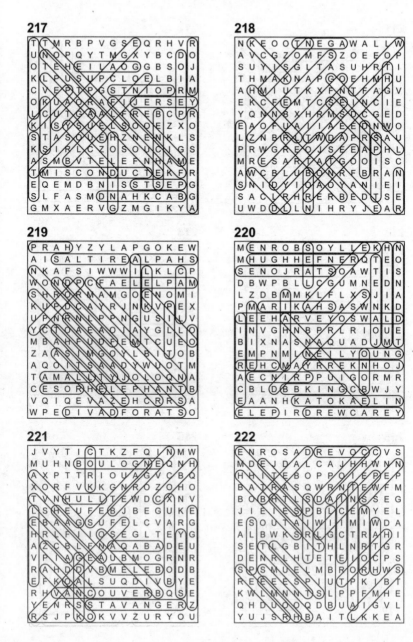

217

218

219

220

221

222

Solutions

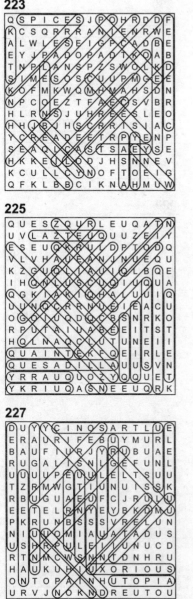

225

226

227

228

Solutions

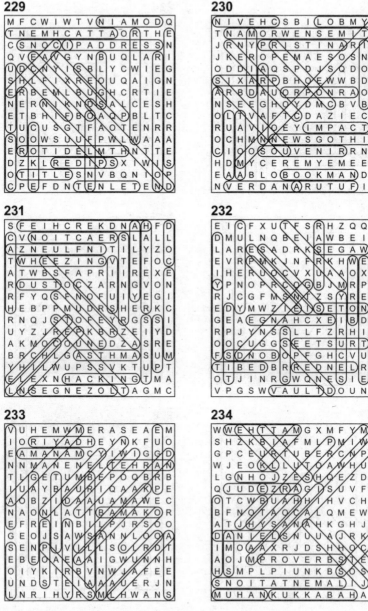

588

Solutions

235

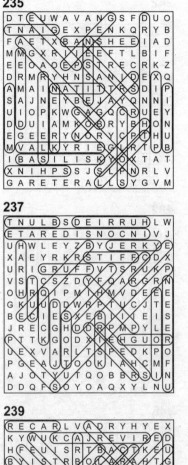

236

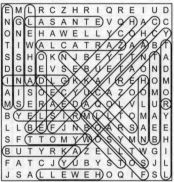

237

238

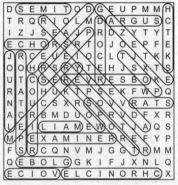

239

240

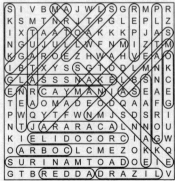

Solutions

241

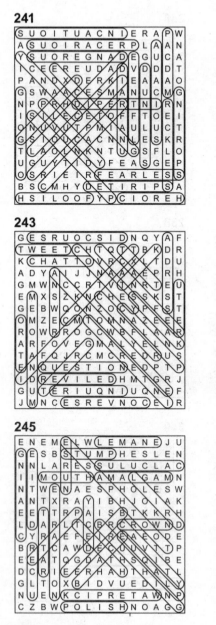

242

243

244

245

246

Solutions

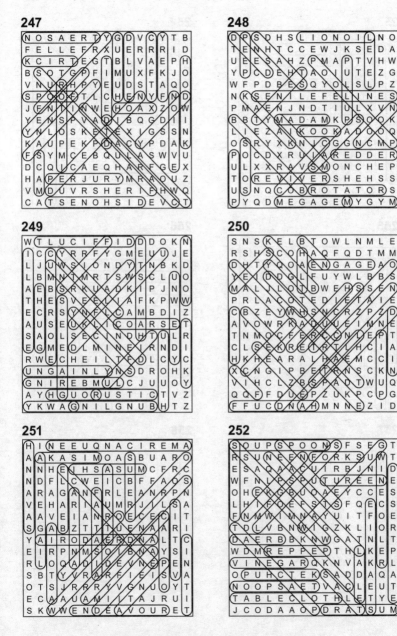

247

248

249

250

251

252

Solutions

253

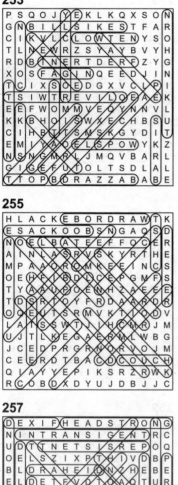

254

255

256

257

258

Solutions

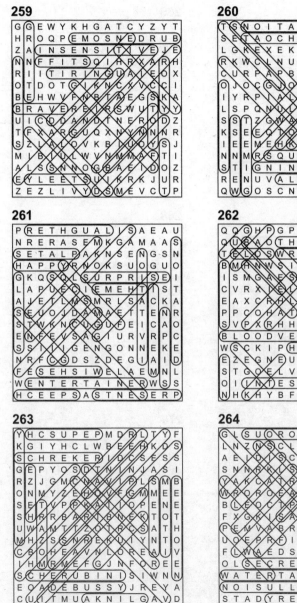

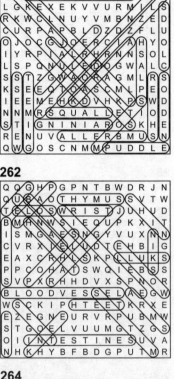

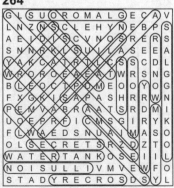

259

260

261

262

263

264

Solutions

265

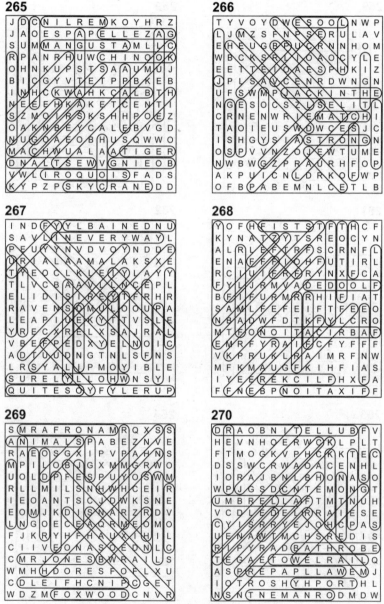

266

267

268

269

270

Solutions

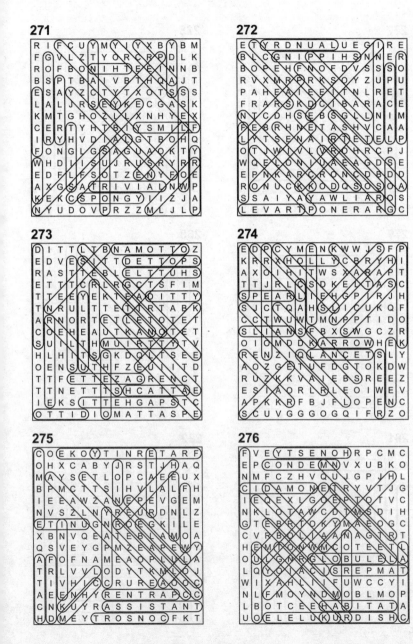

Solutions

277

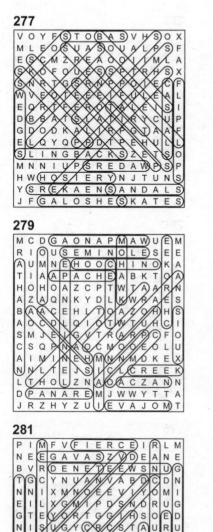

278

279

280

281

282

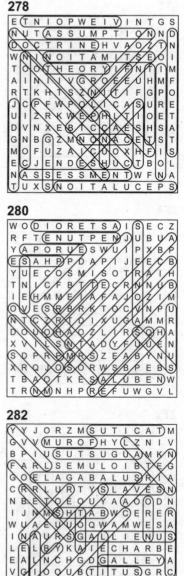

Solutions

283

284

285

286

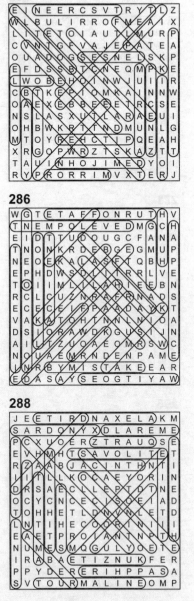

287

288

Solutions

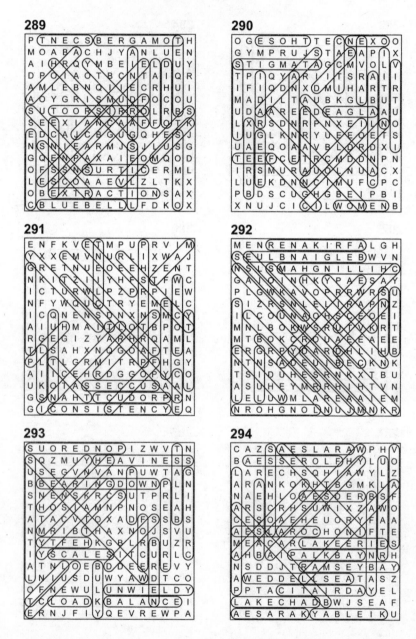

289

290

291

292

293

294

Solutions

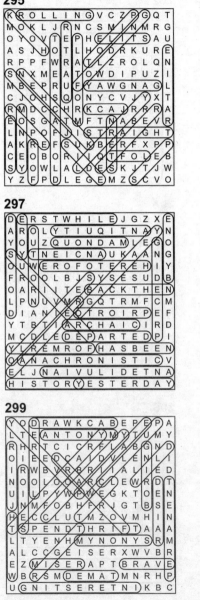

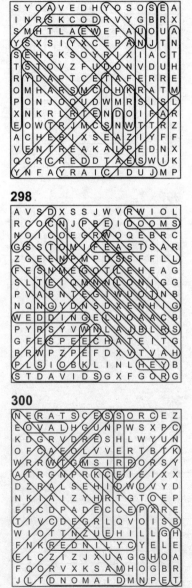

Solutions

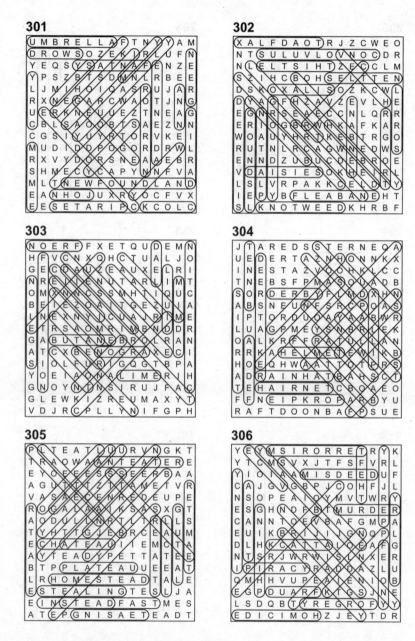

301

302

303

304

305

306

Solutions

307

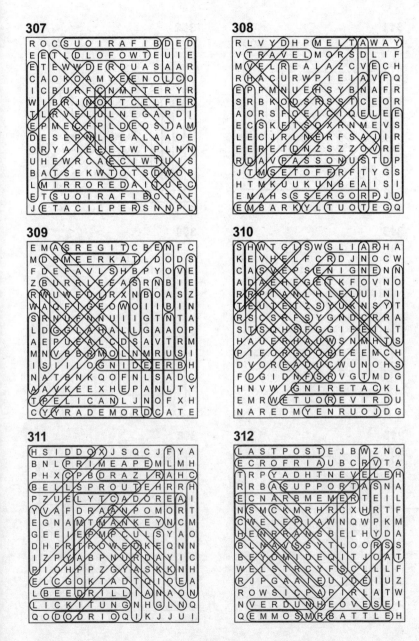

308

309

310

311

312

Solutions

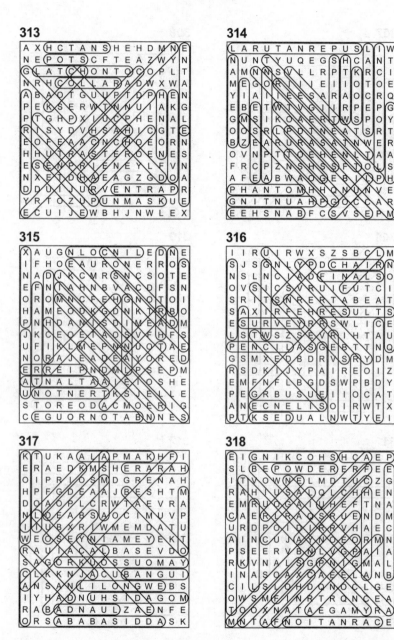

Solutions

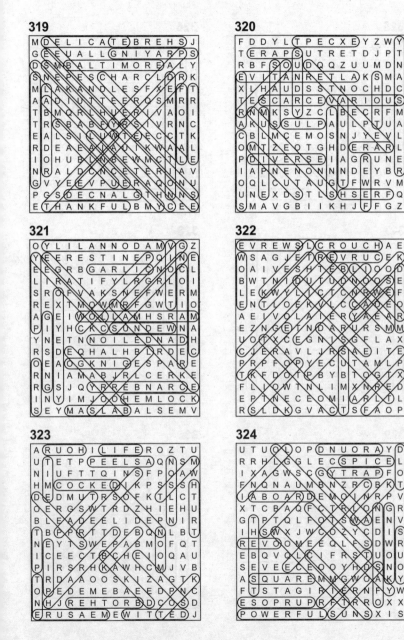

319

320

321

322

323

324

Solutions

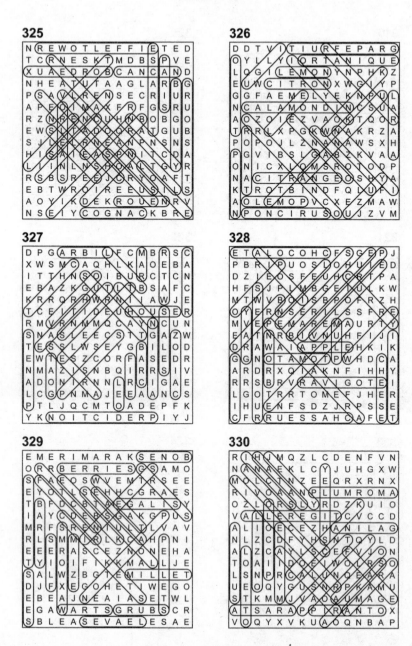

Solutions

331

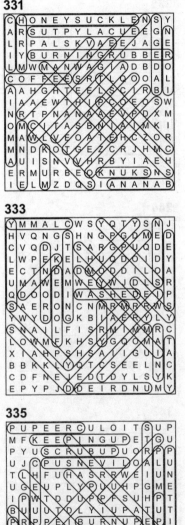

332

333

334

335

336

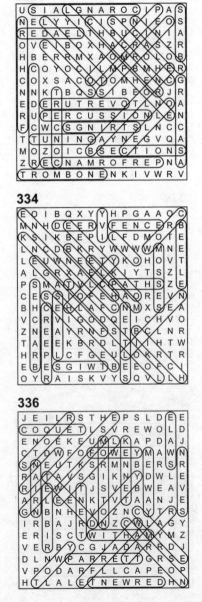

Solutions

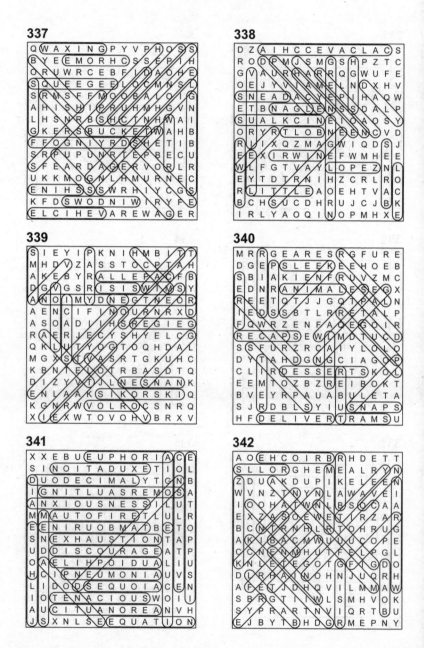

Solutions

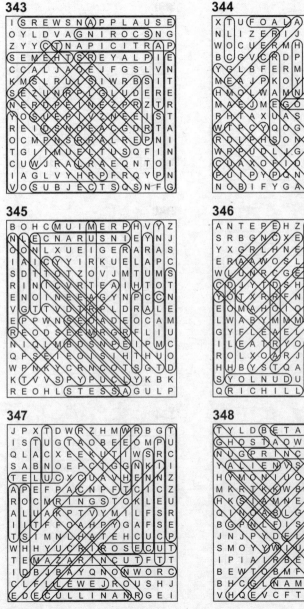

343

344

345

346

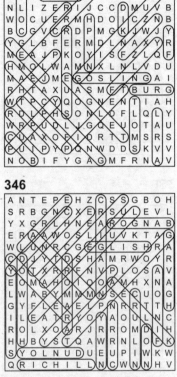

347

348

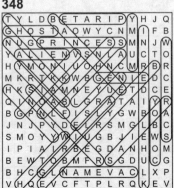

Solutions

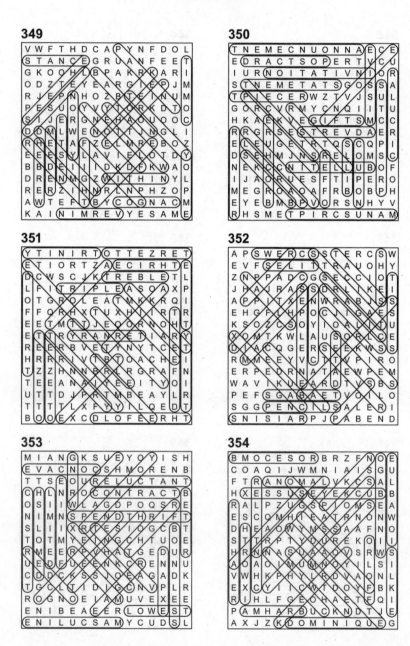

349

```
V W F T H D C A P Y N F D O L
S T A N C E G R U A N F E E T
G K O O H L B P A K R K A R I
O D Z T E Y E A R G I E P J M
R J E P N H O Z B T E I N U M
P E S U O Y V V T O R K D T O
S I J E R G N E H A O U O O C
D D M L W E N O T T I N G L I
R H E T A F Z E L M R E B O Z
E E E S Y L A V I E L O T D Y
B B D E I I D K D F K W A O
D R E N M G Z W I T H I N Y L
R E R Z I H N R L N P H Z O P
A W T E F T B Y C O G N A C M
K A I N I M R E V Y E S A M E
```

350

```
T N E M E C N U O N N A E C E
E D R A C T S O P E R T Y C U
I U R N O I T A T I V N I O R
S T N E M E T A T S G O S U A
T P I E C E R W Z T V J S U L
G O R C V R M Y C N Q I I T U
H K A E K V E G I F T S M C C
R R G R S E S T R E V D A E R
E L E U G E T R T Q S C Q P I
D S E H M J N S R E L O M S C
N E K C C N I T E L L U B O F
I J A O R U E S F T I P E R
M E G R O A O A F R B O B P H
E Y E B M B P V O R S N H Y V
R H S M E T P I R C S U N A M
```

351

```
Y T I N I R T O T T E Z R E T
E T I O R T Z A E C I R H T E
D C W S C J K T R E B L E T L
L F I T R I P L E A S O A X P
O T G R O L E A T M K K R Q I
F F Q R H X T U X H I R T R R
E E T M T T J E C O R N O H T
E T R Y R A N R E T I A R Y
R E E R B V E T Y N Y T C E T
H T R R R I V T B T O A C H E I
T Z Z H N N B R L R G R A F N
T E E A N A I Y E E I T Y O I
U T T D J P R T M B E A Y L R
T T T T L X F Y Y I L Q E D T
B O O E X C D L O F E E R H T
```

352

```
A P S W E R C S S T E R C S W
E V F S E L I N T R A U O H Y
Z N P P A D C G S E C C I O T
J H A J R A S S D R L I K E I
A P P I T X E N W R A B N S S
E H G F L H P O C J I G A E S
K S O Z C S O Y I O A I I T U
X O M T K W L A U S O R L C E
D L A C Q E R S E E K W S S
R M M E E Y V C T T V P I R O
E R P E D R N A T A E W P E M
W A V I K U E A R D T V S B S
P E F S G A B A E T V O I L O
S G G P E N C I L S A L E R I
S N I S I A R P J P A B E N D
```

353

```
M I A N G K S U E Y O Y I S H
E V A C N O C S H M O R E N B
T T S E O U R E L U C T A N T
C H L N R O C O N T R A C T B
O S I N I W L A G D P O Q S R E
N I M N S P E N D T H R I F T
S L I I X R E S I O G C B T
T O T M Y E I N G C H T U O E
R M E E R P V H A T G E D U R
U E D F U E E N K C R E N N U
C D D C K S S I O E A G A D K
T G C L T I D I G C N V P L R
R O G N O E I A M U V E X E E
E N I B E A E E R L O W E S T
E N I L U C S A M Y C U D S L
```

354

```
B M O C E S O R B R Z F N O E
C O A Q I J W M N I A I S G U
F T R A N O M A L V K C S A L
H X E S S U S E Y E K C U B B
R A L P Z U G S P I O M S E A
E S C O M H I E A T R N O N W
D H E A O W Y M S S A A F N O
S T T R P T Y D U R E K O I S
H R N N A S U A A O V S R W S
A O A O I M U M N Y I L S I L
V W H K P H Y L R D V A O N L
E X C Y I I C W T D O V F B K
R I H L F G E O H A E T F Q I
P A M H A R B U C K N D T J E
A X J Z K D O M I N I Q U E G
```

Solutions

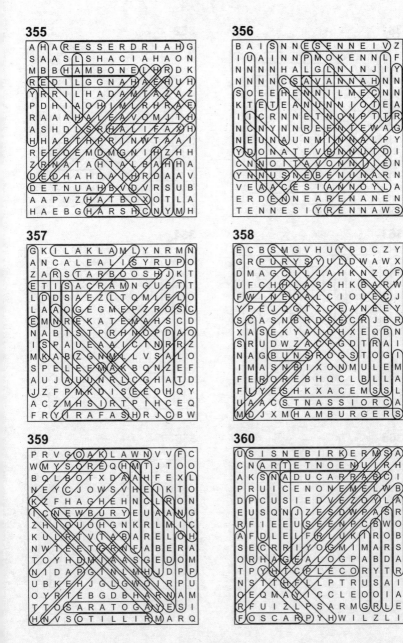

355

356

357

358

359

360

Solutions

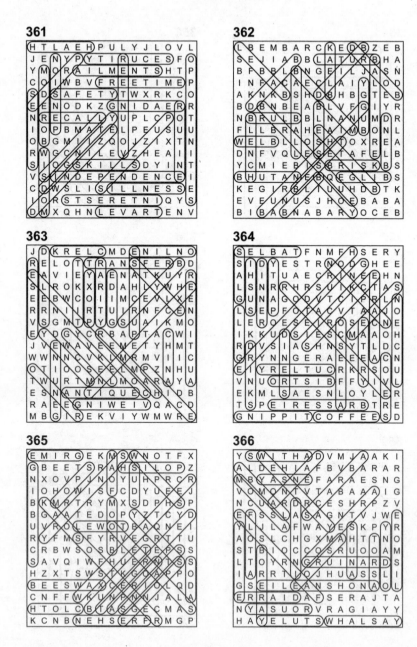

361

| H T L A E H P U L Y J L O V L |
| J E N Y P Y T I R U C E S F O |
| Y M O R A I L M E N T S H T P |
| C O I W B V F R E E T I M E P |
| S D S A F E T Y T W X R K C O |
| E E N O D K Z G N I D A E R R |
| N R E C A L L Y U P L C P O T |
| I O P B M A E L P E U S U U |
| O B G M I Z Q O J Z I X T N |
| R W G C N I L E V Z H E A I I |
| S I O G S K I L L S D Y I N T |
| V S K N D E P E N D E N C E I |
| C D W S L I S I L L N E S S E |
| I O R S T S E R E T N I Q Y S |
| D M X Q H N L E V A R T E N V |

362

| L B E M B A R C K E D B Z E B |
| S E J I A B B L A T U R B H A |
| B F B B L B N G E I L J A S N |
| I N F A C A E C L A I Y L O D |
| A K N K B S H D B H B G T E B |
| B D B N B E A B L V F G I Y R |
| N B R U L B B L N A N U M D R |
| F L L B R A H E A M B O N L |
| W E L B L L O S H T O X R E A |
| D N F V Q L E S E T A F E L B |
| Y C M I E B I S B R I S K B S |
| B H U T A N E B Q E G L I B S |
| K E G I R B I U U H D B T K |
| E V E U N U S J H O E B A B A |
| B I B A B N A B A R Y O C E B |

363

| J D K R E L C M D E N I L N O |
| R E L O T T R A N S F E R B D |
| E A V I E Y A E N A T K U Y R |
| S L R O K X R D A H L Y W H E |
| E E B W C O I I M C E V L X E |
| R R N I I R T U I R N F C E N |
| V S G M T P Y G S U A I K M O |
| Y D G Y C R B A P T A C W I |
| J V E W A V E E M E T Y H M T |
| W W N N C V K L M R M V I I C |
| O T I O O S E E L M P Z N H U |
| T W U R T M N L M O A R A Y A |
| E S N A N T I Q U E C H I D B |
| R A E E G N I W E I V Q A C D |
| M B G I R E K V I Y W M W R E |

364

| S E L B A T F N M F H S E R Y |
| S I D Y E S T R N O D G H E E |
| A H I T U A E C R I N E E H N |
| L S N R R H R S U K C T A S |
| G U N A G O D V T C I P R L N |
| L S E P F O T A C V T A A I O E |
| L E R O E S E I R O S E C N E |
| I K K U D S I A E S C M A A O H |
| R D V S I A S H N S Y T L D C |
| G R Y N N G E R A E E E A C N |
| E I Y R E L T U C R K R S O U |
| V N U O R T S I B F F Y I V L |
| E K M L S A E S N L O Y L E R |
| T S P E I R E S S A R B T R E |
| G N I P P I T C O F F E E S D |

365

| E M I R G E K M S W N O T F X |
| G B E E T S R A H S I L O P Z |
| N X O V P J N O Y U H P R C R |
| I O H O W I S F C D Y U E E J |
| B K M R T R Y M X S D P H S P |
| B G A A T E D O P Y Z T C Y D |
| U V R O L E W O T B A Q N E I |
| R Y F M S F Y R V E G R T T U |
| C R B W S O S B L E T E P S S |
| S A V Q I W F H U E R N T S S |
| H Z X T S W S K G O A P P O |
| B E E S W A X C E R I O L Q D |
| C N F F W K U N P N N J A L A |
| H T O L C B T A S G E C M A S |
| K C N B N E H S E R F R M G P |

366

| Y S W I T H A D V M J A A K I |
| A L D E H I A F B V B A R A R |
| M B Y A S N E F A R A E S N G |
| V O M O N T V T A B A A A I G |
| N C U A R D R C E S H R P Z V |
| E F S S L A S A G N T V J W E |
| Y L J L A F W A Y E S K P Y R |
| A O S L C H G X M A H T T N O |
| S T B I O C C O S R U O O A M |
| L T O Y R N G R U I N A R D S |
| I A R R T J O J H U A S S L I |
| G S E I L E A N S H O N A O L |
| E R R A I D A F S E R A J T A |
| N Y A S U O R V R A G I A Y Y |
| H A Y E L U T S W H A L S A Y |

610

Solutions

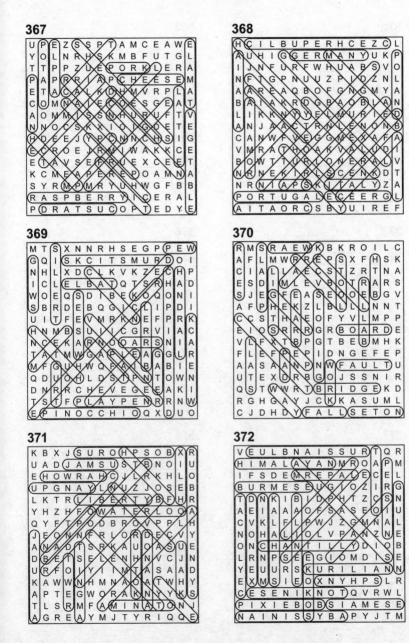

Solutions

373

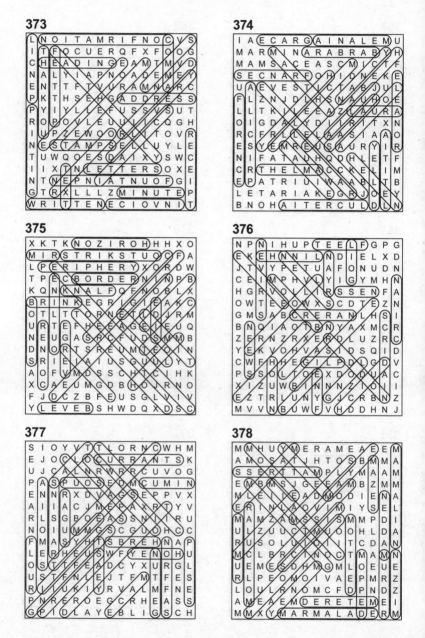

374

375

376

377

378

Solutions

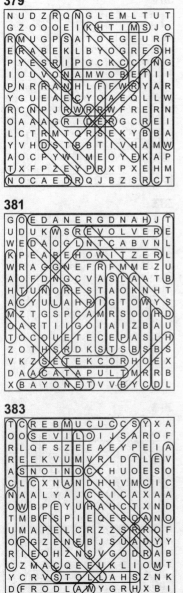

379

380

381

382

383

384

Solutions

385

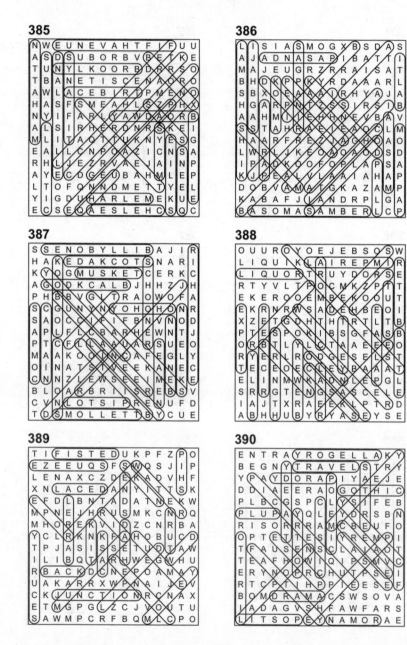

386

387

388

389

390

Solutions

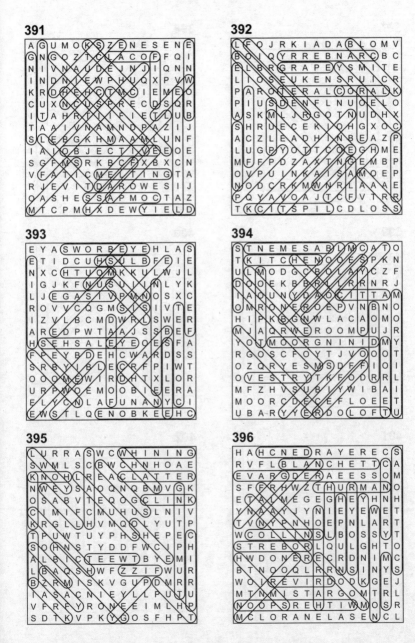

Solutions

397

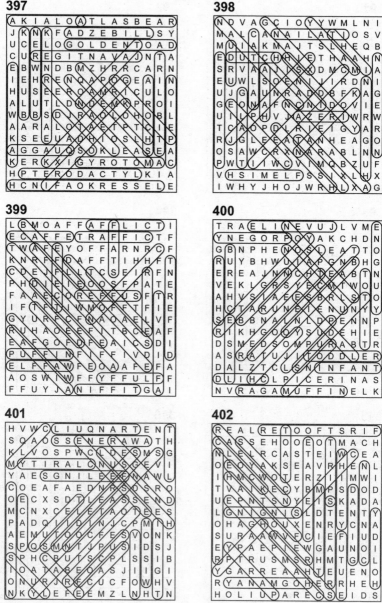

398

399

400

401

402

Solutions

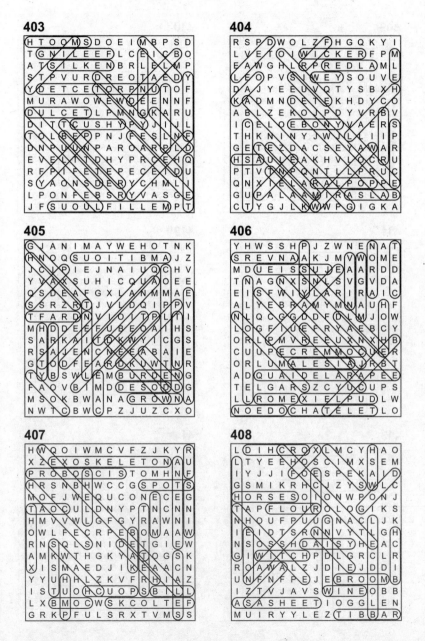

403

404

405

406

407

408

Solutions

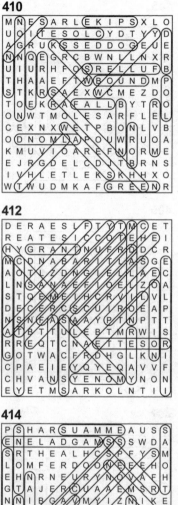

Solutions

415

416

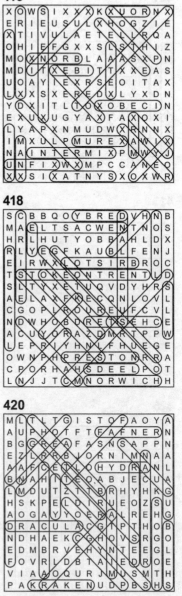

417

418

419

420

Solutions

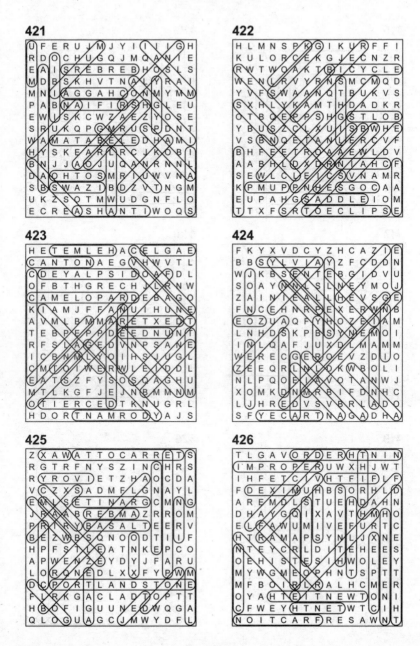

Solutions

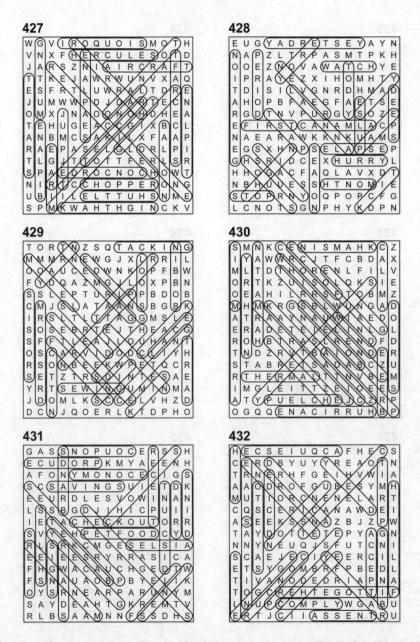

427

428

429

430

431

432

Solutions

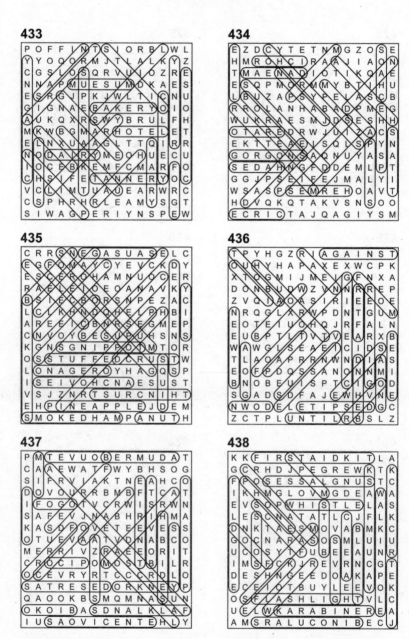

622

Solutions

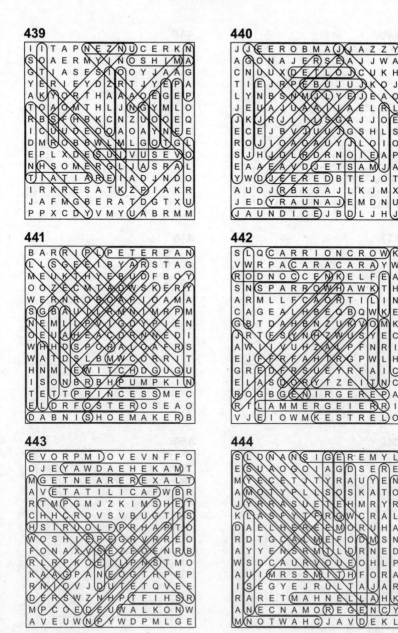

Solutions

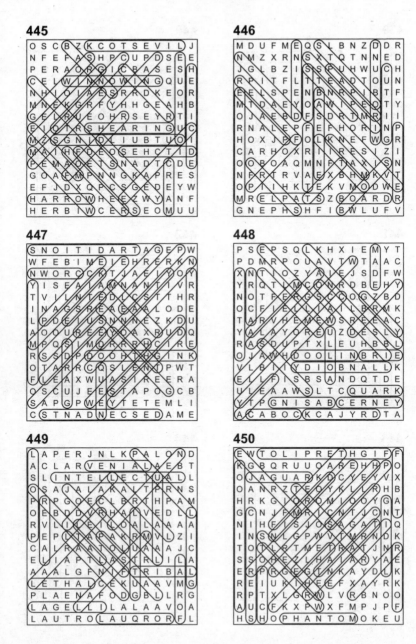

Solutions

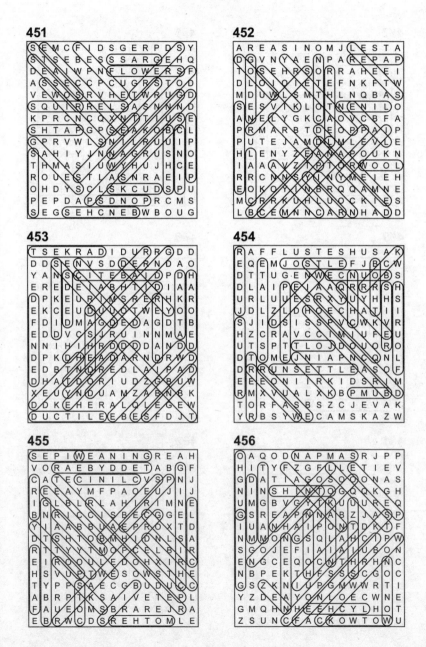

451

452

453

454

455

456

Solutions

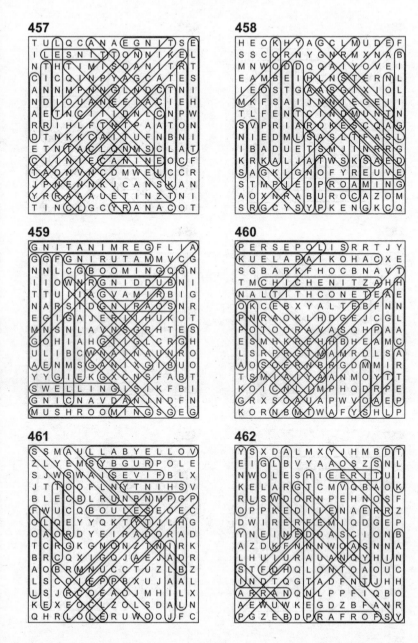

457

458

459

460

461

462

Solutions

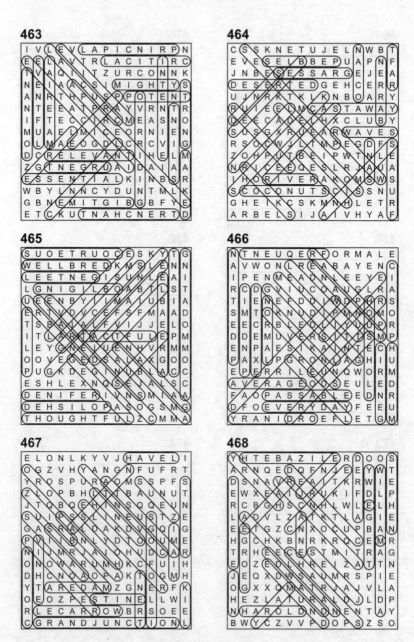

463

464

465

466

467

468

Solutions

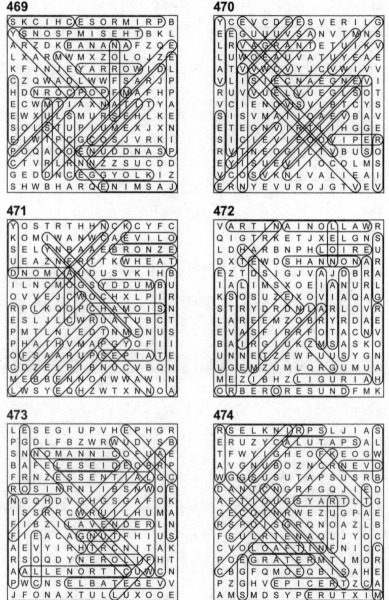

469

470

471

472

473

474

Solutions

475

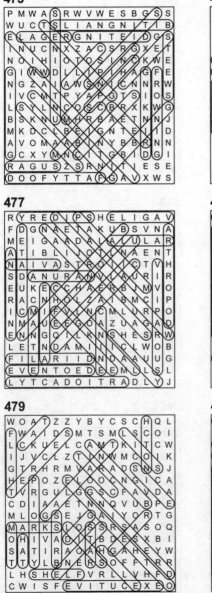

476

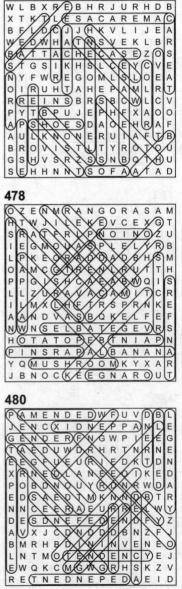

477

478

479

480

Solutions

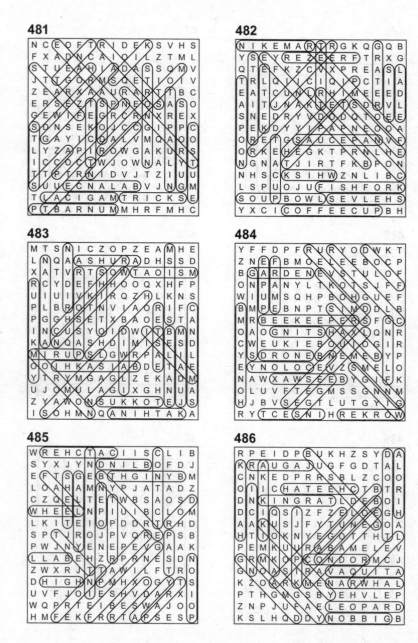

481

482

483

484

485

486

Solutions

487

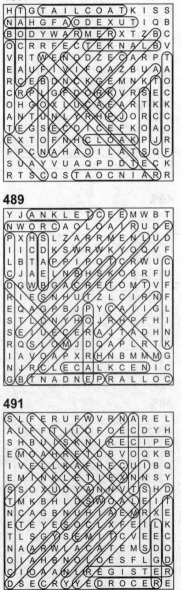

489

491

488

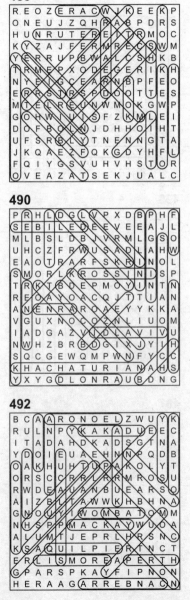

490

492

Solutions

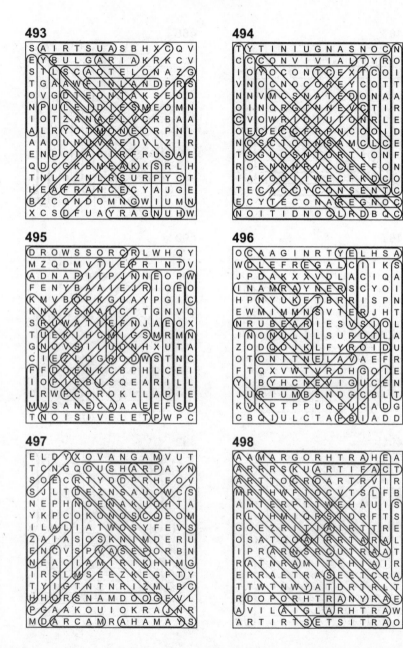

Solutions

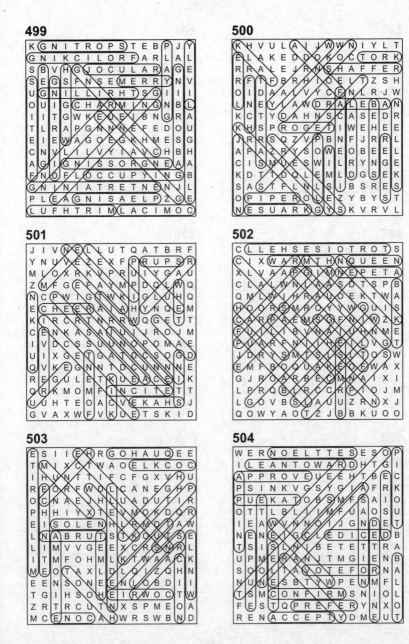

499

500

501

502

503

504

Solutions

505

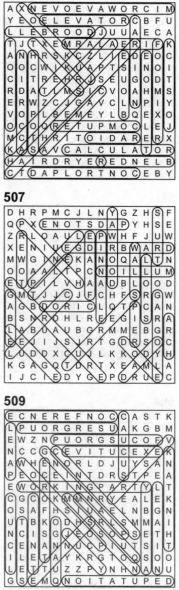

506

507

508

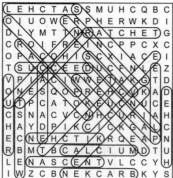

509

510

Solutions

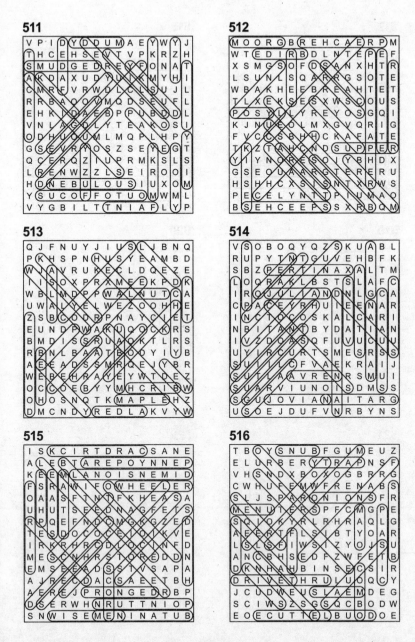

Solutions

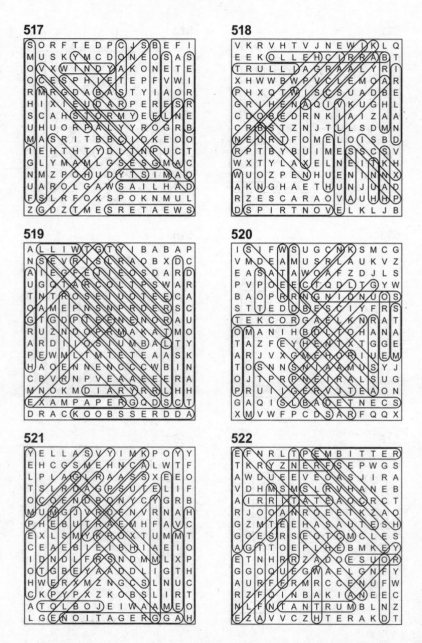

Solutions

523

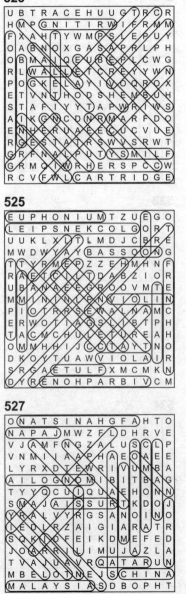

524

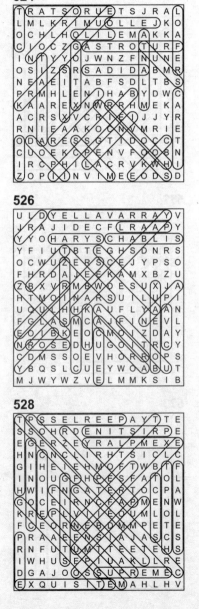

525

526

527

528

Solutions

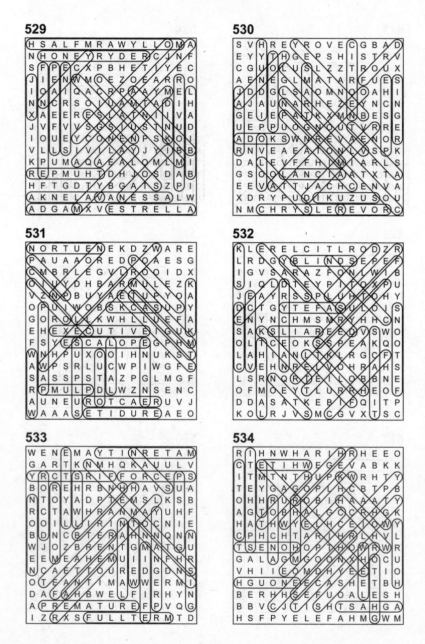

529

530

531

532

533

534

Solutions

535

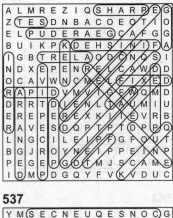

536

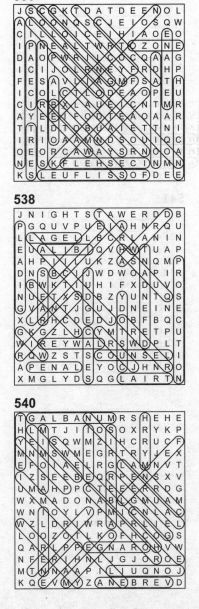

537

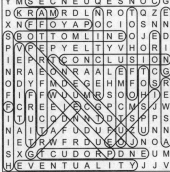

538

539

540

Solutions

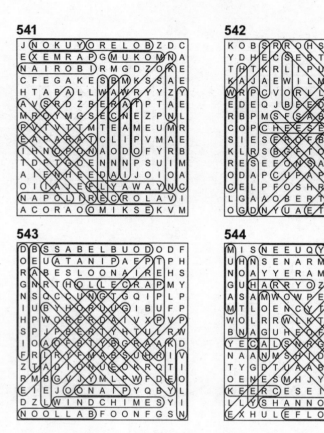

541

542

543

544